Exercícios de Gramática Inglesa PARA LEIGOS®

2ª Edição

por Geraldine Woods

ALTA BOOKS
E D I T O R A
Rio de Janeiro, 2016

Exercícios de Gramática Inglesa Para Leigos, 2ª edição — ISBN: 978-85-7608-956-8

Impresso no Brasil, 2016

Edição revisada conforme Acordo Ortográfico da Língua Portuguesa de 2009.

Produção Editorial
Editora Alta Books

Gerência Editorial
Anderson Vieira

Assistente Editorial
Jessica Carvalho

Supervisão Editorial
Sergio de Souza

Produtor Editorial
Claudia Braga
Thiê Alves

Design Editorial
Aurélio Corrêa

Marketing Editorial
marketing@altabooks.com.br

Gerência de Captação e Contratação de Obras
J. A. Rugeri
Marco Pace
autoria@altabooks.com.br

Vendas Atacado e Varejo
Daniele Fonseca
Viviane Paiva
comercial@altabooks.com.br

Ouvidoria
ouvidoria@altabooks.com.br

Equipe Editorial
Bianca Teodoro
Christian Danniel
Juliana Oliveira
Mayara Coelho
Renan Castro
Silas Amaro

Copidesque
Wendy Campos

Diagramação
Joyce Matos

Dados Internacionais de Catalogação na Publicação (CIP)

W894e Woods, Geraldine.
Exercícios de gramática inglesa para leigos / por Geraldine Woods. – Rio de Janeiro, RJ : Alta Books, 2015.
344 p. : il. ; 24 cm. – (Para leigos)

Inclui índice e apêndice.
Tradução de: English grammar workbook for dummies (2. ed.).
ISBN 978-85-7608-956-8

1. Língua inglesa - Estudo e ensino. 2. Língua inglesa - Gramática - Problemas, exercícios, etc. 3. Língua inglesa - Autodidatismo. I. Título. II. Série.

CDU 802.0-5
CDD 425

Índice para catálogo sistemático:
1. Língua inglesa : Gramática 802.0-5

(Bibliotecária responsável: Sabrina Leal Araujo – CRB 10/1507)

ALTA BOOKS
E D I T O R A

Rua Viúva Cláudio, 291 — Bairro Industrial do Jacaré
CEP: 20970-031 — Rio de Janeiro
Tels.: 21 3278-8069/8419 Fax: 21 3277-1253
www.altabooks.com.br — e-mail: altabooks@altabooks.com.br
www.facebook.com/altabooks — www.twitter.com/alta_books

Exercícios de Gramática Inglesa

PARA

LEIGOS®

2ª Edição

Exercícios de Gramática Inglesa Para Leigos

Folha de Cola

Escrever corretamente em inglês — e decidir o quão restrito às normas você quer ser em determinada situação — não é tão fácil como mostram na TV e nem tão difícil quanto Física Quântica. Leia estas dicas sobre pontuação, integralidade da sentença, o uso de letras maiúsculas, questões envolvendo plural e singular, pronomes e as palavras mais votadas como "As Palavras que Mais Causam Confusão" (estou brincando quanto à votação, mas essas palavras são muito chatas). Veja, ainda, algumas soluções de estilo que acrescentam variedade a suas sentenças e descubra como evitar erros gramaticais em apresentações do tipo PowerPoint e listas de itens com marcadores.

Gramática Traiçoeira: É plural ou singular?

Geralmente, está bastante claro se um substantivo é singular ou plural. Algumas palavras, porém, são um tanto traiçoeiras — e descobrir se elas devem concordar com um verbo ou pronome singular ou plural é essencial. Siga estas orientações para ajudá-lo nestas situações envolvendo singular e plural:

- *Each* e *every* criam um sujeito singular, não importa que palavras elas estejam precedendo, e portanto, devem ser acompanhadas de verbo no singular.
- Pronomes contendo *–body*, *–thing* e *–one* (tais como *everybody*, *anything* e *someone*) são singulares. Eles concordam com verbos singulares e não devem ser usados com o pronome plural *their*.
- Nomes de companhias são singulares; eles devem ser usados com verbos e pronomes no singular (*it*, não *they ou their*).
- Em sentenças que contenham *neither/nor* ou *either/or* concordam o verbo com o sujeito mais próximo.

Regras de Possessivos na Gramática Inglesa

Quem é dono do quê? Um apóstrofo ajuda a responder essa pergunta. Veja como usar o apóstrofo no lugar correto para demonstrar posse:

- Adicione um apóstrofo a um substantivo plural terminado em *s* para criar um possessivo.
- Acrescente um apóstrofo e a letra *s* a um substantivo plural não terminado em *s*.
- Pronomes possessivos (*my, his, theirs, whose* e assim por diante) nunca contêm apóstrofos.
- Coloque um substantivo ou pronome possessivo antes de uma forma verbal terminada em *–ing* que esteja sendo usada como substantivo (*my swimming, Arthur's dancing* e similares).

Para Leigos: A série de livros para iniciantes que mais vende no mundo.

Exercícios de Gramática Inglesa Para Leigos

Folha de Cola

Criando Listas de Itens com Marcadores Gramaticalmente Corretas

Como podemos viver sem usar apresentações de slides e listas de itens? Elas estão por toda parte, mas em termos gramaticais, podem causar confusão. Siga estas orientações para que suas listas de itens com marcadores fiquem perfeitas:

- Se a introdução termina em uma forma do verbo *to be,* não use dois pontos no final da introdução.
- Se introdução é um pensamento completo ou se ela termina com *the following,* use dois pontos no final da introdução.
- Itens em uma lista devem ter a mesma estrutura gramatical — devem ser todos substantivos, todos sentenças, todos adjetivos e assim por diante. Não misture estruturas diferentes.
- Se os itens em uma lista forem sentenças completas, cada item deve terminar com pontuação final.
- Se os itens em uma lista não forem sentenças completas, não use pontuação final.
- Sempre use iniciais maiúsculas em nomes próprios. Assim como a primeira palavra de um item se ele for uma sentença completa.
- Se os itens não forem sentenças completas, você pode usar letras iniciais maiúsculas ou minúsculas (você escolhe!), ao menos que os itens sejam combinados com a introdução para criar uma sentença completa. Nesta situação, não use maiúscula na primeira letra de cada item.

Sobre os Autores

Geraldine Woods leciona inglês e dirige o programa de estudo independente na Horace Mann School na cidade de Nova Iorque. É autora de mais de 40 livros, incluindo *Gramática Inglesa Para Leigos* (traduzido e publicado pela Alta Books), *SAT For Dummies*, *ResearchPapers For Dummies*, *College Admission Essays For Dummies*, *AP English Literature For Dummies* e *AP English Language and Composition For Dummies*, publicados pela Wiley. Ela mora em Nova Iorque com seu marido e dois periquitos. Ama os Yankees, comida chinesa e a família.

Dedicatória

Para Elizabeth, que, desde criança, já mostrava aptidão para a gramática. E para Harry, para sempre em meu coração.

Agradecimentos

Meus sinceros agradecimentos aos colegas da Horace Mann School, que estão sempre dispostos a discutir os detalhes mais específicos da gramática. Agradeço o trabalho de Vicki Adang, Caitie Copple, Mike Greiner e Penny Brown, excelentes editores que com trabalho duro e inteligência tornaram este livro muito melhor do que seria sem eles. Agradeço os esforços de minha agente, Lisa Queen da Queen Literary, e a gentileza de Lindsay Lefevere, editora de aquisições da Wiley.

Sumário Resumido

Sumário

Introdução

A boa gramática compensa. Não estou brincando! Se duvida, ligue a televisão. Há grandes chances de que os personagens com bons empregos e contas bancárias gordas falem de forma diferente dos demais. Não estou fazendo qualquer julgamento de valor, apenas descrevendo a realidade. Uma linguagem adequada, seja falada ou escrita, tende a ser associada com as classes sociais e econômicas mais altas. Tonificar seus músculos gramaticais não garante seu ingresso para um grande escritório com vista, mas uma gramática pobre torna seu caminho até ele muito mais difícil. Além do mais, com o mercado de trabalho cada vez mais competitivo, ninguém pode se dar ao luxo de desprezar uma vantagem como esta. *Exercícios de Gramática Inglesa Para Leigos*, 2ª Edição, contém muita informação e exercícios criados para aqueles que precisam elaborar relatórios semanais, e-mails, tuítes, memorandos, apresentações de slides e outras formas de comunicação profissional em inglês.

Se você ainda está estudando, uma boa gramática inglesa pode recompensar de diversas maneiras: com melhores notas no ENEM e nos vestibulares, ou em cursos de pós-graduação que exijam um bom conhecimento de inglês, o que pode ser o diferencial para conseguir entrar nas melhores faculdades e programas de pós-graduação. Os avaliadores e professores sempre olham com melhores olhos para sentenças bem formuladas e a gramática, mesmo em um segundo idioma, vem se tornando cada vez mais importante nas provas e avaliações. Este livro alerta para as matérias preferidas pelos torturadores — desculpe, pelos elaboradores de *testes e avaliações* — e traz diversos exercícios que podem lhe ajudar a se familiarizar com os formatos de testes mais comuns (se você não tem um lápis número 2 à mão, não se sinta excluído, o conhecimento contido nos exercícios também lhe ajudam a melhorar sua compreensão sobre a forma correta de se expressar em inglês).

Ainda que o inglês não seja seu idioma nativo, você encontrará exercícios para lhe ajudar a passar da compreensão ao domínio do idioma, escolhendo a melhor palavra para usar em uma frase, até a maneira correta de criar o plural, e assim por diante.

Sobre Este Livro

Exercícios de Gramática Inglesa Para Leigos, 2ª Edição, não se concentra naquilo que os professores de inglês (sim, confesso que sou uma) chamam de *gramática descritiva* — do tipo em que você circula todos os substantivos e desenha pequenos triângulos ao redor das preposições. Um segredo

Parte III: Usando a Gramática Correta em Situações Complicadas

Quando usar *who* e *whom*, para não mencionar *I* e *me*! Esta parte abrange todas as questões engraçadas que envolvem pronomes, incluindo a razão pela qual "*everyone* can't eat *their* lunch" sem violar as regras gramaticais. A Parte III também ajuda a decifrar as sutilezas dos tempos verbais (*wrote? had written?*) e voz (não *contralto* e *soprano*, mas *ativa* e *passiva*).

Parte IV: Tudo o que Você Precisa Saber sobre Descrições e Comparações

A Parte IV não envolve discussão sobre qual é o melhor investimento a fazer. Mas mostra o caminho na escolha e no posicionamento de palavras descritivas e na criação de comparações claras e lógicas.

Parte V: Escrevendo com Estilo

Na Parte V, é hora de competir com os melhores. As situações gramaticais mais difíceis, além de exercícios para acrescentar fluência e eloquência ao texto, são tratadas aqui. Também coloco na jogada algumas palavras que causam confusão (*farther* e *further*, citando apenas duas) e deixo você praticar o uso correto, especialmente quanto ao esperado em avaliações e testes de proficiência.

Parte VI: A Parte dos Dez

Aqui você encontra dez formas usadas por aqueles que tentam se expressar de forma supercorreta e acabam fazendo tudo supererrado, e dez erros que podem "assassinar" sua carreira (ou nota).

Ainda há um apêndice inteiramente dedicado à prática de exercícios que testam as habilidades gramaticais adquiridas ao longo da leitura e desenvolvimento das atividades encontradas neste livro, *Exercícios de Gramática Inglesa Para Leigos*.

Ícones Utilizados Neste Livro

Ícones são os desenhinhos bonitinhos que chamam sua atenção e alertam sobre pontos cruciais, armadilhas e outras coisas bacanas. Neste livro, uso estes três:

Moro na cidade de Nova Iorque, e normalmente vejo turistas perambulando, desesperados à procura de moradores que possam lhe mostrar como tudo funciona. O ícone "Dica" equivale a um residente sussurrando em seu ouvido. Psiu! Quer saber uma história que tornará sua vida mais fácil? Aqui está!

Quando você está prestes a atravessar um campo repleto de minas explosivas, é bom ter um mapa. O ícone "Cuidado" lhe diz onde estão as armadilhas, para que possa evitá-las.

O ícone "Pratique" indica (surpresa!) um exemplo e um conjunto de exercícios funcionais para que possa pôr em prática o que acabei de ensinar.

Se você está se preparando para uma avaliação ou teste de proficiência, preste atenção dobrada nestes ícones, que alertam para o que mais aparece nestes tipos de provas. Você não é estudante? Não se preocupe. As informações nestes ícones são úteis para você também.

De Lá Para Cá, Daqui Para Lá

Longe, até a geladeira para pegar um lanche. Não. Estou brincando. Agora que você sabe onde tudo está, vá para a seção que melhor se adeque às suas necessidades. Se não tem certeza do que é melhor para você, tire alguns instantes para pensar os pontos que mais lhe causam dúvida ao escrever ou falar em inglês. Você fica na dúvida ao escolher o tempo verbal correto? Encontrar a palavra certa é fácil, porém, na hora de colocar a vírgula, você fica confuso?

Após fazer um pequeno reconhecimento gramatical, selecione as seções deste livro que atendam as suas necessidades. Utilize o sumário e o índice para mais detalhes sobre o que está aonde. Se não está certo sobre qual parte é um problema, não tem problema! Experimente alguns exercícios e confira suas respostas. Se tudo estiver correto e você entender as respostas, siga em frente. Se quebrar a cara, volte e faça mais alguns até que a regra gramatical fique clara. Se quiser começar com uma revisão geral, faça primeiro os exercícios do apêndice. Depois, parta para as seções que tratam dos erros cometidos nesses exercícios.

Parte I

Construindo uma Base Sólida: Os Pilares da Gramática

A 5ª Onda Por Rich Tennant

"Oh, ele é brilhante mesmo! Mas você já reparou na gramática dos memorandos em inglês? 'Org need helicon antenna... Org need ion cyclotron... Org need neutron analyzer...'"

Nesta parte...

Se você já construiu uma casa — com tijolos de verdade ou com blocos de montar — sabe que a coisa toda provavelmente cairá, a nao ser que esteja montada sobre uma base sólida. Esta parte fornece os elementos de que precisa para preparar a melhor base para sua escrita. O Capítulo 1 apresenta a Verbologia Básica, explicando como selecionar os melhores verbos para situações presentes, passadas e futuras. No mesmo capítulo, você encontra os verbos irregulares mais populares e tudo que precisa saber sobre os "sempre auxiliares" verbos auxiliares. O Capítulo 2 divide os verbos em singulares e plurais e ajuda na concordância de cada verbo com o sujeito correto. Depois, você já estará pronto para a concordância de pronomes e substantivos (Capítulo 3) e para distinguir frases completas das incompletas ou muito longas. Pronto? Juro que não deixarei o teto cair sobre sua cabeça.

Capítulo 1

Colocando o Verbo Certo no Lugar Certo

Neste Capítulo

- Colocando os verbos no passado, presente e futuro
- Praticando os tempos perfeitos
- Decifrando as formas irregulares
- Lidando com verbos auxiliares
- O uso dos verbos em perguntas

Em apenas duas letras ou em diversas palavras, os verbos comunicam ação ou estado de ser. Além disso, mesmo sem um Rolex novo, eles indicam o tempo. Neste capítulo, apresento as questões básicas de tempo. Não, não do tipo "Por que você está atrasado?", mas "Qual verbo eu preciso usar para mostrar que algo já está concluído, ainda não começou ou está acontecendo neste instante?" A primeira seção trata dos tempos básicos (passado, presente e futuro), e a segunda, dos tempos perfeitos, que são qualquer coisa, menos perfeitos. Depois disso, você pode trabalhar nos verbos irregulares e auxiliares e no uso dos verbos para fazer perguntas.

Escolhendo entre Passado, Presente e Futuro

Em inglês, os verbos indicam o tempo com uma qualidade chamada *tense*. Antes de correr atrás de um calmante, aqui vai um resumo dos tempos básicos. Os três *basic tenses* são *past* (passado ou pretérito), *present* (presente) e *future* (futuro) e cada um tem duas formas — baixo carboidrato e sem gordura. Desculpe, eu quis dizer *simples* (pelo menos, as designações normais de tempo — presente, pretérito e futuro) e *progressive* (progressivo ou contínuo — a forma com a terminação *-ing*). A forma progressiva (ou contínua) acrescenta um pouco mais de ênfase no processo ou na ação que abrange um período de tempo, e o presente progressivo pode abranger ações que se estendem até o futuro. Em diversas frases, tanto os verbos simples quanto os progressivos podem ser usados de forma intercambiável. Aí vai um pouco sobre cada um.

- **O *past tense* (passado) diz o que aconteceu em um passado específico ou descreve um padrão de comportamento no passado.** Na oração "Diane tattooed a skull on her bulging biceps", *tattooed* é um verbo no tempo pretérito. Em "During the Motorcycle Festival, Diane was flexing her biceps", *was flexing* é um verbo no tempo passado progressivo.
- **O *present tense* (presente) expressa o que está acontecendo agora, no momento presente, ou, de modo mais genérico, que a ação é recorrente.** Na oração "Grace rides her Harley", *rides* é um verbo no tempo presente. Em "Grace is always polishing her Harley" e "Grace is riding to Florida", os verbos *is polishing* e *is riding* são verbos no presente contínuo ou progressivo.
- **O *future tense* (futuro) pertence ao mundo dos videntes.** O verbo em "Grace will give Diane a ride around the block" é *will give* que está no tempo futuro. Em "Grace will be bragging about her new motorcycle for months", *will be bragging* está no futuro progressivo.

PRATIQUE

Certo, hora de ver um exemplo. O *infinitive* (infinitivo) — o avô de cada família verbal, a forma original do verbo precedida de *to* — aparece ao final de cada oração. Uso a mesma família verbal para preencher a lacuna, escolhendo o tempo verbal correto. Depois do exemplo, tente solucionar os problemas que seguem.

P. Yesterday, overreacting to an itty-bitty taste of arsenic, Mike ____________ his evil twin brother of murder. *(to accuse)*

R. **accused.** A dica aqui é *yesterday*, que indica que estamos no passado.

1. Fashion is important to David, so he always _________ the latest and most popular poaching style. *(to select)*

2. Last year's tight, slim lines _________ David, who, it must be admitted, does not have a tiny waist. *(to challenge)*

3. While David ________ new clothes, his fashion consultant is busy on the sidelines, recommending stripes and understated plaids to minimize the bulge factor. *(to buy)*

4. David hopes that the next fashion fad ________ a more mature, oval figure like his own. *(to flatter)*

5. Right now Diane _________ an article for the fashion press stating that so-tight-it-may-as-well-be-painted-on leather is best. *(to write)*

6. She once _________ a purple suede pantsuit, which clashed with her orange "I Love Motorcycles" tattoo. *(to purchase)*

7. While she _________ the pantsuit, two shoppers urged her to "go for it." *(to charge)*

8. Two days after Diane's shopping spree, Grace _______ about show-otts Who "spend more time on their wardrobes than on their spark plugs." *(to mutter)*

9. However, Diane knows that Grace, as soon as she raises enough cash, __________ in a suede outfit of her own. *(to invest)*

10. David, as always, __________ in with the last word when he gave Grace and Diane the "Fashion Train Wreck of the Year" award. *(to chime)*

11. Two minutes after she received the award, Diane __________ it on the shelf next her "Best Dressed, Considering" medal. *(to place)*

12. Every Day, when I see the medal, I __________ what "considering" means. *(to wonder)*

13. Grace __________ it to me in detail yesterday. *(to explain)*

14. "We earned the medal for considering many fashion options," she __________. *(to state)*

15. David, Who __________ Diane tomorrow, says that the medal acknowledges the fact that Grace is "fashion-challenged" but tries hard anyway. *(to visit)*

Analisando os Tempos Perfeitos

Os tempos perfeitos acrescentam *has*, *have* ou *had* antes de um verbo. Cada *perfect tense* — *past perfect*, *present perfect* e *future perfect* — também tem uma forma progressiva, que usa o verbo com a terminação *–ing*. A diferença entre o tempo perfeito simples e o progressivo é sutil. O *progressivo perfeito* é um pouco mais imediato que a forma simples e refere-se a algo que está acontecendo ou que abrange um intervalo de tempo determinado. Em muitas frases, as formas simples e progressivas são intercambiáveis, ou seja, ambas podem ser usadas. Veja quando utilizar os *tempos* perfeitos:

- **O *past perfect* coloca um evento no passado antes de outro evento no passado.** O verbo em "Mike had dumped his dirty laundry in his mother's basement long before she decided to change the front-door lock" é *had dumped*, que está no pretérito perfeito. Na oração "Christy, Mike's mother, had been threatening a laundry strike for years, but the beginning of mud-wrestling season pushed her to the breaking point", *had been threatening* é um verbo no pretérito perfeito progressivo.
- **O *present perfect* conecta o passado ao presente, descrevendo uma ação ou estado que começa no passado e ainda está acontecendo.** Na sentença "Despite numerous reports of sightings around the world, Kristin has stayed close to home", o verbo *has stayed* está no *presente perfeito*. Em "Kristin has been living within two miles od the Scottish border for the last decade", *has been living* é um verbo no presente perfeito progressivo.

- **O *future perfect* sugere um prazo em algum lugar no futuro.** Na oração "Before sundown, David will have toasted several dozen loaves of bread", *will have toasted* está no futuro perfeito. O verbo em "By the time you turn on the television, *Eye on Cooking* will have been covering the toasting session for two hours, with six more to go" é *will have been covering*, que está no futuro perfeito progressivo.

PRATIQUE

A prática, especialmente com estes verbos, leva à perfeição. Tente este exemplo e depois siga em frente. O verbo no qual você está trabalhando aparece no *infinitive* (a forma básica, não conjugada) no final da oração. Altere-o para o tempo correto e preencha a lacuna.

P. Kristin __________ an acceptance speech, but the "Spy of the Year" title went to Hanna instead. *(to prepare)*

R. **had prepared.** Com dois eventos no passado, o *had* indica um evento anterior. A preparação para o discurso aconteceu antes da entrega do título, então *had prepared* é o tempo pedido.

16. Mike __________ on thin ice for two hours when he heard the first crack. *(to skate)*

17. Diane __________ Mike for years about his skating habits, but he Just won't listen. *(to warn)*

18. After Mike __________________ an hour in the emergency room, the doctor examined him and announced that the skater was free to go. *(to wait)*

19. After today's skating trip ends, David __________ a total of 1,232 hours for his friend and __________ countless outdated magazines in the emergency room family area. *(to wait, to read)*

20. Grace __________ to speak to Mike ever since he declared that "a little thin ice" shouldn't scare anyone. *(to refuse)*

21. Mike, in a temper, pointed out that Grace's motorcycle __________ him to the hospital even more frequently than his skates. *(to send)*

22. In an effort to make peace, Kristin __________ quietly to both combatants before they ever stop yelling at each other. *(to speak)*

23. Despite years of practice, Tim __________ success only on rare occasions, but he keeps trying to resolve his brother's conflicts anyway. *(to achieve)*

24. At times Tim's conflict-resolution technique __________ of violent finger pokes in the fighters' ribs, but he is trying to become more diplomatic. *(to consist)*

25. After Mike __________ that his brother's wisest course of action was to "butt out," Tim simply ignored him. *(to declare)*

Navegando Entre as Formas Irregulares

Especialmente criados para torturar você, os verbos irregulares fogem da forma comum, *–ed*, de passado. A irregularidade continua na forma chamada *past participle* (particípio passado). Não é preciso saber os nomes; apenas quais palavras substituem a usual configuração verbal com *–ed (sang* e *sung* no lugar de *singed*, por exemplo).

Não há como memorizar todos os verbos irregulares existentes. Se estiver inseguro sobre um verbo em particular, procure-o no dicionário. A definição traz também sua forma irregular.

Veja agora um conjunto de exercícios com verbos irregulares para instigar seu cérebro. Preencha as lacunas com a forma irregular correta, trabalhando a partir dos verbos indicados (na forma infinitiva) entre parênteses. Confira o exemplo a seguir.

P. With one leg three inches shorter than the other, Natalie seldom ______________ into second base, even when the team was desperate for a base hit. *(to slide)*

R. **slid.** Sem *–ed* neste tempo pretérito. *Slid* é o pretérito irregular de *to slide*.

26. If you discover a piece of pottery on the floor, look for Natalie, who has ______________ many vases because of her tendency to dust far too emotionally. *(to break)*

27. Once, Natalie ______________ with sadness at her first glimpse of a dusty armchair. *(to shake)*

28. David, a duster himself, ______________ a manual of daily furniture maintenance. *(to write)*

29. The manual, entitled *Dust or Die*, ______________ to the top of the best-seller list. *(to rise)*

30. Nearly all the copies had been ______________ by fanatical cleaners. *(to buy)*

31. David once dusted the fire alarm so forcefully that it went off; the firefighters weren't amused because David had ______________ the fire alarm a little too often. *(to ring)*

32. The fire chief promptly ______________ to speak with the mayor about David's false alarm. *(to go)*

33. The mayor has ______________ an investigation into a new category of offenses, "False Dust Alarms"; almost immediately, David ______________ to protest. *(to begin)*

34. "I have ______________ to a new low," sighed David, as he enrolled in the local chapter of Clean Anonymous. "I hear that Natalie has ______________ a new hobby. Maybe I can too." *(to sink, to find)*

35. Natalie ______________ David to a fly-catching meet, and soon his interest in grime ______________ the dust. *(to take, to bite)*

36. Natalie, inspired by fly catching, ________________ a tapestry with a delicate fly pattern. (*to weave*)

37. David, worried about Natalie's enthusiasm for winged pests, ______________ help. *(to seek)*

38. "Leave the flies," ______________ David. *(to say)*

39. "Never!" Natalie declared as she ______________ her coffee. *(to drink)*

40. David soon ______________ up on Natalie and her new hobby. *(to give)*

41. Every day when Natalie ________________, she thought about flies. (*to wake*)

42. Her friends avoided the fly cage, which ________________ in her yard. (*to stand*)

43. Natalie ________________ hours watching WNET, which ________________ flycatching tips. (*to spend, to give*)

44. Eventually, Natalie ________________ to realize that fly catching ________________ too much. (*to come, to cost*)

45. She and David ________________ a new hobby. (*to choose*)

46. They ________________ miniature houses out of paper that had been ________________ out. (*to build, to throw*)

47. First, David ________________ a floor plan for each house. (*to draw*)

48. Next, Natalie ________________ "logs" from twisted paper strips. (*to make*)

49. Unfortunately, David ________________ some dog food near the houses, and his dog ________________ them. (*to leave, to eat)*

50. Natalie ________________ betrayed and ________________ with David about what Natalie called his "criminal carelessness." (*to feel, to fight*)

Dominando os Verbos Irregulares Mais Comuns: Be e Have

Dois verbos irregulares, *to be* e *to have*, aparecem com mais frequência que uma celebridade com um novo filme para promover. E assim, como estrelas de cinema, eles tendem a causar problemas (é incrível como esta comparação com estrelas de cinema funciona em diversos aspectos!), ambos mudam de acordo com o tempo e com a pessoa. Por serem verbos comuns, é preciso ter certeza de que dominou todas as suas formas, como mostra a Tabela 1-1.

Tabela 1-1 Formas Verbais para os Verbos Irregulares "To Be" e "To Have"

Pronome(s)	*Presente do Verbo "To Be"*	*Passado do Verbo "To Be"*	*Presente do Verbo "To Have"*	*Passado do Verbo "To Have"*
I	am	was	have	had
you/we/they	are	were	have	had
it/he/she	is	was	has	had

***Nota**:* A forma do verbo *to be* usada com verbos auxiliares é *been.*

PRATIQUE

Preencha os espaços em branco com a forma correta de *to be* e *to have*, conforme o exemplo, nos exercícios a seguir:

P. Joyce the lifeguard ______________ out in the sun long enough to fry her brain, but she intends to go inside soon because the Picnic Olympics is on television this evening.

R. **has been.** *Been* é a forma usada com os verbos auxiliares, como *has.*

51. If pickling ______________ necessary, I'll bring my own vinegar.

52. Whoever ______________ enough cucumbers on this sort of occasion?

53. Mike replied, "I ______________ totally comfortable with the amount of green vegetables in my refrigerator."

54. Kristin, never outdone, ______________ a different idea.

55. "Grace and I ______________ firmly in the anti-vegetable camp," she commented.

56. Two hours from now, Kristin ______________ three trophies for carbo-loading.

57. Diane ______________ Champion of the Potato Salad Competition for three years in a row, counting this year.

58. Grace ______________ second thoughts about her entry choice; she now thinks that she should have picked sides instead of main dishes.

59. The soon-to-be-announced winners in each category ______________ extremely pleased with the prizes this year.

60. Give me a taste because I ______________ a judge.

61. "No kidding!" exclaimed Kristin. "I thought you ______________ a participant."

62. Kristin says that Grace ________________ certain to win, but I ________________ not sure.

63. Grace ________________ a heavy hand with hot sauce.

64. You ________________ to taste her dish anyway.

65. It ________________ unlikely that Grace's food will actually catch fire.

Ajudando e Cooperando: Os Verbos Auxiliares

Além de *has, have, had* e o verbo *to be* (*am, is, are, were* e assim por diante) você pode acrescentar alguns outros auxiliares aos verbos principais e, assim, alterar um pouco o significado da oração. Veja a utilização dos seguintes auxiliares:

- ***Should* e *must* conferem um sentido de dever.** Perceba o sentido de obrigação nestas duas frases: "David *should* put the ice cream away before he eats the whole thing." "David *must* reduce his cholesterol, according to his doctor."
- ***Can* e *could* sugerem capacidade.** Aliás, *could* é passado de *can*. Escolha o tempo que concorda com o verbo principal ou o período de tempo expresso na oração, como nos exemplos, "If Hanna *can* help, she will." ou "Courtney *could* stray from the beaten path, depending upon the weather."
- ***May* e *might* indicam possibilidade em uma oração.** Falando rigorosamente, *might* serve para eventos passados e *may* para o presente, mas hoje em dia as pessoas misturam as duas formas: "I *may* go to the picnic if I can find a bottle of ant-killer." "I told Courtney that she *might* want to bring some insect repellent."
- ***Would* geralmente expressa uma condição ou disposição.** Este auxiliar explica sob quais circunstâncias alguma coisa pode acontecer ("I *would* have brought the mouse if I had known about the cat problem"). *Would* também pode expressar disposição ("He *would* bait the trap"). *Would*, algumas vezes, expressa ações passadas que se repetem ("Every Saturday he *would* go to the pet store for more mouse food"). O tempo presente de *would*, o verbo auxiliar *will*, também pode indicar uma condição no presente ou futuro ("I *will* go if I *can* find a free ticket").

PRATIQUE

Agora tente este exemplo e os exercícios seguintes. Adicione um auxiliar ao verbo principal. A informação entre parênteses, após a oração com a lacuna, explica qual o significado que a oração deve ter.

P. Lisa said that she ________________ consider running for Parks Commissioner, but she hasn't made her mind up yet. *(possibilidade)*

R. **might** ou **may**. O *might* ou o *may* mostram que Lisa ainda não decidiu se vai concorrer.

66. The mayor, shy as ever, said that she ________________ go to the tree-planting ceremony only if the press agreed to stay outside the forest. *(condição)*

67. Kirk, a reporter for the local radio station, ________________ not agree to any conditions, because the station manager insisted on eyewitness coverage. *(capacidade)*

68. Whenever he met with her, Kirk ________________ always urge the mayor to invite the press to special events, without success. *(ação que se repete)*

69. The mayor ________________ make an effort to be more open to the press. *(dever)*

70. In earlier times, our mayors ________________ hold weekly press conferences. *(ação que se repete)*

71. Lisa, who writes the popular "Trees-a-Crowd" blog, explained that she ________________ rely on her imagination to supply details. *(possibilidade)*

72. Lisa knows that Kirk ________________ leap to fame based on his tree-planting report, and she doesn't want to miss an important scoop. *(capacidade)*

73. All good reporters ________________ know that if a tree falls or is planted in the forest, the sound is heard by a wide audience only if a radio reporter is there. *(dever)*

74. Sound engineers, on the other hand, ________________ skip all outdoor events if they ________________ do so. *(condição, capacidade)*

75. On-air talent always ________________ find a way to weather all hardships, including bad weather. *(capacidade)*

76. Some media watchers believe that reporters ________________ be a bit more modest. *(dever)*

77. In response, reporters claim that the public will not appreciate humility if they ________________ choose greater entertainment value. *(capacidade)*

78. The mayor ________________ have allowed the press at the scene had she foreseen the fuss. *(condição)*

79. The mayor ________________ achieve success if she becomes more media-savvy. *(possibilidade)*

80. Despite her shyness she's a good mayor, and no one ________________ work harder. *(capacidade)*

Questionando com os Verbos

Em inglês, é preciso usar um verbo auxiliar e um sujeito (a pessoa ou coisa de que estamos falando) para elaborar uma pergunta: "Did you eat the cookie?" (o verbo *to be* é a única exceção). Note que o conjunto *did eat* é diferente do passado direto *ate*. Outros elementos na criação de perguntas, em itálico nesses exemplos, alteram o tempo: "*Will* you eat my cookie?" ou "*Do* you eat cookies?" (esta última pergunta sugere uma ação que perdura no tempo). Em quase todas as interrogativas, o sujeito concorda com o primeiro (ou o único) verbo.

PRATIQUE

Tente este exemplo e os exercícios a seguir. Reescreva as afirmativas tranformando-as em interrogativas. Acrescente palavras ou reorganize a sentença, se necessário.

P. You found a wallet on the ground.

R. **Did you find a wallet on the ground?** O verbo auxiliar *did* precede o sujeito *you*. O passado simples, *found*, é alterado porque é usado com o verbo auxiliar.

81. You took the wallet to the police station.

____

82. The cops always accept lost items.

____

83. The wallet was stolen.

____

84. The detectives seemed interested.

____

85. They noticed seven credit cards, each with a different name.

____

86. The photo on the license matches a mug shot.

____

87. The police will act swiftly.

____

88. You want the reward for recovering stolen property.

____

89. In the future, you will keep your eyes on the ground.

____

90. Walking is your new hobby.

____

Chamando Todos os Conquistadores: Prática Extra com Verbos

Hora de afiar todas as ferramentas de seu kit de verbos. Leia o memorando na Figura 1-1, um produto de meu cérebro febril, e corrija todos os verbos que fugiram do caminho apropriado. Você deve encontrar dez.

To: All Employees

From: Christy

Subject: Paper Clips

It had come to my attention that some employees will be bending paper clips nearly every day. A few copy clerks even bended an entire box. Because of my duty as your supervisor, I would remind you that paper clips have been expensive. In my ten years of superior wisdom as your boss, I always gave you a fair deal. Does I need proof before firing you? No! However, I thinked you were responsible employees. Therefore, I will begin inspecting the desks in this office this morning. By quitting time, I will have been checking every single one. If your desk contains a bent paper clip, you would find yourself out of a job.

Figura 1-1: Um exemplo de memorando com alguns verbos confusos.

Respostas para os Problemas de Verbos e Tempos Verbais

1 **selects.** Percebe as dicas de tempo? A primeira parte da sentença contém a palavra *is*, um verbo no tempo presente, e a segunda parte inclui a palavra *always*. Claramente, você está no *tempo presente* com uma ação recorrente.

2 **challenged.** Outra dica de tempo: *last year's* coloca-o no passado.

3 **is buying** ou **buys.** O segundo verbo na sentença *(is)* coloca-o diretamente dentro da loja com David, observando sua ação se desenvolver. O tempo presente progressivo lhe dá a sensação de imediato, então *is buying* faz sentido. O tempo presente simples *(buys)* também funciona.

4 **will flatter.** A chave aqui é *next*, que coloca a oração no futuro.

5 **is writing.** A dica de tempo, *right now*, indica uma ação acontecendo, então a forma presente progressiva funciona bem aqui (*is writing*).

6 **purchased.** O surto de mal gosto de Diane aconteceu uma vez, o que significa um acontecimento no passado.

7 **was modeling** ou **modeled.** A segunda parte da sentença inclui o verbo *urged*, que coloca a ação no *passado*. Gosto do passado progressivo (*was modeling*) aqui, porque a palavra *while* remete à ação de *modeling*, que aconteceu por um período de tempo. Entretanto, a oração faz sentido mesmo que o processo não seja enfatizado, então *modeled* também é uma opção.

8 **muttered** ou **was muttering.** A dica para o passado é *two days after*. A segunda resposta lhe dá uma sensação mais presencial; mas ambas estão corretas.

9 **will invest.** A palavra indicativa de tempo aqui, *as soon as*, lhe diz que a ação ainda não aconteceu.

10 **chimed.** A dica é observarmos o verbo *gave*, que está no passado. Portanto, *chimed* é a resposta correta.

11 **placed.** O primeiro verbo na oração *(received)* está no tempo passado, assim você sabe que a ação de colocar o prêmio na estante estará no tempo pretérito.

12 **wonder.** A dica temporal aqui é *every day*, que diz a você que esta ação ainda está acontecendo no tempo presente e deve estar no *tempo presente*.

13 **explained.** O *yesterday* entrega o jogo; vá de tempo pretérito.

14 **stated.** A saga do prêmio de Grace e Diane está no tempo pretérito, e esta oração não é exceção. Mesmo sem o contexto da história, você vê o primeiro verbo *(earned)* no *tempo pretérito*, que funciona bem com o verbo também no tempo pretérito *stated*.

15 **will visit.** A dica temporal é *tomorrow*, que coloca o verbo no futuro.

16 **had been skating** ou **had skated.** Você tem duas ações no passado — a patinação e o escutar. As duas horas de patinação aconteceram antes de escutar, então você precisa do pretérito perfeito. Tanto a forma *simples* quanto a progressiva funcionam aqui.

17 **has been warning** ou **has warned.** A segunda metade da oração indica o presente *(won't listen)*, mas você também tem uma dica do passado *(for years)*. O presente perfeito é a melhor opção porque conecta o passado e o presente. Eu gosto do imediatismo do progressivo aqui (posso escutar a reclamação de Diane), mas o presente perfeito simples também está correto.

18 **had waited** ou **had been waiting.** A espera precede o anúncio do doutor, então você deve utilizar o pretérito perfeito. O progressivo adiciona uma sensação de "estar lá" (se você for fã de salas de espera de hospitais), mas não é necessário.

19 **will have waited, will have read.** O prazo na oração (o final do passeio do dia) é sua dica para o *tempo* futuro perfeito.

20 **has refused.** Percebe a conexão passado–presente? Mike *declared* e *Grace* está agindo agora. Assim, você precisa do tempo presente perfeito.

21 **had sent.** O agendamento e o envio ao hospital estão em dois momentos diferentes no passado, com o hospital ocorrendo primeiro. Vá de passado perfeito para a ação mais antiga.

22 **will have spoken.** O futuro perfeito precisa de um ponto final (nesta oração, o fim da gritaria) antes do qual as ações ocorrem.

23 **has achieved.** Se ele continua tentando, você tem uma ideia no presente que está conectada ao passado *(despite years of practice and on rare occasions)*. O presente perfeito conecta o presente e o passado.

24 **has consisted.** Esta oração tem uma dica de tempo presente *(at times)*. A oração diz a você sobre o passado *(at times)* e o presente *(is trying)*, então o presente perfeito é o que você precisa.

25 **had declared.** O *after* no início da oração é sua dica de que uma ação ocorre antes de outra. Por estarem ambas no passado, você precisa do tempo pretérito perfeito para a ação anterior.

26 **broken.** O verbo *to break* tem duas formas irregulares, *broke* e *broken*.

27 **shook.** *To shake* tem duas formas irregulares, *shook* e *shaken*.

28 **wrote** ou **has written.** Para escrever corretamente, use *wrote* ou *has written*.

29 **rose** ou **has risen.** Use *rose* ou *has risen*, e não *rised*.

30 **bought.** Lembre-se de outros irregulares como *caught*, *taught* e *thought*. Use a seguinte frase para memorizar: *I thought I was in trouble because I caught*

a cold when I taught that class of sneezing kids, but fortunately I had bought tissues.

31 **rung.** O sino *rings*, *rang*, ou *has/had rung*.

32 **went.** Memorize: *I go*, *he goes*, *I went* e *I have* ou *had gone*.

33 **begun, began.** O passado simples é *began*, e a forma que concorda com *has*, *have*, ou *had* é *begun*.

34 **sunk, found.** *To sink* se torna *sank* no passado e *has* ou *have sunk* nos tempos perfeitos. *To find* vira *found* no passado, passado perfeito e presente perfeito.

35 **took, bit**. Estas duas formas estão no passado simples; as formas perfeitas usam *taken* e *bitten*.

36 **wove.** O tempo pretérito de *to weave* é *wove*.

37 **sought.** Esta forma irregular se afastou de seu original. O tempo pretérito de *to seek* é *sought*.

38 **said.** Este verbo irregular é o tempo pretérito de *to say*.

39 **drank.** As três formas deste verbo soam como uma canção para acompanhar uma bebedeira: *drink*, *drank* e *drunk*. A forma do meio, que é o pretérito, é a que você quer aqui. A forma que concorda com *has* e *have* (quando precisar) é *drunk*.

40 **gave.** O verbo *to give* se torna *gave* no passado simples (*given* nas formas perfeitas).

41 **woke.** O verbo *to wake* se torna *woke* (passado simples) ou *woken* (com *has*, *have*, ou *had*).

42 **stood.** Esta forma irregular funciona com o passado simples e as formas perfeitas de *to stand*.

43 **spent, gave.** *To spend* se transforma em *spent* no passado simples e nas formas perfeitas. *To give* se torna *gave*, no passado.

44 **came** ou **has come, cost.** Memorize: *Natalie came* ou *has come*. Só para lhe confundir, o passado de *to cost* é *cost* (tanto no passado simples quanto nos tempos perfeitos).

45 **chose.** *They chose* e *we have chosen*. Ninguém *choosed*, nunca!

46 **built, thrown.** Nem pense em usar *builded*. A forma correta do passado é *built*. *To throw* se torna *threw* (passado simples) ou *thrown* (formas perfeitas).

47 **drew.** Não existe *drawed*. Ou você usa *drew* ou *have/had drawn*.

48 **made.** *To make* se torna *made* em todas as formas passadas e perfeitas.

49 **left, ate.** Não saia desta seção sem memorizar esta forma irregular de *to leave*! O passado simples de *to eat* é *ate*. Opte por *eaten* quando houver um verbo auxiliar.

50 **felt, fought.** Você se sentirá melhor ao saber que *felt* funciona para o passado simples e para as formas perfeitas. *To fight* também tem apenas uma forma, *fought*, para os dois casos.

51 **is.** Aqui estamos no presente.

52 **has.** Você precisa de um verbo no presente e no singular para concordar com *who* nesta oração.

53 **am.** O verbo *to be* muda para *am* quando conjugado com *I*.

54 **has** ou **had.** Esta resposta depende do tempo. Se você estiver falando sobre um evento passado, escolha *had*, mas se estiver falando sobre algo no aqui e agora, *has* é sua melhor aposta.

55 **are.** Você precisa de um plural para concordar com *Grace and I*.

56 **will have.** A oração fala do futuro.

57 **has been.** A oração exige um elo entre o passado e o presente, então o pretérito simples não serve. Você precisa do presente perfeito, que cria uma ponte entre esses dois períodos de tempo. *Has been* faz o serviço.

58 **had.** A oração pede um contraste para *now*, então opte pelo tempo pretérito.

59 **will be.** Mais uma vez no futuro!

60 **am** ou **will be.** Você pode escolher presente ou futuro, dependendo do contexto.

61 **were.** O passado de *to be* é necessário nesta oração.

62 **is, am.** Nesta oração, o *says* indica que o presente é o correto.

63 **has.** Aqui precisamos do presente no singular de *to have*.

64 **have.** O verbo *have* não expressa propriedade neste contexto. Aqui, ele indica obrigação.

65 **is.** O sujeito singular *it* concorda com o verbo no singular *is*.

66 **would.** A ida depende dos arranjos com a imprensa. Assim *would* é a melhor escolha.

67 **could.** O acordo não era possível, e a coisa toda está no tempo pretérito, então *could* é o correto.

68 **would.** Este verbo auxiliar expressa uma ação reiterada no passado.

69 **should.** Uma vez que sugere dever, *should* é o auxiliar que você precisa.

70 **would.** Use *would* para descrever ações que se repetem.

71 **may** ou **might.** Lisa, se estiver no clima, vai podar as árvores sem perceber. Esta possibilidade é expressa pelos auxiliares *may* ou *might*.

72 **can.** Você precisa expressar capacidade no tempo presente, o que o *can* faz.

73 **should.** Aqui há uma obrigação, e *should* é quem faz o trabalho.

74 **would, could.** *Would* expressa condição, e *could* acrescenta a ideia de capacidade na oração.

75 **can.** Estamos firmemente no presente (dica = *always*) e *can* acrescenta a noção de capacidade.

76 **should.** Quando o dever chama, opte por *should*.

77 **can.** A segunda parte da oração expressa capacidade, assim *can* funciona muito bem aqui.

78 **would.** A primeira parte da oração expressa uma condição que não está acontecendo, e o mais adequado é *would*.

79 **may** ou **might.** Para possibilidade, escolha um dos dois auxiliares.

80 **could** ou **can.** Ambas as formas verbais funcionam aqui: *could* se você estiver pensando no histórico de trabalho (passado) ou *can* se estiver avaliando pela carga de trabalho atual de 80 horas semanais.

81 **Did you take the wallet to the police station?** Típico formato de pergunta: as duas partes do verbo, *did* e *take*, estão separados pelo sujeito, *you*.

82 **Do the cops always accept lost items?** Aqui usamos o presente porque a sentença original contém o verbo no presente, *accept*.

83 **Was the wallet stolen?** A ideia aqui é de estado, e não de ação, não há necessidade de um verbo auxiliar. Entretanto, o sujeito *(wallet)* deve concordar com o verbo.

84 **Did the detectives seem interested?** Aqui há também indicação de estado, mas o verbo, *to seem*, precisa do auxiliar *did* para elaborar a pergunta.

85 **Did they notice the seven credit cards, each with a different name?** O auxiliar *did* precede o sujeito, *they*, nesta questão.

86 **Does the photo on the license match a mug shot?** Aqui vemos o mesmo padrão: verbo auxiliar *(does)*, sujeito *(photo)*, verbo principal *(match)*.

87 **Will the police act swiftly?** O auxiliar, *will*, troca de posição para criar uma pergunta e não uma afirmação.

88 **Do you want the reward for recovering stolen property?** Nesta questão, você acrescenta o *do* ao verbo principal, *want*, para transformar a frase em interrogação.

89 **In the future will you keep your eyes on the ground?** Esta pergunta contém as mesmas palavras da afirmação. A ordem faz toda a diferença!

90 **Is walking your new hobby?** O verbo *is* vem antes do sujeito *walking* para criar uma pergunta.

To: All Employees

From: Christy

Subject: Paper Clips

91 It ~~had~~ **has** come to my attention that some employees ~~will be~~ **have** 92
been bending paper clips nearly every day. A few copy clerks even
93 ~~bended~~ **bent** an entire box. Because of my duty as your supervisor, I
94 ~~would~~ **should** remind you that paper clips ~~have been~~ **are** expensive. In 95
my ten years of superior wisdom as your boss, I always ~~gave~~ **have** 96
97 **given** you a fair deal. ~~Does~~ **Do** I need proof before firing you? No!
However, I ~~thinked~~ **thought** you were responsible employees. 98
Therefore, I will begin inspecting the desks in this office this morning. By
99 quitting time, I will have ~~been checking~~ **checked** every single one. If
your desk contains a bent paper clip, you ~~would~~ **may** find yourself out of 100
a job.

91 *Had come* está errado porque coloca a ação no passado antes de outra ação no passado — o que não é a ideia contida na oração. A sentença um precisa de um verbo para ligar o passado e o presente e *has come* é a escolha certa.

92 *Will be* coloca a ação no futuro, mas o memorando novamente quer dizer que a ação *(bending)* acontecia no passado e continua no presente, então o presente perfeito *(have been)* é o correto.

93 *Bent* é o passado irregular. *Bended* não está correto no inglês padrão.

94 Estamos falando de obrigação, então, *should* funciona bem aqui. Ainda é possível usar *am reminding*, pois o chefe está lembrando os empregados sobre os preços dos *clips* (ação em curso).

95 O presente é melhor, pois o chefe está preocupado com as despesas atuais.

96 O chefe está se gabando do senso de justiça que teve no passado e que continua no presente. Assim o presente perfeito *(have given)* é a melhor

opção. Observação: O *always* pode ser colocado entre os dois verbos *(have always given)*, se quiser.

97 O pronome *I*, embora no singular, usa a forma plural *do*, não a forma singular *does*.

98 *Thought* é o passado irregular do verbo *to think*.

99 Não é preciso usar o progressivo aqui, pois o chefe quer informar aos empregados quando a investigação vai acabar e não quando vai ocorrer.

100 Aqui há uma possibilidade real, então *will* ou *may* funcionam bem. O auxiliar *will* é mais definitivo. *May* dá uma ideia mais vaga.

Capítulo 2

Concordância: Juntando Sujeitos e Verbos de Forma Adequada

Neste Capítulo

- Transformando o singular em plural
- Concordando o sujeito e o verbo de acordo com o número
- Lidando com sujeitos que parecem plural, mas não são

No Mundo da Gramática, a diferença entre o singular (apenas um) e o plural (qualquer número entre dois e uma multidão) é importante. Nesse aspecto, a gramática segue a vida real. Quando o obstetra relata o que aparece no ultrassom, a diferença entre um e mais de um é assunto de considerável interesse. Neste capítulo, mostro como diferenciar substantivos, pronomes e verbos singulares e plurais, e começo a falar sobre a concordância correta entre eles, em alguns padrões comuns de frases. Também mostro como lidar com sujeitos complicados como *news*, *data*, *everyone*, *somebody*, *either* e *neither*.

Quando Um não é Suficiente: Substantivos Plurais

Quando eu estava no ensino fundamental, o único corretor ortográfico era a régua da professora. "Você não sabe que deve trocar o *y* para *i* e adicionar *es*?" perguntava a Senhora Hammerhead instantes antes da régua aterrissar (*Bam!*) na cabeça de algum aluno. Hammerhead (não era seu nome verdadeiro, ou era?) ensinava a ortografia, mas também explicava como formar o plural de alguns substantivos, o termo gramatical para palavras que nomeiam pessoas, lugares, coisas ou ideias. Aqui estão as lições da Senhora Hammerhead, sem sua arma secreta:

- **Plurais regulares recebem um *s*.** Por exemplo, *one snob/two snobs* e *a dollar/two billion dollars*.
- **Substantivos terminados em *s*, *sh*, *ch* e *x* recebem *es* para formar o plural, a menos que o substantivo tenha um plural irregular.** Por exemplo, *kindness/kindnesses*, *splash/splashes*, *catch/catches* e *hex/hexes*. Falo mais sobre os plurais irregulares daqui a pouco.
- **Substantivos terminando em *ay*, *ey*, *oy*, *uy* — em outras palavras, uma vogal antes de *y* — simplesmente recebem um *s*.** *Monkey/monkeys* e *boy/boys*.
- **Substantivos terminando em *y* precedidos por uma consoante alteram o *y* para *i* e adicionam o *es*.** *Butterfly/butterflies* e *mystery/misteries*.
- **Substantivos compostos ligados por hífen vão para o plural com a alteração da palavra mais importante.** Você pode ter *two mothers-in-law*, mas não duas *mother-in-laws*, porque *mother* é a parte principal da definição.
- **No plural de nomes próprios, adicione *s* ou *es*.** Não altere qualquer letra, mesmo que o nome termine com *y* depois de uma consoante (*Smithy*, por exemplo). Apenas acrescente *s* para *Smiths* e *Smithys*. Se o nome já termina em *s*, *sh*, *ch* ou *x* (*Woods*, por exemplo), basta acrescentar *es* (*Woodses*).
- **Os substantivos irregulares não seguem qualquer regra; tudo pode acontecer!** Algumas vezes, o substantivo não muda, de modo que as formas plural e singular são exatamente iguais (*fish/fish* e *deer/* deer); outras, o substantivo muda (*leaf/leaves* e *child/children*). Quando não tiver certeza sobre um plural irregular, consulte um dicionário. A definição traz a forma plural de cada substantivo.

DICA

Você pode se sentir tentado a criar o plural com um apóstrofo (') e um *s*. Resista! Apóstrofos não transformam singular em plural.

PRATIQUE

Você está pronto para um pouco de multiplicação? No final de cada oração, há um substantivo entre parênteses. Escreva o plural nas lacunas, como no exemplo:

P. When she was angry, Jennifer often sent dinner ________________ flying across the room. *(plate)*

R. **plates.** Amo plurais regulares! Simplesmente adicione *s*.

1. Jennifer works at one of the local mental-health ______________. *(clinic)*

2. Jennifer refers to these establishments as "brain ______________." *(house)*

3. The town eccentric, Jennifer has dyed several ______________ of her hair light green. *(thatch)*

4. Jennifer sees her unusual hair color as appropriate for both ______________. *(sex)*

5. Few people know that Jennifer, an accomplished historian and mathematician, has created a series of ______________ on the Hundred Years' War. *(graph)*

6. Jennifer also knows a great deal about the role of ______________ in colonial America. *(turkey)*

7. The ______________ of all colonies, who dropped the title of "President" because they thought the longer term was more elegant, kept track of every turkey. *(secretary-general)*

8. She discovered that the average colony had four turkeys — a guy who never paid his bills, an idiot who thought "Come here often?" was a good pickup line, and two ______________ who shaved their ______________ every day. *(woman, eyelash)*

9. The ______________ of envy at Jennifer's scholarship were quite loud. *(sigh)*

10. However, her paper did not impress her ______________. *(brother-in-law)*

11. A couple of professors think that Jennifer's ______________ are filled with bats. *(belfry)*

12. Perhaps they're right, because Jennifer has encountered quite a bit of wildlife in her bell towers, including ______________, ______________, and ______________. *(deer, squirrel, goose)*

13. Jennifer will have to put aside her research and call one of the neighboring towns' ______________, who handle all stray animals. *(dogcatcher-in-chief)*

14. Anyone dealing with wild animals has to be wary of ______________. *(hoof)*

15. The dogcatchers throw ______________ over frightened animals. *(scarf)*

16. The ______________ have worked with animals for many decades. *(Sullivan)*

17. Some ______________ in the Sullivan family opt for veterinary school. *(child)*

18. ______________ of the local veterinary college receive many job offers. *(alumnus)*

19. Danny Sullivan was one of three ______________ for the dogcatcher position. *(runner-up)*

20. Danny went to dental school so he could work with ______________ instead of dogs. *(tooth)*

O Amor Não é Lindo? Combinando Sujeitos e Verbos

Para formar um bom par, como os serviços de encontros pela internet fazem, é preciso juntar pessoas parecidas. Na gramática, também é assim: sujeitos no singular concordam com verbos no singular, e sujeitos no plural concordam com verbos no plural, com duas exceções importantes (explicadas nesta seção). A boa notícia é que, na maior parte do tempo, os verbos em inglês só têm uma forma tanto para o singular quanto para o plural. *I smirk* e *the dinosaurs smirk* estão ambos corretos, mesmo sendo *I* singular e *dinosaurs* plural. Você precisa se preocupar apenas com algumas circunstâncias especiais. Aqui estão algumas regras, com exemplos nos quais sujeitos e verbos aparecem em itálico, desta forma, você pode localizá-los mais facilmente.

- **Falar sobre alguém no tempo presente exige formas verbais diferentes para o singular e plural.** O verbo singular termina em *s*, como em *he spits* (singular) e *they spit* (plural).
- **Verbos que incluem *does/do* ou *has/have* mudam de forma, do singular para o plural.** Verbos no singular usam *does* ou *has*. "*John does paint* his toenails blue. He *has stated* that fact." Os verbos no plural usam *do* e *have*. "*Do* the toenails *need* more polish? No, *they have* plenty already."
- ***I* concorda com o plural dos verbos de ação.** O pronome *I* é sempre singular, mas *I go* é o correto, e não *I goes*.
- ***You* pode estar no singular ou no plural, mas sempre concorda com verbos no plural.** Então, "*you catch* a robber", seja o *you* uma ou dez pessoas.
- **O verbo *to be* muda sua forma de acordo com o substantivo ou pronome que o acompanha.** Algumas formas de concordância são: *I am, I was, you are, he/she/it/Charlie is, he/she/it/the beanbag was* (singulares) e *we/they are, you were, we/they/teens were*.
- **Dois sujeitos unidos por *and* fazem um plural e recebem um verbo no plural.** Como você descobriu no jardim de infância, um mais um é igual a dois, que é plural. "*John and Dana* plan a bank job every two years."
- **Dois sujeitos singulares unidos por *or* recebem um verbo no singular.** A lógica aqui é que você está dizendo um *ou* outro, mas não ambos, então dois sujeitos singulares unidos p*or or* não formam um casal. "*Dana or John is cooking* tonight."
- **Ignore os apostos ao concordar sujeitos e verbos.** Apostos incluem frases como *of the books* e *except for...* e expressões mais longas como *who golfs badly* e *which takes the cake*. "*Kristin*, as well as all her penguins, *is marching* to the iceberg today."

  CUIDADO!

  Alguns apostos (*as well as, in addition to*) parecem criar o plural, mas gramaticalmente eles não fazem parte do sujeito e, como todos os outros tipos de apostos, não têm qualquer efeito quanto ao singular e o plural.

- ***Here* e *there* não podem ser sujeitos.** Em uma oração com *here* ou *there*, procure pelo sujeito após o verbo. "Here *are* five ***beans***. There *is* a *bean* in your nose."
- **O sujeito geralmente precede o verbo, mas pode aparecer em outro lugar.** "Around the corner *speed* the *robbers*, heading for the getaway car."

Sentenças com concordância errada de sujeitos e verbos geralmente aparecem em testes de proficiência. Você precisa indicar o erro ou escolher uma melhor opção para a sentença que contém o erro. Se você pretende fazer um teste desses, preste atenção nesta seção!

Teste sua compreensão com estes exercícios. Na lacuna, escreva a forma correta do verbo entre parênteses.

P. John's teacher _______________ uninterested in his excuses for missing homework. *(remain/remains)*

R. **remains.** O sujeito, *teacher*, é singular, então o verbo deve estar no singular. A letra *s* transforma o verbo em singular.

21. Hinting delicately that blue _______________ not a natural color for nails, Nadine _______________ her toes in distress. *(is/are, wriggle/wriggles)*

22. John, whose hair _______________ been every color of the rainbow, says that he _______________ from a toe condition. *(has/have, suffer/suffers)*

23. We _______________ not buying his story. *(am/is/are)*

24. You probably _______________ John because you _______________ everyone the benefit of the doubt. *(believe/believes, give/gives)*

25. _______________ you think that John's friends always _______________ the truth? *(Does/Do, tell/tells)*

26. _______________ his story fallen on disbelieving ears? *(Has/Have)*

27. I never _______________ when John _______________ avoiding reality. *(know/knows, am/is/are)*

28. Sometimes he _______________ very odd tales. *(tells/tell)*

29. Why _______________ everyone believe him? *(does/do)*

30. Nadine, who was one of John's closest friends, _______________ completely dismayed by John's dishonest tendencies. (was/were)

31. He, along with some other thieves, _______________ on his taxes all the time. *(cheats/cheat)*

32. The local police officer, in addition to everyone else on the force, _______________wanted to arrest John for years. *(has/have)*

33. Recently, John ________________ spent a lot of time at the bank. *(has/have)*

34. There ________________ six security guards in the safety deposit area of that bank. *(is/are)*

35. Last Tuesday, John and Dana ________________ seen entering the bank. *(was/were)*

36. On the security tape, John ________________ a note from his pocket and ________________ it to the guard. *(removes/remove, hands/hand)*

37. "In every single one of my pockets ________________ a gun," read the note. *(is/are)*

38. John, as well as the criminal mastermind Dana, ________________ easily caught. (was/were)

39. His arrest on a variety of charges ________________ being processed as we speak. *(is/are)*

40. There ________________ a movie director and a literary agent in the police station trying to gain access to John. *(was/were)*

41. John's offers, in addition to a serious marriage proposal, ________________ a ghostwritten autobiography and a reality television show. *(includes/include)*

42. Imagine the show: Formally dressed as always, across the screen ________________ John and Dana. *(strolls/stroll)*

Domando os Pestinhas: Os Verbos Corretos para Sujeitos Complicados

Como uma criança que não dormiu, alguns sujeitos adoram ser difíceis. Por mais difíceis que sejam, *most*, *all*, *either*, *each* e outras pestes, com um pouco de atenção, são fáceis de domar. Aqui estão as regras, com sujeitos e verbos das frases de exemplo em itálico:

- **Pronomes terminados em *–one*, *–thing* e *–body* (*everyone*, *something* e *anybody*, por exemplo) são singulares. Mesmo que pareçam estar no plural,** *everyone is here* e *nobody needs* estão de acordo com as regras.
- ***All*, *some*, *most*, *none* e *any* podem ser tanto singulares quanto plurais.** Sujeitos que podem ser contados são plurais. "*All* of the ears *are sticking* out. *Some* of the ears *are going* to be super-glued to scalps." O sujeito que pode ser medido, mas não pode ser contado é singular. "*Most* of the sugar in his diet *comes* from his doughnut habit. *None* of his food *contains* anything nutritious."

- ***Either* e *neither* sozinhos, sem *or* ou *nor*, são singulares.** Não se engane por estes sujeitos parecerem estar no plural. "*Neither* of my uncles *has agreed* to take me to the movies this afternoon."
- **Em frases com *either/or* e *neither/nor*, combine o verbo com o sujeito mais próximo.** "Either *Josh* or his *partners are going* to jail. Either his *partners* or *Josh is going* to jail."
- ***Each* e *every* são sempre singulares, não importa o que aparece depois.** Use quantas palavras, que pareçam estar no plural depois deles, quiser. "*Each* of the five thousand computers *was* on sale. *Every* video game and cellphone in the office *was stolen* from the FBI."

Estes sujeitos são irritantes o bastante para atrair aqueles que elaboram testes. Não tema: estes exercícios preparam você para perguntas sobre esse tópico.

Pronto para relaxar? Acho que não. Experimente resolver esses exercícios. Circule o verbo correto em cada oração.

P. Neither the fire marshal nor the police officers (was/were) aware of the bowling tournament.

R. **were.** O sujeito *police officers* está mais próximo do verbo que *marshal*. Já que *police officers* é plural, o verbo também deve estar no plural.

43. All the dancers in Lola's musical (is/are) required to get butterfly tattoos.

44. Either of the principal singers (has/have) enough talent to carry the musical.

45. Every orchestra seat and balcony box (is/are) sold already.

46. Why (does/do) no one understand that Lola's musical is extremely boring?

47. Most of the songs (has/have) been written already, but the out-of-town tryouts suggest that more work is needed.

48. Everyone (has/have) invested a substantial amount in Whatever Lola Wants, but no one (is/are) expecting a profit, despite the strong ticket sales.

49. Neither her partners nor Lola (is/are) willing to speculate on the critical reception.

50. Any of the reviews (has/have) the ability to make or break the production.

51. (Has/Have) either the director or the musicians agreed on a contract?

52. Everyone (agrees/agree) that Lola should cut the fifth song, "Why I Tattoo."

53. Lola is much more interested in tattoos than most of the members of the audience (is/are).

54. I don't understand the tattoo fixation because neither of Lola's parents (has/have) any tattoos.

55. Perhaps every one of Lola's 20 tattoos (is/are) a form of rebellion.

56. Some of the tattoos, of course, (is/are) to be covered by makeup, because Lola's character is an innocent schoolgirl.

57. However, each of the tattoos (has/have) special meaning to Lola, who is reluctant to conceal anything.

58. She says, "All the fame in the world (is/are) not as valuable as honesty."

59. Lola talks a good line, but all her accountants (believes/believe) that she will go along with the necessary cover-up.

60. (Has/Have) someone mentioned the Tony Awards to Lola?

61. Either Lola or her producers (is/are) sure to win at least one award — if nobody else (enters/enter) the contest.

62. Every Tony and Oscar on Lola's shelf (is/are) a testament to her talent.

63. Neither of her Tony awards, however, (has/have) been polished for a long time.

64. Perhaps someone (has/have) neglected to hire a cleaning professional to spruce up Lola's house.

65. Both of Lola's brothers (is/are) in the field of furniture maintenance.

66. (Was/Were) either of her brothers called in to consult about trophy cleaning?

67. If so, perhaps either Lola's brothers or Lola herself (is/are) on the verge of a cleaner future.

68. Most of us, I should point out, (believe/believes) that Lola will never forget to shine her Oscar statuettes.

Parecem Mas Não São: Lidando com os Impostores

O velho ditado "as aparências enganam" certamente se aplica aos sujeitos desta seção. Alguns parecem estar no plural, mas concordam com verbos no singular. Outros podem ser tanto plural quanto singular dependendo de como são usados. Aqui estão algumas orientações, o sujeito e o verbo aparecem em itálico nos exemplos:

- ***Politics, news, economics* e *thesis* são singulares.** Ignore o *s* no final. Esse *s* não é aquele usado para o plural das palavras. Portanto, "the *news is* good", e não "the *news are* good."
- ***Statistics* pode ser tanto singular quanto plural.** É singular se faz referência ao estatístico (pessoa) ou ao nome do curso, como em

"*Statistics accounts* for most of my homework hours." É plural quando faz referência aos números, como em "*Statistics show* that 80 percent of all human beings hate studying grammar."

- **Nome de empresa é singular, mesmo que pareça plural.** "*Sears is* (e não *are*) *having* a great sale on irregular verbs today."
- **Nome de times normalmente concordam com o verbo no plural.** Então, "the *Yankees have won* again" e "the *Rangers are losing* the game." Nomes de times que pareçam estar no singular (the *New York Liberty* ou the *Utah Jazz*, por exemplo) geralmente concordam com um verbo no singular.
- **O dicionário é sempre quem dá a última palavra.** Não posso incluir todos os substantivos aqui, a menos que você queira um livro de exercícios que precise de um guindaste para ser carregado. Palavras estranhas como *data* (plural), *memorandum* (singular), *scissors* (plural) e outras podem lhe enganar, a menos que você verifique o dicionário.

PRATIQUE

Prepare seu lápis e escolha o verbo correto entre parênteses. Depois, continue praticando com os exercícios a seguir:

P. Because he had eaten five ice cream bars a day for the last month, Arthur's pants (is/are) tight.

R. **are.** Como *pants* é um sujeito no plural, o correto é utilizar um verbo que concorde. Portanto, *are* é a resposta certa.

69. No matter how little studying Angie does, economics (is/are) an easy A+ for her.

70. The data (shows/show) that Angie never blows an economics test.

71. I wrote a paper on Angie's study habits; the thesis (was/were) that Angie's attention to current events helps her understand economic theory.

72. When I visit Angie, the news (is/are) always on.

73. It's difficult to drag her away from the television, though it's possible if the Giants (is/are) playing.

74. The Miami Heat, on the other hand, (does/do) not draw her attention.

75. Politics (was/were) one of Angie's hobbies when she was young.

76. Now, Angie thinks that the media (has/have) too much power.

77. Angie's fellow alumni (believes/believe) that taxes are evil, and that position is popular with some voters.

78. Angie once screamed at a political rally, "My scissors (cuts/cut) your taxes."

79. The pair of scissors she waved (is/are) in a museum now.

80. The media (loves/love) to cover Angie's career.

81. My memorandum on the subject (makes/make) my ideas perfectly clear.

82. Universal Business and Trade, a giant corporation, (agrees/agree) with me.

83. The corporation's analysis (is/are) that I should pay taxes, not the corporation.

Chamando Todos os Conquistadores : Prática Extra com Sujeitos e Verbos Complicados

Calibre seu detector de erros. Inseridos na carta da Figura 2-1, escrita por um mestre do crime para seu cúmplice (certo, escrita por mim e eu nunca sequer atravessei a rua no sinal vermelho, quanto mais roubei bancos!), estão dez erros de concordância entre sujeito e verbo e dez formas plurais incorretas, num total de vinte erros. Risque cada verbo e plural incorreto e substitua os erros por versões novas e melhoradas.

Dear Adelie,

Oh, how I long to be with you on this cold, cold day! Neither of the iron bars of my cell have kept me from dreaming about sweeping you away to our long-planned vacation in Antarctica. Through the vast blue skys, speeding swiftly as wild turkies, go my heart.

Either my jailors or my honey have taken over every thought in my brain. I never think about the fishes in the sea. Every single one of my waking moments are devoted to you and to my ten lawyer.

I and all the other prisoners, except for my cellmate, has waited impatiently for your visit. (Don't worry about the cellmate; politics are the only thing on his mind.) Two months has passed, and everyone are impatient. I know you was busy, but the taxs are paid, your new downhill racing skies are waxed (I know you love to ski!), and still you is not here!

Here is two tickets for the policemans you befriended. They can accompany you on the train. (I know you hate to travel alone.) Speaking of alone, please bring the loots from our last job. I need escape money. Also bring two gold watchs, which are very handy for bribes.

Love,

Charlie

Figura 2-1: Carta para a prática de erros de sujeitos e verbos.

Respostas para os Problemas de Concordância entre Sujeito e Verbo

Espero que você esteja com uma inspiração singular para concordar corretamente verbos e sujeitos agora. Verifique suas respostas para os exercícios deste capítulo, a seguir:

1 **clinics.** Para um plural regular, simplesmente adicione *s*.

2 **houses.** Plural regular aqui: adicione um *s*.

3 **thatches.** Para um substantivo terminado em *ch*, adicione *es*.

4 **sexes.** Para um substantivo terminado em *x*, adicione *es* para formar o plural.

5 **graphs.** Enganei você? O *h* no final do substantivo não requer, por si só, um *es*. Apenas palavras terminadas em *sh* ou *ch* exigem a adição de *es* na forma plural. Para *graph*, um simples *s* servirá.

6 **turkeys.** Para substantivos terminando em *ay*, *ey* ou *oy*, adicione *s* para formar o plural.

7 **secretaries-general.** Para esta palavra composta, concentre-se na palavra mais importante: *secretary* (a outra palavra é apenas uma descrição, que explica o tipo de secretário ao qual estamos nos referindo). Já que *secretary* termina em *y* precedido por uma consoante, é preciso trocar o *y* por *i* e adicionar *es*.

8 **women, lashes.** O plural de *woman* é irregular. O segundo substantivo termina em *sh*, então devemos adicionar *es* para formar o plural.

9 **sighs.** Os plurais regulares são divertidos, basta acrescentar *s*.

10 **brothers-in-law.** Para criar o plural de uma palavra com hífen, adicione *s* à palavra mais importante, que, neste caso, é brother.

11 **belfries.** O plural de um substantivo terminado em *y* precedido por uma consoante é criado removendo-se o *y* e adicionando *ies*.

12 **deer, squirrels, geese.** O primeiro e o terceiro substantivos formam plurais irregulares, mas o bom e velho *squirrels* segue a regra em que você simplesmente adiciona um *s* ao singular.

13 **dogcatchers-in-chief.** A palavra mais importante neste substantivo composto (e inventado) é *dogcatcher*. O plural é criado com a adição de *s* à dogcatcher.

14 **hooves.** Este é um plural irregular. O *f* desaparece completamente! Por que? Não tenho a menor ideia. Plurais irregulares são coisas estranhas.

15 **scarves.** Outro plural irregular e também estranho, *scarf.* Você não pode ter *two scarfs*, apenas *scarves.*

16 **Sullivans.** Para criar o plural de um nome, acrescente um *s* no final do nome.

17 **children.** Nenhum *s* à vista, mas *children* é plural.

18 **alumni.** Este plural tem raízes na Grécia Antiga. *Alumni* é um plural tanto para o masculino quanto para o masculino e feminino, juntos. *Alumnae* é o plural apenas para grupos do sexo feminino.

19 **runners-up.** Adicione um *s* na palavra-chave, e tudo pronto.

20 **teeth.** Plurais irregulares fazem o que querem. Este muda as vogais.

21 **is, wriggles.** Você precisa de duas formas singulares aqui: *blue is* e *Nadine wriggles.*

22 **has, suffers.** Os verbos *has* e *suffers* são singulares, como devem ser, pois a concordância entre verbos e sujeitos são *hair has* e *he suffers.*

23 **are.** O verbo no plural concorda com o sujeito plural *we.*

24 **believe, give.** O pronome *you* sempre recebe verbos no plural, como *believe* e *give.*

25 **Do, tell.** Ambos os verbos estão no plural, concordando com os sujeitos plurais *you* e *friends.* No primeiro par, o sujeito está colocado entre as duas partes do verbo, pois a oração é interrogativa.

26 **Has.** Você precisa de uma forma no singular aqui para concordar com o sujeito singular *story.*

27 **knows, is.** O pronome *I*, embora singular, concorda com a forma plural *know. John* é singular e concorda com o verbo no singular *is.*

28 **tells.** Porque *he* é singular, o verbo *tells* precisa também estar no singular.

29 **does.** O pronome *everyone* é singular, então ele concorda com a forma no singular *does.*

30 **was.** O verbo no singular *was* concorda com o sujeito singular *Nadine.*

31 **cheats.** O sujeito singular é *He*, então devemos usar *cheats*, um verbo no singular. O aposto *along with some other thieves* é irrelevante.

32 **has.** Ignore o aposto *in addition to everyone else on the force.* O verdadeiro sujeito, *officer*, é singular e requer o verbo no singular *has.*

33 **has.** Esse é fácil. *John* é um sujeito singular, que concorda muito bem com o verbo no singular *has.*

34 **are.** O sujeito é *guards*; *there is* nunca é sujeito. *Guards* é plural e requer o verbo no plural.

35 **were.** *John and Dana* — duas pessoas, unidas por *and* (e também pela prisão) — equivalem a um sujeito plural, então usamos o verbo no plural *were*.

36 **removes, hands.** *John* é singular, os verbos *removes* e *hands* também devem estar no singular.

37 **is.** *Every* tem poderes mágicos. Coloque *every* antes de qualquer coisa, mesmo *pockets*, e você terá um sujeito singular e um verbo no singular, *is*.

38 **was.** Ignore os apostos (*as well as... Dana*) e concentre-se no verdadeiro sujeito, *John*. O verbo no singular *was* concorda com o sujeito no singular.

39 **is.** O sujeito é *arrest*, não *charges* ou *variety*. *Arrest* é singular, então você precisa do verbo no singular *is*.

40 **were.** Adicione um *movie director* a um *agent* e o que você tem? Um cheque bem gordo, isto sim... E um sujeito plural que recebe o verbo no plural *were*.

41 **include.** O sujeito é *offers*, que concorda com o verbo no plural *include*. Tudo mais é camuflagem.

42 **stroll.** Os sujeitos da oração aparecem no final da sentença. *John and Dana* = plural, então deve concordar com o verbo no plural stroll.

43 **are.** *Dancers* podem ser contados, então, *are* é a melhor escolha.

44 **has.** Sem um parceiro, *either* é sempre singular e pede por um verbo no singular, como *has*.

45 **is.** A palavra *every* tem o poder de transformar *seat and balcony box* em uma ideia singular requerendo o verbo no singular is.

46 **does.** O sujeito é *no one*, que é singular, então deve concordar com *does*, um verbo no singular.

47 **have.** O pronome *most* pode ser singular (caso seja utilizado com uma quantidade mensurável) ou plural (quando utilizado com uma quantidade contável). Você pode contar *songs*, então o plural *have* é o melhor.

48 **has, is.** Os pronomes terminados em *–one* são sempre singulares, mesmo que algumas vezes insinuem conceitos plurais. Eles precisam concordar com verbos no singular.

49 **is.** O sujeito mais próximo é *Lola*, então o verbo no singular *is* recebe o prêmio, o único que, provavelmente, o musical de *Lola* irá receber.

50 **have.** O pronome *any* pode ser tanto singular quanto plural, dependendo da quantidade a qual se refere. As críticas podem ser contadas (e você pode estar certo de que os patrocinadores de Lola irão contá-las cuidadosamente), então *any* recebe o verbo no plural *have*, nesta oração.

51 **Has.** A sentença tem dois sujeitos, *director* e *musicians*. O verbo tem duas partes, *has* e *agreed*. O sujeito *director* está mais próximo da parte do verbo

que muda (o *has* ou *have*); *agreed* é o mesmo para sujeitos singulares e plurais. A parte alterável do verbo é aquela que governa a questão singular/plural. Por esta parte estar mais próxima do sujeito singular *director*, o verbo no singular *has* está correto.

52 **agrees.** O verbo no singular *agrees* concorda com o sujeito singular *everyone.*

53 **are.** O pronome *most* pode ser tanto singular quanto plural. Nesta oração, *members* é contável, então o verbo no plural *are* é o que você quer.

54 **has.** O pronome *neither* sempre é singular e precisa concordar com o verbo no singular *has*.

55 **is.** Peguei você nesta? A expressão *20 tattoos* sugere plural, mas o verdadeiro sujeito é *one*, um singular.

56 **are.** Você pode contar as tatuagens, então o pronome *some* é um sujeito plural e precisa concordar com o verbo no plural *are*.

57 **has.** A palavra *each* tem o poder de transformar qualquer sujeito em singular; *has* é um verbo no singular.

58 **is.** *Fame* pode ser medida, mas não contada. Então, o verbo no singular concorda com o pronome singular *all*.

59 **believe.** *Accountants* são contáveis, então o *all* é plural nesta oração e precisa do verbo no plural *believe*.

60 **Has.** O pronome *someone*, como todos os pronomes terminados em *–one*, é singular, assim como o verbo *has*.

61 **are, enters.** Em uma oração *either/or*, vá com o sujeito mais próximo, neste caso, *producers*. Por *producers* ser plural, concorda com *are*, um verbo no plural. O verbo singular *enters* concorda com o pronome singular *nobody*. Todos os pronomes terminados em *–body* são singulares.

62 **is.** A palavra *every* tem a capacidade de transformar o sujeito em singular, concordando com o verbo no singular *is*.

63 **has.** O pronome *neither* é singular, então requer o verbo no singular, *has*.

64 **has.** Pronomes terminados em *–one* são sempre singulares e, assim, sempre concordam com verbos no singular. Aqui o sujeito é *someone*, então *has* é o escolhido.

65 **are.** O pronome *both* é plural, assim como o verbo *are*.

66 **Was**. Esta oração ilustra um erro comum. O pronome *either* é singular e requer o verbo no singular *was*.

67 **Is.** Uma oração com a o par *either/or* é fácil; simplesmente concorde o verbo com o sujeito mais próximo. Nesta oração, o singular *Lola* está mais próximo do verbo que *brothers*, então você precisa de um verbo no singular.

68 **believe.** O pronome *most* muda de singular para plural ou vice-versa, dependendo do contexto. Se associado com algo que você possa contar (como *us*), é plural. Opte pelo plural do verbo *believe*.

69 **is.** *Economics* termina em *s*, mas é um substantivo singular, que deve concordar com o verbo no singular *is*.

70 **show.** *Data* parece singular por não tem *s* no final, mas é, na verdade, o plural de *datum* (uma palavra que nunca é usada!). *Data* deve concordar com *show*, o plural do verbo.

71 **was.** O sujeito *thesis* é singular, então *was* deve ser usado. Caso você esteja curioso, o plural de *thesis* é *theses*. Estranho, não é?

72 **is.** *News* é singular e requer o verbo no singular, *is*. Este substantivo não tem forma plural.

73 **are.** O nome do time parece plural, e é. Escolha *are*, verbo no plural.

74 **does.** O nome do time parece singular, então o verbo no singular, *does*, deve ser usado aqui.

75 **was.** O sujeito, *politics*, parece estar no plural por causa do *s*, mas, na verdade, é singular, assim como o verbo *was*.

76 **have.** *Media* é plural e concorda com o verbo no plural *have*.

77 **believe.** O sujeito *alumni*, é plural e concorda com o verbo no plural *believe*.

78 **cut.** Por motivos que não sei explicar, *scissors* é plural e requer um verbo no plural, *cut*.

79 **is.** Agora, o sujeito é *pair*, uma palavra singular, então o verbo deve estar no singular, *is*.

80 **love.** O sujeito é *media*, plural, que concorda com o verbo *love* (plural).

81 **makes.** *Memorandum* é singular (e, caso esteja curioso, *memoranda* é o plural). Concorde *memorandum* com o verbo no singular *makes*.

82 **agrees.** Nomes de empresas são singulares, mesmo que pareçam plural. *Agrees* é um verbo no singular.

83 **is.** O sujeito *analysis* é singular (aliás, o plural é *analyses*). *Is* é a forma singular do verbo.

Dear Adelie,

Oh, how I long to be with you on this cold, cold day! Neither of
the iron bars of my cell ~~have~~ **has** kept me from dreaming about 84
sweeping you away to our long-planned vacation in Antarctica.
85 Through the vast blue ~~skys~~ **skies**, speeding swiftly as wild ~~turkies~~
86 **turkeys**, ~~go~~ **goes** my heart. 87

Either my jailors or my honey ~~have~~ **has** taken over every 88
89 thought in my brain. I never think about the ~~fishes~~ **fish** in the sea. Every
90 single one of my waking moments ~~are~~ **is** devoted to you and to my ten
91 ~~lawyer~~ **lawyers**.

I and all the other prisoners, except for my cellmate, ~~has~~ **have** 92
waited impatiently for your visit. (Don't worry about the cellmate;
93 politics ~~are~~ **is** the only thing on his mind.) Two months ~~has~~ **have** passed, 94
95 and everyone ~~are~~ **is** impatient. I know you ~~was~~ **were** busy, but the ~~taxs~~ 96
97 **taxes** are paid, your new downhill racing ~~skies~~ **skis** are waxed (I know 98
you love to ski!), and still you ~~is~~ **are** not here! 99

100 Here ~~is~~ **are** two tickets for the ~~policemans~~ **policemen** you 101
befriended. They can accompany you on the train. (I know you hate to
travel alone.) Speaking of alone, please bring the ~~loots~~ **loot** from our 102
last job. I need escape money. Also bring two gold ~~watchs~~ **watches**, 103
which are very handy for bribes.

Love,

Charlie

84 O sujeito da oração é *neither*, que, quando aparece sozinho, é sempre singular e requer o verbo no singular, *has*.

85 Para a forma plural de uma palavra terminada em consoante (*–y*), troque o *y* pelo *i* e acrescente *es*.

86 Para formar o plural de uma palavra terminada em vogal (*–y*), basta acrescentar *s*.

87 O sujeito singular do verbo *go* é *heart*, que nesta oração está localizado após o verbo, um local incomum, mas permitido. Sujeitos singulares recebem verbos no singular, e *goes* está no singular.

88 A oração tem dois sujeitos ligados por *either/or*. O sujeito mais próximo é *honey*, que é singular e requer o verbo no singular.

89 *Fish* tem um plural irregular — *fish*.

90 *Every* cria um sujeito singular, então você precisa de *is*, verbo no singular.

91 Se você tem dez, está no mundo do plural. O plural de *lawyer* é *lawyers*.

92 O *except for my cellmate* pode lhe distrair, mas o verdadeiro sujeito é *I and all the other prisoners*, um plural que concorda com *have*.

93 *Politics* é singular e requer um verbo no singular, *is*.

94 *Two months* é plural, então utilize o verbo no plural, *have*.

DICA

Algumas vezes, o tempo pode ser singular (*Five minutes is a long time*) quando estiver se referindo a uma quantia total, como um bloco único de tempo. Na questão 94, Charlie está contando os meses separadamente, então o verbo no plural é melhor.

95 *Everyone*, bem como todos os pronomes com a palavra *one*, é singular e recebe o verbo no singular, *is*.

96 O pronome *you* pode se referir a uma pessoa ou grupo, mas sempre recebe um verbo no plural.

97 Para formar o plural de um substantivo terminando em *x*, adicione *es*.

98 O substantivo *ski* é regular, então, para formar o plural, simplesmente adicione *s*.

99 *You* sempre recebe verbo no plural. Neste caso, *are*.

100 *Here* não pode ser sujeito, então olhe depois do verbo. Voilá! *Tickets*, um plural, recebe o verbo *are*, plural.

101 Muitas coisas diferenciam homens e mulheres, mas ambos formam plurais do mesmo modo — trocando o *a* por *e*. Então, *policemen*, e não *policemans*.

102 *Loot* é aquilo que você obtém de um crime (sem contar a ficha criminal), seja um diamante ou milhares de ingressos para os Yankees. Não existe *loots*.

103 Para formar o plural de um substantivo terminando em *ch*, adicione *es*.

Capítulo 3

Quem é Ela, e o Que é Isto? A Verdade Sobre os Pronomes

Neste Capítulo

- Usando os pronomes singulares e plurais corretamente
- Determinando posse com os pronomes possessivos
- Evitando o duplo sentido
- Diferenciando *it´s/its* e *they´re/there/their*

Os pronomes não são para amadores, pelo menos quando se trata de gramática formal. Estas palavrinhas traiçoeiras substituem os substantivos e acabam sendo bastante úteis. Quem consegue escrever um parágrafo sequer sem usar *I*, *me*, *ours*, *them*, *us*, *that* e outras palavras do gênero? Infelizmente, os pronomes podem fazer você tropeçar de diversas maneiras. Não tenha medo. Neste capítulo, mostro como distinguir os pronomes singulares dos pronomes plurais (quando utilizar cada um deles) e como usar os pronomes possessivos. Também ensino como evitar os pronomes vagos e como se desvencilhar do labirinto de *its/it's*, *their/there/they're*, *whose/who's* e *your/you're*.

Enumerando os Pronomes Singulares e Plurais

Os pronomes eliminam os substantivos de suas frases e fazem com que as palavras fluam mais suavemente. Ao escolher os pronomes, você deve seguir duas regras básicas:

- Substitua um substantivo singular por um pronome singular.
- Substitua um substantivo plural por um pronome plural.

DICA

Os pronomes têm outra característica — o gênero. Felizmente, as regras aplicadas aos gêneros dos pronomes não estão nem perto de serem complicadas como aquelas que regem quem paga o quê no primeiro encontro. Os pronomes masculinos (*he*, *him*, *himself*) tomam o lugar de substantivos masculinos, e os pronomes femininos (*she*, *her*, *herself*) ocupam o lugar dos substantivos femininos. Alguns pronomes não fazem parte da guerra dos sexos (*it*, *itself*, *who*, *which* e *that*, por exemplo) e funcionam de forma neutra.

Outras regras também regem o comportamento dos pronomes, mas deixo essas para outra hora e lugar — especificamente para os Capítulos 2 e 9.

Apenas para registro, aqui estão os pronomes singulares e plurais mais comuns:

- **Singular:** *I*, *me*, *you*, *she*, *it*, *my*, *your*, *his*, *her*, *its*, *myself*, *yourself*, *himself*, *herself*, *itself*, *either*, *neither*, *everyone*, *anyone*, *someone*, *no one*, *everything*, *anything*, *something*, *nothing*, *everybody*, *anybody*, *somebody*, *nobody* e *each*.
- **Plural:** *we*, *us*, *you*, *they*, *them*, *our*, *ours*, *your*, *yours*, *their*, *theirs*, *ourselves*, *yourselves*, *themselves*, *both* e *few*.

CUIDADO!

Os pronomes *–self* — *myself*, *himself* e assim por diante — têm um uso bem limitado. Eles podem conferir ênfase (*I myself will blow up the mud balloon*) ou retornar à pessoa executando a ação na oração (*She will clean herself later*). Resista à tentação de usar um pronome *–self* sem referência reversa à ação (*Rachel and myself hate mudballons*, por exemplo).

PRATIQUE

Certo, ao trabalho. Sem espiar as respostas (*estou* de olho), decida qual pronome pode substituir o substantivo sublinhado. Considere as questões de singular, plural e gênero. Escreva sua opção na lacuna.

P. I hope that Charlie Burke and Dr. Eileen Burke will attend tonight's symphony, even though Charlie is tone-deaf and Eileen tends to sing along. ________________

R. **she.** A doutora Eillen ficou conhecida por "bater" uma bandeja de donuts com bastante frequência, mas ela ainda é uma pessoa só. *She* é um pronome feminino, singular.

1. Eileen wore a purple and red plaid hat last year, and the hat made quite an impression on the fashion press. ________________

2. "Who is your designer, Eileen?" the photographers screamed.

____

3. Charlie's hairpiece, on the other hand, attracted almost no attention.

____

4. At one point during the evening Eileen muttered, "Charlie, you should have ordered a limousine for Charlie and Eileen." ______________

5. Unlike his mother, Charlie likes to travel in luxury; Mama usually takes public transportation. ______________

6. Charlie and Eileen told Charlie and Eileen that they would never set one foot in a subway. ______________

7. Mama says that if you're in trouble, you can always ask the subway conductor and the subway conductor will help. ______________

8. Eileen once tried the subway but fainted when the conductor said to her, "Miss, Eileen will need a ticket." ______________

9. Until Eileen hit the floor, the subway cars had never before been touched by mink. ______________

10. "Give Eileen a ticket, please," gasped Eileen when she awoke.

____

11. After Eileen's subway experience, Eileen opted for the bus.

____

12. The bus driver, Henry Todd, was very gracious to his passenger, as Henry Todd was to all passengers. ______________

13. Because Eileen is a little slow, the driver of the bus parked the bus at the stop for a few extra minutes. ______________

14. As Eileen mounted the bus steps, Eileen said, "Thank you, Driver, for waiting for Eileen." ______________

15. "I am happy to wait for Eileen," replied the driver. "I have 12 more years until retirement." ______________

Segure sua Onda com os Pronomes Possessivos

Quando eu era criança, costumava ouvir a expressão "achado não é roubado, quem perdeu foi relaxado". Mais tarde, entendi que a lei não é tão simples assim. Os pronomes possessivos (*my*, *mine*, *your*, *his*, *hers*, *its*, *our*, *ours*, *their*, *theirs* e *whose*), por outro lado, têm leis mais simples:

- **Utilize um pronome possessivo para demonstrar posse.**
- **Combine pronomes singulares com possessivos singulares.**
- **Combine pronomes plurais com possessivos plurais.**
- **Preste atenção nos pronomes masculinos (para homens), femininos (para mulheres) e neutros.**
- **Nunca insira um apóstrofo em um pronome possessivo.** (Se um pronome possessivo tiver apóstrofo, é parte de uma contração de palavras. Veja a seção seguinte para mais detalhes.)

DICA

De modo informal, muitas pessoas se referem a uma empresa ou loja com um pronome plural, como: "I´m going to Green´s Market because *they* have great discounts on *their* marshmallows." Entretanto, *Green ´s Market* é singular e requer o uso do pronome singular *it*, que concorda com o verbo singular e o pronome possessivo *its* (*it* funciona tanto como sujeito quanto objeto). A sentença correta é "I´m going to Green´s Market because *it* has great discounts on *its* marshmallows."

PRATIQUE

Certo, aqui está um miniteste. Preencha as lacunas com o pronome possessivo correto dentre as opções nos parênteses.

P. The little boy grabbed a grubby handkerchief and wiped _____ nose. *(his/her/its/he's)*

R. **his.** Por estar falando de um garotinho, você precisa de um pronome masculino. Peguei você com a última opção? *He's = he is.*

16. Jessica spent the morning polishing _____ new motorcycle, for which she had paid a rock-bottom price. *(her/hers/she's/her's)*

17. She found two scratches, so she took the cycle back to the store to get _____ fender repaired. *(it/its/her)*

18. When the store employees didn't satisfy her demand for a new fender, Jessica threatened to scratch something of _____. *(their/theirs/their's)*

19. Jessica talks a lot, but she has never taken revenge by damaging a single possession of _____. *(my/mine/mines/mine's)*

20. However, Neil and Rachel claim that Jessica once threw paint on something of _____. *(his/hers/her's/their/their's/theirs)*

21. Also, I heard a rumor that Neil had to bury _____ favorite wig, the one he styled himself, after Jessica got hold of it. *(his/her/he's)*

22. When Rachel's poodle dug up the wig, she had to use paint remover to clean _____ paw. *(it/its/their)*

23. Just to be safe, Neil will never let Jessica borrow another wig of _____ unless she takes out an insurance policy. *(his/his'/he's)*

24. Tomorrow, Neil is going to Matthews Department Store to buy a spare wig. The store is selling wigs at a 50 percent discount, and _____ wigs are Neil's favorites. *(its/their)*

25. Whenever Neil yells at Jessica, she screams, "Don't criticize _____ actions!" *(my/mine)*

26. Neil usually replies, in a voice that is just as loud, "I wouldn't dream of criticizing any action of _____." *(your/your's/yours/yours')*

27. When Neil speaks to _____ hairdresser, he will request a rush job. *(his/his'/he's)*

28. "Neil will never get his hands on any hairpiece of _____," declared Rachel and Jessica. *(our/ours/our'/ours'/our's)*

29. I think that Rachel took _____ hairpiece, and I told Neil so. *(his/his'/he's)*

30. Neil explained that he itches to get his hands on a wig of _____ someday. *(my/mine)*

31. "Over _____ dead body," I replied. *(my/mine)*

32. "I can't work on _____ dead body," answered Neil in a puzzled voice. *(your/yours/you're)*

33. As she dipped _____ fingers in paint remover, Jessica added, "You can't work on a live one either." *(her/hers/her's)*

34. Jessica and Neil seriously need to work on _____ people skills. *(his/her/their)*

35. I will buy a wig for Jessica, Neil, and myself and then style _____ new hairpieces. *(our/ours/our's)*

Tudo está nos Detalhes: Possessivos versus Contrações

Esta seção indica alguns perigos do mundo dos pronomes possessivos e mostra como evitá-los. Em particular, apresento o fantástico mundo do *its/it's*, *their/there/they're* e *whose/who's*. De forma breve, veja como diferenciá-los:

- **Its/it's:** O primeiro demonstra posse, "The bird grasped a seed in *its* beak." O segundo é uma contração significando *it is*, "*It´s* hard to snatch birdseed from a hungry robin."
- **Their/there/they're:** O primeiro demonstra posse, "The birds grasped seeds in *their* beaks". O segundo é uma localização, "Don't go *there.*" O terceiro é uma contração com o significado de *they are*, "*They´re* ready to film the nature show now."
- **Whose/who's:** O primeiro demonstra posse, "The bird *whose* beak is longest wins." O segundo é uma contração que significa *who is*, "*Who´s* the judge?"

Tente as questões seguintes. Escolha a palavra correta entre as opções em parênteses. Sublinhe sua resposta.

P. Marybelle sewed (their/there/they're) lips shut because the little brats refused to keep quiet.

R. **their.** A oração expressa posse, então escolha a primeira opção. A segunda, *there*, é uma localização, e a terceira significa *they are*. Se você colocar *they are* na oração, ela não fará sentido algum.

36. George and Josh need watches because (their/there/they're) always late.

37. George found a watch that keeps atomic time, but (its/it's) too expensive.

38. Josh, playing with the atomic watch, broke (its/it's) band.

39. I notice that (your/you're) band is broken also.

40. "(Whose/Who's) watch is this?" Josh asked innocently.

41. "(Your/You're) sure that (its/it's) not Jessica's?" asked George.

42. "Put it over (their/there/they're) and pretend you never touched it," said George.

43. "I can't lie," whispered Josh. "(Their/There/They're) security cameras caught me."

44. (Its/It's) impossible for Josh to lie anyway because he is totally honest.

45. "(Your/You're) honor demands only the truth," sighed George.

46. (Whose/Who's) going to pay for the watch, you may wonder, Josh or George?

47. (Your/You're) wrong; Josh isn't willing to pay the full cost.

48. (Their/There/They're) funds are limited, so each will probably pay half the cost of a new watch band.

49. George, (whose/who's) ideas of right and wrong are somewhat fuzzy, asked Rachel whether she would contribute to (their/there/they're) "charity campaign for underprivileged watches."

50. Rachel replied, "(Your/You're) joking!"

Evitando o Duplo Sentido

A não ser que você seja um político inclinado a esconder o fato de que simplesmente aumentou os impostos de tudo, menos do chiclete, provavelmente está interessado em se comunicar com clareza. Uma regra básica diz tudo: se o significado de um pronome não for claro, exclua o pronome e opte por um substantivo.

Na prática, esta regra significa que você não deve dizer coisas como "My aunt and her mother-in-law were happy about her success in the Scrabble tournament", pois você não sabe quem teve sucesso, a tia, a sogra, ou alguma outra senhora.

Os exames de ingresso na universidade e testes de proficiência, normalmente, apresentam várias questões com duplo sentido. Em geral, o pronome com problemas é sublinhado. Quando solicitado a indicar o erro, fique de olhos abertos para pronomes de sentido ambíguo.

Agora começa a prática com pronomes. Concentre-se nestes exercícios, reescrevendo tudo caso algum pronome possa ter mais de um significado. Ao reescrever a oração, escolha uma das possibilidades ou, caso adore trabalhar, escreva duas alternativas claras. Se tudo estiver nos conformes, escreva "correto" na lacuna.

P. Stacy and Alice photographed her tattoos.

____

R. **Stacy and Alice photographed Alice's tattoos.** Ou, **Stacy and Alice photographed Stacy's tattoos.** Qual resposta é a melhor? Nenhuma. Se você estiver dizendo algo assim na vida real, você sabe quais tatuagens estão sob a lente. O motivo pelo qual a oração precisa de uma revisão é que ambos os significados se encaixam no original. Para ser claro, reescreva a sentença sem pronome.

51. Chad and his sister are campaigning for an Oscar nomination, but only she is expected to get one.

____

____

52. Chad sent a donation to Mr. Hobson in hope of furthering his cause.

____

____

53. If Chad wins an Oscar, he will place the statue on his desk, next to his Emmy, Tony, Obie, and Best-of-the-Bunch awards. It is his favorite honor.

____

____

54. Chad's sister has already won one Oscar for her portrayal of a kind but slightly crazy artist who can't seem to stay in one place without extensive support.

____

____

55. Rachel, who served as a model for Chad's sister, thought her interpretation of the role was the best.

____

____

56. In the film, the artist creates giant sculptures out of discarded hubcaps, although museum curators seldom appreciate them.

____

____

57. When filming was completed, Rachel was allowed to keep the leftover chair cushions and hubcaps, which she liked.

58. Rachel loves what she calls "found art objects," which she places around her apartment.

59. Chad's sister kept one for a souvenir.

60. Rachel, Chad, and Chad's sister went out for a cup of coffee, but he refused to drink his because the cafe was out of fresh cream.

61. Rachel remarked to Chad's sister that Chad could drink her iced tea if he was thirsty.

62. Chad called his brother and asked him to bring the cream from his refrigerator.

63. "Are you crazy?" asked Rachel as she gave Chad's sister her straw.

64. Chad's sister took a straw and a packet of sugar, stirred her coffee, and then placed it on the table.

65. Chad suddenly spotted an award-winning director. He waved to him.

____

____

Chamando Todos os Conquistadores: Prática Extra com Pronomes Básicos

PRATIQUE

Aplique suas (*your*, não *you´re*) habilidades de edição. Procure dez erros envolvendo pronomes na carta da Figura 3-1, escrita por um comerciante azarado. Depois de encontrar um erro, corrija-o. Preste atenção em singular, plural, gênero, clareza e confusão.

May 31, 2011

Dear Mr. Baker:

Its come to my attention that the watch you looked at yesterday in our Central Avenue store is broken. The band is disconnected from the watch, which is quite valuable. Their is no record of payment beyond a very small amount. The clerk, Mr. Sievers, told me that you paid her exactly 1 percent of the watch's price. When you and you're brother left the store, Mr. Sievers was still asking for additional funds. He's blood pressure still has not returned to normal levels.

Frankly I do not care whose to blame for the broken watchband or Mr. Sievers's medical problem. I simply want it fixed. The watch and it's band are not your property. The store needs their merchandise in good condition.

Sincerely,

E. Neil Johnson

Figura 3-1: Exemplo de uma carta repleta de erros.

Respostas para os Problemas de Pronomes

Você deveria estar orgulhoso de ter superado os exercícios de pronomes deste capítulo. Sei que eu estou orgulhosa de você. Compare suas respostas aqui.

1. **it.** chapéu é singular, assim como *it*.

2. **they.** Mais de um fotógrafo significa que você precisa da forma plural *they*.

3. **it.** O adorno de cabeça é singular e não tem gênero, então *it* é a melhor opção.

4. **us.** Dois substantivos estão sublinhados, então você está no território do plural. Pois Eileen está falando sobre ela mesma e Charlie, *us* se enquadra aqui.

5. **she.** *Mama* é um substantivo feminino singular, então *she* é sua melhor aposta.

6. **themselves.** Duas pessoas formam plural, então *themselves*, um pronome plural, é o melhor.

7. **he or she.** Você não sabe se o condutor do metrô é homem ou mulher, embora saiba que esteja falando de uma única pessoa. A melhor resposta é *he or she*, cobrindo todas as bases.

8. **you.** Devido ao fato do condutor estar falando com a Eileen, *you* é a melhor opção. *You*, aliás, funciona tanto como singular quanto plural.

9. **they.** *Cars* é um substantivo plural, então *they* funciona melhor.

10. **me.** Já que Eileen está falando sobre ela mesma, *me* é a sua resposta.

11. **she.** *Eileen*, é um substantivo singular e feminino, pede um pronome feminino singular, neste caso, *she*.

12. **he.** O singular masculino (ele nunca usa saia) *Henry Todd* pede um pronome singular e masculino, *he*.

13. **it.** O singular *bus* não é masculino nem feminino, então *it* paga a conta.

14. **me.** *Eileen* está falando sobre ela mesma aqui, então *me* é apropriado.

15. **you.** O motorista está falando com Eileen, utilizando o pronome *you*.

16. **her.** Você precisa de um pronome singular feminino, sem apóstrofo. Bingo: *her*.

17. **its.** *Fender* é singular, então *their* está fora de questão. Você precisa de um possessivo, *the fender* pertence a *cycle*, *its* é o mais apropriado.

18. **theirs.** Uma das opções — *their's* — não existe no inglês correto. A primeira opção, *their,* deve preceder aquilo que se possui (*their* books, por exemplo). A opção do meio está correta.

19 **mine.** As duas últimas opções não existem no inglês padrão. *My* faz o serviço precedendo o objeto possuído (*my* blanket, por exemplo). A segunda opção, *mine*, pode aparecer sozinha.

20 **theirs.** Você precisa de uma palavra para expressar o possessivo plural, pois está falando sobre Neil e Rachel. Das três opções plurais (as últimas três), a primeira deve preceder o objeto possuído (*their* motorcycle, por exemplo), e a segunda tem um apóstrofo, proibido no universo dos pronomes possessivos. Apenas a última opção funciona.

21 **his.** O enfeite de cabeça pertence ao Neil, então *her*, um pronome feminino, está fora. A última opção é uma contração de *he is*.

22 **its.** A primeira opção não é possessiva, então você pode excluir o *it* facilmente. A segunda opção é plural, mas o pronome refere-se ao *poodle*, um substantivo singular. Bingo: a última opção, um possessivo singular, é a correta.

DICA

Muitos amantes dos animais não consideram *it* ou *its* apropriado para seus bichinhos. Se você sabe se o animal é macho ou fêmea, fique à vontade para usar *his/her* ou *he/she*.

23 **his.** Nenhum pronome possessivo, jamais, contém apóstrofo, então a primeira opção é a única possibilidade. *He's*, de todo modo, significa *he is*.

24 **its.** Peguei você aqui? No cotidiano, as pessoas geralmente se referem às lojas e empresas como "they", com sua forma possessiva "their". Entretanto, a referência correta para uma loja ou empresa é usando um pronome singular. A lógica é fácil de perceber. Uma loja = singular. Então a *Matthews Departament Store* é singular, e o pronome possessivo ao qual se refere é *its*.

25 **my.** O pronome *mine* pode aparecer sozinho e não precede o que é possuído. *My*, por outro lado, é um pronome que não consegue ficar sozinho. Um verdadeiro festeiro, deve preceder o objeto de posse (nesta oração, *actions*).

26 **yours.** Ao contrário da oração 25, esta oração precisa de um pronome que fique sozinho. *Your* deve ser colocado na frente do objeto da posse — o que não é possível nesta oração. Todas as opções com apóstrofos estão fora, pois pronomes possessivos não têm apóstrofos. A única coisa que sobra é *yours*, que é a opção correta.

27 **his.** A contração *he's* significa *he is*. Esta opção não faz sentido. A segunda opção está errada, pois pronomes possessivos não têm apóstrofos.

28 **ours.** Certo, primeiro exclua todas as opções com apóstrofos, pois apóstrofos e possessivos não se misturam. Você fica com duas opções — *our* e *ours*. A segunda é melhor porque *our* precisa preceder o objeto de posse, e *ours* pode ficar sozinho.

29 **his.** O pronome possessivo *his*, como todos os pronomes possessivos, não tem apóstrofo. A última opção, *he's*, significa *he is* e não é possessiva.

30 **mine.** O pronome *mine* trabalha sozinho (como um espião nos filmes antigos). Nesta oração, tem um lugar para ele após a preposição *of*. Perfeito!

31 **my.** A forma que precede o substantivo é *my*. Nesta oração, o *my* precede e está conectado a *dead body*.

32 **your.** O pronome possessivo *your* não possui apóstrofo. A segunda opção, *yours*, não pode ser acrescentada a um substantivo, então não pode ser usada nesta oração. A última opção, *you're*, é a contração de *you are*.

33 **her.** De cara, você pode jogar fora a última opção, *her's*, pois pronomes possessivos são alérgicos a apóstrofos. O pronome *hers* funciona sozinho, mas aqui a lacuna precede o objeto de posse, *fingers*. *Her* é o possessivo que você quer.

34 **their.** Por estarmos falando tanto de *Jessica* quanto de *Neil*, fique com *their*, o plural.

35 **our.** Nesta oração, o pronome possessivo precisa incluir o *me*, então *our* é o vencedor. *Ours* não é apropriado, pois você precisa de um pronome para preceder o objeto de posse (*hairpieces*). Como sempre, apóstrofos e pronomes possessivos não se misturam.

36 **they're.** A oração diz a você que eles estão (*they are*) sempre atrasados, e a forma curta para *they are* é *they're*.

37 **it's.** A sentença passa a ideia de que o objeto é caro. Não há necessidade de possessivo.

38 **its.** A banda pertence ao relógio, então o possessivo é indicado. O pronome possessivo *its* faz o serviço.

39 **your.** A contração *you're* é o encurtamento de *you are*, claramente incorreto para este contexto.

40 **Whose.** A oração não diz "Who is watch is this?", então vá com o possessivo *whose*.

41 **You're, it's.** Dois pronomes, nenhum deles possessivos. A oração realmente quer dizer "*You are* sure that *it is* not Jessica's?"

42 **there.** O significado da oração pede uma localização, então *there* é o que você quer.

43 **Their.** As câmeras de segurança pertencem a eles, então *their* é necessário para demonstrar posse.

44 **It's.** A oração deve começar com "*It is* impossible" e *it's* = *it is*.

45 **Your.** Um possessivo é necessário aqui, não uma contração (*You're* = *You are*).

46 **Who's.** A oração deve começar com *Who is*, e *who's* = *who is*.

47 **You're.** Aqui você quer a contração *you're* = *you are*.

48 **Their.** Os fundos pertencem a eles, então *their* é necessário para demonstrar posse.

49 **whose, their.** Ambos os pontos exigem um possessivo, mostrando que as ideias confusas pertencem ao George e que a campanha pertence tanto ao George quanto ao seu irmão mais honesto, Josh.

50 **You're.** *Joking* não é uma posse. A oração pede pela contração *you're* = *you are*.

51 **Correto.** *Chad* é masculino e sua irmã, feminino, então *she* refere-se apenas a uma pessoa, à irmã de Chad. Não há duplo sentido, portanto não precisa de correção.

52 **Chad sent a donation to Mr. Hobson in hope of furthering Chad's cause.** Ou, **Chad sent a donation to Mr. Hobson in hope of furthering Mr. Hobson's cause.** O problema com o original é o *his*. O *his* quer dizer do *Chad* ou do Mr. Hobson? Da forma como se lê o original, ambas as respostas são possíveis.

53 **If Chad wins an Oscar, he will place the statue on his desk, next to his Emmy, Tony, Obie, and Best-of-the-Bunch awards. The Oscar is his favorite honor.** Certo, talvez o Tony seja seu prêmio favorito, ou talvez o Obie. O original é tão nebuloso que quase qualquer coisa poderia ser colocada na lacuna. Qualquer um que você escolher está bom. Apenas não deixe *It* significar qualquer um dos cinco prêmios, como ocorre no original.

54 **Correto.** Os dois pronomes da oração, *her* e *who*, só podem se referir à irmã de Chad. Tudo está claro e nenhuma mudança é necessária.

55 **Rachel, who served as a model for Chad's sister, thought her own interpretation was the best.** Ou, **Rachel, who served as a model for Chad's sister, thought the sister's interpretation was the best.** Ambas estão corretas, ilustrando o problema da original. Você não pode dizer o que *her* significa — da Rachel ou da irmã do Chad.

56 **In the film, the artist creates giant sculptures out of discarded hubcaps, although the museum curators seldon apreciate the hubcaps.** Ou, **In the film, the artist creates giant sculptures out of discarded hubcaps, although museum curators seldon apreciate the sculptures.** O problema com a oração original está no pronome *them*. Você tem dois grupos de objetos na sentença: as esculturas e as calotas. *Them* pode se referir a ambos. Para eliminar a incerteza, substitua *them* por uma oração mais específica.

57 **Rachel was pleased to be allowed to keep the leftover chair cushions and hubcaps.** Ou, **Rachel liked the leftover chair cushions, which she was allowed to keep. She also held onto the hubcaps.** Ou, **Rachel liked the leftover hubcaps, which she was allowed to keep. She also kept the chair cushions.** Se você leu todas as três respostas sugeridas (e mais variações são possíveis), você compreendeu o problema da oração original. O que significa *which*, *cushions*, *hubcaps* e *keeping leftovers*? Esta última possibilidade, de qualquer modo, não pode ser expressa por um pronome,

pelo menos não de acordo com os defensores da gramática. Refaça a frase de modo que seu leitor saiba o que o *which* significa.

58 **Correto.** Surpreso? Todos os pronomes estão claros, no contexto desta história sobre a Rachel. O *she* refere-se à *Rachel*, e o *which* refere-se aos objetos.

59 **Chad's sister kept one hubcap for a souvenir.** Ou, **Chad's sister kept one sculpture for a souvenir.** Ou, **Chad's sister kept one Rachel for a souvenir.** A última resposta possível é só uma brincadeira (há apenas uma Rachel). Na oração original, *one* é muito vago. Esclareça adicionando um souvenir específico.

60 **Correto.** A oração se refere às duas mulheres (Rachel e a irmã do Chad) e um masculino. Por haver apenas um masculino na oração, os pronomes masculinos *he* e *his* estão claros.

61 **Rachel remarked to Chad's sister, "Chad can drink my iced tea if he is thirsty."** Ou, **Rachel remarked to Chad's sister, "Chad can drink your iced tea if he is thirsty."** Na oração original, você não pode dizer se *her* se refere à Rachel ou à irmã do Chad.

62 **Chad called his brother and asked him to bring the cream from Chad's refrigerator.** Se você quer fazer do Chad um muquirana que sempre está pedindo coisas para os outros, remonte a oração de modo que Chad esteja pedindo creme a seu irmão, talvez utilizando uma citação direta, como em *Chad called his brother and said, "Bring me some cream from your refrigerator."*

63 **"Are you crazy?" asked Rachel, giving her own straw to Chad's sister.** Ou, **"Are you crazy?" asked Rachel as she picked up Chad's sister's straw and gave it to her.** A oração original não deixa claro quem é o dono do canudo.

64 **Chad's sister took a straw and a packet of sugar, stirred her coffee, and then placed the coffee on the table.** Ou, **Chad´s sister took a straw and a packet of sugar, stirred her coffee, and then placed the straw on the table. Ou, Chad´s sister took a straw and a packet of sugar, stirred her coffee, and then placed the packet on the table.** Viu o problema? A sentença original contém um pronome (*it*) com diversos significados possíveis (o canudo, o pacote de açúcar ou o café).

65 ***Chad suddenly spotted an award-winning director, who waved to Chad.*** Ou, **Chad soon spotted an award-winning director. Chad waved to him.** A oração original não deixa claro quem está acenando para quem.

May 31, 2011

Dear Mr. Baker:

66 ~~Its~~ **It's** come to my attention that the watch you looked at yesterday in our
Central Avenue store is broken. The band is disconnected from the watch,
67 ~~which~~ **and the watch** is quite valuable. ~~Their~~ **There** is no record of 68
payment beyond a very small amount. The clerk, Mr. Sievers, told me that
69 you paid ~~her~~ **him** exactly 1 percent of the watch's price. When you and
70 ~~you're~~ **your** brother left the store, Mr. Sievers was still asking for
additional funds. ~~He's~~ **His** blood pressure still has not returned to normal 71
levels.

Frankly I do not care ~~whose~~ **who's** to blame for the broken watchband or 72
Mr. Sievers's medical problem. I simply want ~~it~~ **the band** fixed. The watch 73
74 and ~~it's~~ **its** band are not your property. The store needs ~~their~~ **its** 75
merchandise in good condition.

Sincerely,

E. Neil Johnson

66 Nesta sentença, não há necessidade de pronome possessivo. O que realmente queremos dizer é *It has*, então *It´s* é o correto.

67 O que tem valor, *the watch* ou *the band*? É melhor esclarecer inserindo a informação específica.

68 *Their* é possessivo, e não é requerido na oração.

69 *Mr. Sievers* é masculino e precisa de um pronome masculino *(him)*.

70 *You're = you are*, mas a oração precisa do pronome possessivo *your*.

71 *He's = he is*, mas a oração pede o pronome possessivo *his*.

72 *Who's = who is*. A oração precisa ler "I do not care who is to blame ..."

73 O que precisa ser consertado, a faixa ou a pressão sanguínea? Esclareça, alterando o *it* para *the band*.

74 Aqui o possessivo *its* se faz necessário.

75 A loja é singular (*one store*), então *its* (singular) é o que você precisa.

Capítulo 4

Terminando o Que Começou: Escrevendo Frases Completas

Neste Capítulo

- Certificando-se que sua oração tenha o par sujeito/verbo correto
- Evitando fragmentos e frases contínuas
- Juntando orações para melhor fluência
- Pontuando de forma apropriada

Você já ouviu a história da criança que não falou uma palavra durante seus primeiros cinco anos e então começou a falar frases perfeitas e completas? Supostamente, a criança se tornou alguém importante, como Juiz da Suprema Corte ou um diretor executivo. Eu questiono a precisão da história, mas não tenho dúvidas de que Juízes da Suprema Corte, diretores executivos e todos os outros com um bom emprego, sabem escrever frases completas.

Você também precisa saber, e neste capítulo, trago um guia completo para frases completas (desculpe o trocadilho), incluindo como pontuar e como concordar raciocínios, utilizando a gramática apropriada.

CAI NO TESTE

O gênio do mal que elabora os testes de proficiência querem saber se você está apto a escrever uma frase completa e adequada. Em geral, este tópico aparece nos testes como "escolha a melhor opção", em questões de múltipla escolha, ou em questões onde você precisa encontrar o erro. Se você precisa fazer testes ou provas de gramática inglesa ou costuma escrever em inglês para fins profissionais, este capítulo é importante para você, pois orações incompletas podem arruinar seus textos.

Para escrever uma frase, ou seja, uma oração adequada e completa, siga estas regras:

- **Toda oração precisa de um par sujeito/verbo.** Mais de um par também está correto, mas pelo menos um é essencial. Apenas para esclarecer os termos gramaticais: um verbo expressa *ação* ou *estado de ser*; um sujeito diz *quem* ou *o que* está agindo ou sofrendo a ação.

- **Uma frase contém um raciocínio completo.** Não deixe o leitor perdido no meio da ideia ("If it rains" = pensamento incompleto, mas "If it rains, my paper dress will dissolve" = pensamento completo e realmente bizarro).
- **Duas ou mais ideias em uma oração devem ser conectadas corretamente.** Você não pode simplesmente misturar tudo. Se o fizer, acaba criando frases contínuas ou "misturadas", o que é um crime gramatical. Os sinais de pontuação e aquilo que os gramáticos chamam de *conjunções* — palavras de união — ligam ideias adequadamente.
- **Toda oração termina com uma pontuação final.** As pontuações finais incluem pontos finais, interrogações ou exclamações.

Apenas quatro regrinhas. Mamão com açúcar, não é? Na teoria, sim. Mas algumas vezes a aplicação das regras fica um pouco complicada. Nas seções seguintes, apresento cada uma das regras, uma por vez, para que possa praticar cada passo.

Procurando o Par Sujeito/Verbo

O par sujeito/verbo é o elemento essencial de uma oração. Primeiro, concentre-se no verbo, a palavra (ou palavras) que expressa ação ou estado. Depois, procure o sujeito, a palavra (ou palavras) que expressa quem ou o que está fazendo ou sofrendo a ação. Agora, verifique se o sujeito e o verbo fazem sentido juntos ("Mike has been singing," "Lindsay suffered", e assim por diante). Para praticar a concordância apropriada entre sujeito e verbo, veja o Capítulo 2.

Algumas palavras que parecem verbos não funcionam como verbos. Então, podem ser identificadas como verbo de forma equivocada. Verificar a concordância entre um sujeito e um verbo deixa esses falsos verbos fora de questão, pois os pares soam incompletos com os verbos falsos. Um punhado de equívocos ilustra meu argumento: "Lindsay watching", "Mike's message having been scrambled."

Agora é sua vez. Na lacuna, escreva o par sujeito (S)/verbo (V). Se não encontrar um par verdadeiro, escreva "incompleto." (A propósito, Duke, que aparece diversas vezes nas frases seguintes, é minha cachorra).

Pode parecer mais fácil procurar o verbo primeiro e depois o sujeito. Sim, eu sei. O verbo normalmente aparece depois do sujeito. Entretanto, o verbo é o coração da oração, assim, identificá-lo é um bom primeiro passo.

P. Mike, with a cholesterol count climbing higher and higher, gave up and fried some sausages. ____________________

R. **Mike (S)/gave (V), fried (V).** Peguei você com o *climbing*? Na oração anterior, *climbing* não é um verbo. Uma dica: *cholesterol count climbing* soa incompleto. Para comparar, choles*terol count is climbing* faz uma concordância correta. Viu a diferença?

1. Duke, sighing repeatedly and frustrated by her inability to score more than ten points at the dog show. ____________________

2. Charlie fed a steak to Truffle, his favorite entrant in the Dog of the Century contest. ____________________

3. Duke, my favorite entrant, snarfed a bowl of liver treats and woofed for about an hour afterward. ____________________

4. Entered in the Toy breed category, Duke is sure to win the "Most Likely to Fall Asleep Standing Up" contest. ____________________

5. Having been tired out by a heavy schedule of eating, chewing, and pooping. ____________________

6. Duke sleeps profoundly. ____________________

7. Once, having eaten through the dog-food bag and increased the size of her stomach by at least 50 percent. ____________________

8. One of the other dogs, biting the vet gently just to make a point about needles and her preference not to have them. ____________________

9. The vet is not upset by Duke's reaction. ____________________

10. Who would be surprised by a runoff between Truffle and Duke?

____

11. Not surprised by anything, especially with liver treats. ____________________

12. Truffle, sniffing the new dog toy on the couch. ____________________

13. Toto, the winner of last century's contest in running, jumping, and sleeping. ____________________

14. Duke is guided around the judges´ plataform and television booth by a srong handler. ____________________

15. Duke loves her time in the spotlight and the attention from the national media. ____________________

16. Charlie, covered in tanning cream and catching a few rays at the side of the arena. ____________________

17. Truffle and Duke sniffed the tanning cream while running around the arena. ____________________

18. Swiftly across the arena sped the two dogs. ____________________

19. Stopping next to Charlie at the arena wall, Truffle and Duke. ____________________

20. They lapped a few gallons of tanning cream from his skin. ____________________

21. Cream smells great to a dog! ______

22. Truffle's allergy to the perfume, unfortunately causing a dripping nose and a slight cough, not to mention red eyes. ______

23. Truffle's handler immediately sought help from the vet. ______

24. What's wrong? ______

25. Nothing at all, according to Toto's press release, issued after the awards ceremony. ______

Verificando se o Raciocínio está Completo

Alguns pares sujeito/verbo formam um círculo fechado: o raciocínio que eles expressam é completo. Esta é a qualidade que você quer, caso contrário, o leitor ficará perdido, sem saber o que você queria dizer.

Algumas expressões estão incompletas na forma de afirmativa, mas completas quando são interrogativas. Por exemplo, "Who won the game?" faz sentido, mas "Who won the game", não.

PRATIQUE

Ponha esta primeira regra em prática. Se o raciocínio estiver completo, escreva "completo". Caso o leitor seja deixado no suspense, escreva "incompleto". Lembre-se, o número de palavras não indica que a frase está completa, mas sim o conteúdo.

P. Whenever the cow jumps over the moon. ______

R. **Incompleto.** Você não está se perguntando "o que acontece toda vez que a vaca salta na lua?" O raciocínio não está completo.

26. The cow, who used to work for NASA until she got fed up with the bureaucracy. ______

27. On long-term training flights, the milking machine malfunctioned. ______

28. Why didn't the astronauts assume responsibility for milking procedures? ______

29. For one thing, milking, which wasn't in the manual but should have been, thus avoiding the problem and increasing the comfort level of the cow assigned to the jump. ______

30. The cow protested. ______

31. She mooed. ______

32. Because she couldn't change NASA's manual. ______

33. The author of the manual, fairly well known in the field of astrophysics, having also grown up on a farm, though that experience was a long time ago. ________________

34. NASA has reached out to the cow community and promised to review milking procedures. ________________

35. Applying to NASA, her mother, when only a calf. ________________

36. Quitting was not a bad decision, however. ________________

37. Twenty years of moon jumping is enough for any cow. ________________

38. Unless NASA comes up with a better way to combine moon jumping and milk producing, the administration will have to recruit other species.

____

39. Sheep, which were once rejected from moon duty. ________________

40. Will NASA send a flock of sheep to the moon someday? ________________

41. Not needing milking on a regular basis, though female sheep produce milk.________________

42. This species may be a better fit for life in a spacecraft. ________________

43. However much the sheep practice, the training isn't as easy for them as it is for cows. ________________

44. Perhaps someday, having heard "the sheep jumped over the moon," set to the same music. ________________

45. The sheep may need a different song to celebrate their moon jumping adventures. ________________

Melhorando a Fluência: Juntando Frases de Forma Adequada

Algumas frases são curtas, outras são longas. Juntar frases é bom. Frases concordadas tornam a narrativa mais interessante. Já convenci você? A falta de continuidade das orações anteriores é um bom exemplo do porquê juntar frases. Apenas certifique-se de fazê-la corretamente, ou acabará com uma frase incoerente.

Os elaboradores de testes costumam inserir questões com orações incorretamente unidas para que você reconheça este tipo de erro. Leia esta seção com muito cuidado para gabaritar no teste.

Para unir frases corretamente, você precisa do seguinte:

- **Uma conjunção:** é uma "cola" gramatical que une partes de uma oração. Para juntar duas orações completas de forma mais ou menos igual, use *and*, *or*, *but*, *nor* e *for*. Certifique-se de inserir uma vírgula antes da conjunção. Para destacar um raciocínio e tornar o outro menos importante, utilize conjunções como *because*, *since*, *when*, *where*, *if*, *although*, *who*, *which*, *that* — entre outras. Essas conjunções algumas vezes são precedidas de vírgulas, outras não. Para mais informações sobre o uso da vírgula, veja o Capítulo 5.
- **Um ponto e vírgula:** surge entre duas frases completas e serve para uni-las de forma adequada. Os dois raciocínios completos precisam estar relacionados de algum modo.

Algumas palavras parecem conjunções, mas não são. Não utilize *nevertheless*, *consequently*, *therefore*, *however* ou *then* para unir raciocínios completos. Se você quiser colocar uma das "falsas conjunções" entre dois pensamentos completos, adicione um ponto e vírgula e coloque uma vírgula após a "falsa conjunção". Para mais informações sobre vírgulas, veja o Capítulo 5. Não use o travessão (aquele traço longo, horizontal) para unir duas orações completas uma depois da outra. Um ponto e vírgula é melhor para o trabalho. Entrctanto, um único travessão pode anexar palavras no fim de uma oração completa, desde que esse acréscimo não forme uma segunda oração completa. Dois travessões também podem ser usados para inserir uma oração completa *dentro* de outra sentença completa.

Nos exercícios a seguir, coloque sua cabeça para funcionar e decida se tem uma oração coordenada correta ou uma bagunça total, gramaticalmente proibida. Na lacuna após a oração, escreva "correto" ou "incorreto". Da mesma forma, tente transformar a bagunça em frases completas e possíveis. Percebeu o truque de professora? Forneci espaço para revisar todas as frases, incluindo as corretas, de modo que você não possa julgar as orações permitidas pelo comprimento das lacunas.

P. Kathy broke out of jail, five years for illegal sentence-joining was just too much for her.

____

____

R. **Incorreto.** A vírgula não pode unir dois raciocínios completos. Troque a vírgula por um ponto e vírgula e estará no caminho certo. **Kathy broke out of jail; five years for illegal sentence-joining was too much for her.** Uma correção alternativa: **Kathy broke out of jail because five years for illegal sentence-joining was just too much for her.** O *because* conecta as duas ideias de maneira correta.

46. The grammarian-in-chief used to work for the Supreme Court, therefore his word was law.

____

____

47. His nickname, "Mr. Grammar," which had been given to him by the court clerks, was not a source of pride for him.

____

____

48. Nevertheless, he did not criticize those who used the term, as long as they did so politely.

____

____

49. He often wore a lab coat embroidered with parts of speech, for he was truly devoted to the field of grammar.

____

____

50. Kathy's escape wounded him deeply — he ordered the grammar cops to arrest her as soon as possible.

____

____

51. Kathy hid in a basket of dirty laundry, then she held her breath as the truck passed the border.

____

____

52. Kathy passed the border of sanity some time ago, although she is able to speak in complete sentences if she really tries.

____

____

53. She's attracted to sentence fragments, which appeal to something in her character.

____

____

54. "Finish what you start," her mother often exclaimed, "You don't know when you're going to face a grammar judge."

55. While she is free, Kathy intends to burn grammar textbooks for fuel — probably to heat her English classroom.

56. Grammar books burn exceptionally well, nevertheless, some people prefer history texts for fuel.

57. History books create a satisfactory snap and crackle while they are burning, the flames are also a nice shade of orange.

58. Because she loves history, Kathy rejected *The Complete History of the Grammatical World*, she burned *Participles and You* instead.

59. *Participles and You*, a bestseller for more than two years, sizzled, therefore it gave off a lot of heat.

60. Kathy found a few sentence fragments in the ash pile, but she disposed of them quickly.

61. The grammar cops located Kathy's getaway car after a long search — more than a month.

62. The lead detective brought the evidence of Kathy's innocence to the federal prosecutor, more than twenty run-on sentences had been planted in Kathy's work by a jealous writer.

63. Kathy's defense attorney told her to be quiet, he invoked her right to remain grammatically silent.

64. The judge dropped the charges against Kathy, even though she had slugged a guard during the escape.

65. The grammarian-in-chief — he served for more than 60 years — will retire soon.

Estabelecendo o Tom com a Pontuação

Quando falamos, o ouvinte sabe que concluímos a frase porque o raciocínio está completo e a entonação da fala indica o fim. Ao escrever, a entonação é feita pelo ponto final, ponto de interrogação e ponto de exclamação. É preciso usar um, e apenas um, destes sinais de pontuação no fim da frase, a menos que estejamos escrevendo histórias em quadrinhos, onde os personagens costumam dizer coisas como: "You want my what??!!??" Os pontos finais são usados nas afirmações, as interrogações para (surpresa) perguntas e os pontos de exclamação gritam com o leitor. Os sinais de pontuação finais se tornam mais complicados quando se emaranham com as aspas duplas. Para dicas sobre a interação entre sinais de pontuação finais e aspas, veja o Capítulo 7.

PRATIQUE

Mãos à obra. Os exercícios a seguir estão cheios de frases precisando desesperadamente de pontuação final. Escreva a pontuação apropriada na lacuna.

P. Did Lola really ride to the anti-noise protest on her motorcycle _____

R. **? (interrogação).** Você está, claramente, fazendo uma pergunta aqui, então o ponto de interrogação é adequado.

66. No, she rode her motorcycle to the mathematicians' convention _____

67. You're not serious _____

68. Yes, Lola is a true fan of triangles _____

69. Does she bring her own triangles or expect to find what she needs at the convention _____

70. I'm not sure, but I think I heard her say that her math colleagues always bring triangles that are awesome _____

71. Do you think that she really means awful _____

72. I heard her scream that everyone loves triangles because they're the best shape in the universe _____

73. Are you going also _____

74. I'd rather have root canal surgery than attend a math convention _____

75. I heard Lola exclaim that equilaterals turn her on _____

76. Are you sure that Lola loves equilaterals _____

77. I always thought that she was fond of triangles _____

78. Who in the world wants an "I love math" T-shirt _____

79. I can't believe that Lola actually bought one _____

80. Will she give me her old "I love grammar" hat _____

Ser ou Não Ser Adequada? Eis a Questão

Se você lutou para vencer este capítulo, já praticou todas os tipos de oração separadamente. Mas, para escrever bem, é preciso fazer tudo de uma só vez — criar pares sujeito/verbo, finalizar um raciocínio, unir os raciocínios apropriadamente e colocar a pontuação final correta.

PRATIQUE

Faça um *test drive* com as questões nesta seção. Decida se uma oração está correta ou incorreta e indique na lacuna. Se a oração estiver incorreta, conserte o estrago. Perceba que, inteligentemente, incluí uma lacuna para correção mesmo nas frases que já estão corretas. Nas forças armadas chamam isto de camuflagem. Na educação, de truque sujo.

P. Though the spaghetti sticks to the ceiling above the pan on rainy days when even one more problem will send me over the edge.

____

____

R. **Incorreta**. A oração não tem um raciocínio completo. Possível correção: omita "Though" e comece a oração com "The".

81. Bill's holiday concert, occurring early in October, honors the centuries-old tradition of his people.

82. The holiday, which is called Hound Dog Day in honor of a wonderful dog breed.

83. Tradition calls for blue suede shoes.

84. Having brushed the shoes carefully with a suede brush, which can be bought in any shoe store.

85. The citizens lead their dogs to the town square, Heartbreak Hotel is located there.

86. "Look for the ghost of Elvis," the hotel clerk tells every guest, "Elvis has often been seen haunting these halls."

87. Elvis, ghost or not, apparently does not attend the Hound Dog Day festivities because no one has seen an aging singer in a white jumpsuit there.

88. Why should a ghost attend Bill's festival

89. How can you even ask?

____

____

90. The blue suede shoes are a nostalgic touch, consequently, the tourists always wear them.

____

____

91. Personally, I prefer blue patent leather pumps, but my opinion isn't important.

____

____

92. Patent leather is amazing

____

____

93. Stay off of my shoes!

____

____

94. While we were talking about shoes, Bill was creating a playlist for the Hound Dog Concert.

____

____

95. You should plan to arrive early — everyone in town will be there.

____

____

Chamando Todos os Conquistadores: Prática Extra com Frases Completas

Não posso deixar você terminar o capítulo sem uma surpresinha. Leia a carta na Figura 4-1, apresentando um novo empregado para clientes que aparentemente têm muitos motivos para estarem bravos. Apenas cinco orações estão completas e corretas; as outras cinco têm problemas. Você consegue encontrar as cinco orações que não atendem aos requisitos básicos de adequação?

To Our Valued Customers:

Announcing that Abner Grey is our new Director of Customer Satisfaction, effective immediately. Abner brings a wealth of experience to our company. He served as Assistant VP of marketing for Antarctic Icebergs, Inc., until last year, when the cold finally became too much for him. His first task, to introduce himself to every customer, finding out what has been done in the past and how our relationship may be improved. Expect a phone call or a personal visit from him soon! Recognizing that our previous director was not always attentive to your needs (occupied as she was with the lawsuit, prison, and so forth), we have told Abner to work at least 90 hours per week. No more embezzlement either! Abner is completely honest, he considers "Integrity" his middle name. Call him whenever you have a problem. You will not be disappointed, furthermore, Abner will actually anticipate your needs. Rest assured that this Director of Customer Satisfaction will never see the inside of a jail cell.

Sincerely,

Vicki Copple

Figura 4-1: Carta com exemplos de sentenças incompletas e confusas.

Respostas para os Problemas de Frases Completas

Confira a seguir as respostas para os exercícios deste capítulo.

1. **Incompleta.** Você se concentrou no *sighing?* Isto é parte de um verbo (um particípio presente, se realmente quiser saber), mas por si só não é suficiente para preencher a categoria de verbo. Do mesmo modo, se tentar concordar *sighing* com um sujeito, o único candidato é *Duke*. *Duke is sighing* seria uma combinação adequada, mas *Duke sighing*, não. Sem par sujeito/verbo, sem oração.

2. **Charlie (S)/fed (V).** Comece procurando o verbo. Alguma ação ou estado de ser? Sim, *fed*. Agora pergunte quem ou o que está alimentando (*fed*). *Charlie fed*. Você tem uma boa concordância sujeito/verbo.

3. **Duke (S)/snarfed (V), woofed (V).** Sua busca pelo verbo (sempre o melhor primeiro passo) resultou em dois, *snarfed* e *woofed*. Quem *snarfed* e *woofed*? *Duke*. Aqui há um par sujeito/verbo aceitável.

4. **Duke (S)/is (V).** Você foi enganado pelo *entered*? *Entered* pode ser um verbo em algumas frases, mas nesta ele não é, pois não tem um sujeito. Mas *is* tem um sujeito, *Duke*.

5. **Incompleta.** Alguma coisa esta faltando aqui: *um sujeito* e *um verbo*! O que você tem, gramaticalmente falando, é um particípio, parte de um verbo, mas não é suficiente para satisfazer a regra sujeito/verbo.

6. **Duke (S)/sleeps (V).** Comece procurando o verbo e imediatamente encontrará *sleeps*, que, por sinal, é um verbo de ação, mesmo que dormir pareça ser o oposto de agir. Quem dorme? *Duke*, e seu suave ronco.

7. **Incompleta.** Você tem dois particípios de ação — *having eaten and increased* — mas não tem sujeito. Pênalti!

8. **Incompleta.** A oração tem ação (*biting*), mas quando você pergunta quem está *biting*, não tem resposta, pois *one biting* é um falso par.

9. **Vet (S)/is (V).** Nenhuma ação nesta oração, mas *is* expressa estado, então você cobriu a parte do verbo. Quem ou o que *is*? O *vet is*.

10. **Who (S)/would be (V).** Está surpreso por ver *who* como sujeito? Em uma pergunta, *who* geralmente faz este papel.

11. **Incompleta.** Uma olhada rápida diz a você que existe uma forma verbal (*surprised*), mas nenhum sujeito.

12. **Incompleta.** A forma verbal (*sniffing*) é fácil de encontrar aqui, mas quando você pergunta quem está cheirando, não há resposta. *Truffle sniffing* não é um par.

13. **Incompleta.** Nesta há um sujeito, *Toto*, mas nenhum verbo que combine. Verdade, a afirmativa fala sobre *running*, *jumping* e *sleeping*, mas estes não

concordam com *Toto*. Se quiser saber, na verdade, eles são substantivos funcionando como objetos da preposição *in*.

14 **Duke (S)/is guided (V).** Comece procurando o verbo. Qualquer ação ou estado de ser? Sim, *is guided*. Agora pergunte quem é que está sendo guiado. Aqui está: *Duke is guided*. Você tem uma boa combinação de sujeito/verbo.

15 **Duke (S)/loves (V).** Uma caça ao verbo resulta em *loves*, e a pergunta universal (*who loves?*), traz a resposta *Duke loves* — um par sujeito/verbo e uma oração possível.

16 **Incompleta.** *Charlie* é um bom sujeito, mas nesta oração ele não está concordado com um verbo. As duas formas verbais na afirmação, *covered* e *catching*, descrevem Charlie (são particípios, se você gostar de termos gramaticais). Nenhum deles faz uma boa concordância. *Charlie covered* soa como uma combinação adequada, mas o significado aqui está incorreto, pois Charlie não está executando a ação de cobrir. *Charlie catching* parece um falso par, porque é.

17 **Truffle (S), Duke (S)/sniffed (V).** Primeiro, encontre o verbo. Se você usar seu faro na oração, encontrará *sniffed* como a palavra que denot*a ação*. Agora pergunte, *Who sniffed? Truffle* e *Duke sniffed*. Um bom sujeito composto (duplo) e um bom verbo que resultam em uma oração completa.

18 **Dogs (S)/sped (V).** Esta pode ter surpreendido você porque o sujeito vem depois do verbo — uma posição incomum, mas perfeitamente correta. Se seguir o procedimento normal (localizar o verbo e perguntar quem fez a ação), você encontra *dogs*, mesmo que eles apareçam depois, na oração.

19 **Incompleta.** Esta oração contém uma forma verbal, *stopping*, mas nenhum sujeito para concordar. Veredito: dez anos na penitenciária gramatical por falhar em completar a oração.

20 **They (S)/lapped (V).** A ação aqui é *lapped*, que se une agradavelmente com *they*. A conexão é perfeita!

21 **Cream (S)/smells (V).** Depois de encontrar o verbo, *smells*, basta perguntar, *Who smells?* Resista à tentação de enumerar todas as pessoas que conhece que deviam tomar mais banhos e responda *cream*.

22 **Incompleta.** Há duas formas verbais, mas nenhuma concorda com o sujeito. Na verdade, nenhum funciona como verbo nesta oração (*causing* é uma descrição e *to mention* é um infinitivo, o verbo original, que não pode atuar como verbo em uma oração).

23 **handler (S)/sought (V).** A ação é *sought* e é executada por *handler*.

24 **What (S)/is (V).** Já posso ouvir você reclamando. Sim, *is* não aparece na oração. Então, como ele pode ser o verbo? Viu o apóstrofo em *What's*? O apóstrofo cria uma contradição, uma forma abreviada. Em sua forma normal, *What's* se transforma em *What is*, um par sujeito/verbo.

25 **Incompleta.** Aqui, temos um verbo, *issued*, mas nenhum sujeito.

26 **Incompleta.** O leitor está esperando ouvir alguma coisa sobre a vaca. Da forma como a oração está agora, você tem uma descrição da vaca — *who used to work for NASA until she got fed up with the bureaucracy* — mas nenhuma palavra de ação para dizer o que a vaca está fazendo.

27 **Completa.** A oração diz a você tudo o que precisa saber, então está completa.

28 **Completa.** A pergunta faz sentido como está, então a oração está completa.

29 **Incompleta.** A afirmação lhe dá uma ideia — *milking* — e algumas descrições, mas não traz um raciocínio completo sobre *milking*.

30 **Completa.** Curta, porém você tem tudo que precisa saber sobre *protesting cow*.

31 **Completa.** Esta oração é ainda mais curta que a anterior, mas ainda assim consegue dar o recado.

32 **Incompleta.** A palavra *because* sugere uma relação de causa e efeito, mas a oração não fornece todas as informações necessárias.

33 **Incompleta.** Esta oração está repleta de descrições sobre o autor. Entretanto, nunca chega a uma conclusão. O que *the author* está fazendo? Ou, qual o estado de *the author*? A oração não diz, por isso está incompleta.

CAI NO TESTE

Já vi diversas questões parecidas com a número 33 em testes de proficiência e provas e já vi muitos alunos responderem errado. O tamanho da oração não significa que ela está completa.

34 **Completa.** Você sabe o que a NASA está fazendo, então a sentença está completa.

35 **Incompleta.** O que fazia a mamãe vaca quando era apenas um bezerro? A oração não diz, então está incompleta.

36 **Completa.** Esta oração contém uma afirmação forte e completa sobre a demissão.

37 **Completa.** Tudo o que você precisa saber sobre saltar na lua (isso é suficiente para qualquer vaca) está na oração.

38 **Completa.** Esta oração contém informações suficientes para reformar a NASA.

39 **Incompleta.** A oração começa a fazer uma afirmação sobre *sheep*, mas então desvia para outra descrição (*which were once rejected from moon duty*). Nenhum outro raciocínio é atrelado à *sheep*, então a oração está incompleta.

40 **Completa.** Esta pergunta faz sentido como está. Você pode se perguntar o que a NASA fará, mas você não fica sem saber o que a pergunta quer, pois a oração e a pergunta estão completas.

41 **Incompleta.** A primeira parte da oração é uma descrição, e a segunda é um qualificador, explicando uma condição (*though female sheep produce milk*). Nenhuma das partes é um raciocínio completo, então a oração está incompleta.

42 **Completa.** Você tem tudo que precisa saber aqui, exceto porque alguém iria querer enviar uma ovelha para a lua. Gramaticalmente, este é um raciocínio completo.

43 **Completa.** A sentença que compara desempenho da ovelha com o da vaca está terminada, e as vacas venceram. Você não fica perdido, se perguntando o que a oração está tentando dizer. Veredito: completa.

44 **Incompleta.** A oração contém diversas descrições, mas nenhum raciocínio completo.

45 **Completa.** Existe um raciocínio completo sobre *sheep and a different song*.

46 **Incorreta.** Aqui você tem dois raciocínios completos (tudo antes da vírgula forma um raciocínio completo; tudo após a vírgula, outro raciocínio completo). Uma vírgula não é forte suficiente para unir os dois. Tente um ponto e vírgula ou insira *and* após a vírgula.

47 **Correta.** Sem problemas aqui! A informação adicional sobre o apelido (*which has been given for him by the court clerks*) é uma descrição, não um raciocínio completo, então pode ser anexada na oração próxima à palavra que ela descreve (*nickname*). O *which* une a ideia à *nickname*.

48 **Correta.** Surpreso? O *nevertheless* nesta oração não está sendo utilizado como um conectivo, então é possível.

49 **Correta.** Peguei você nesta? A palavra *for* tem outro uso gramatical, mais comum em expressões como *for the love of Pete*, *for you*, *for the last time*, e assim por diante. Entretanto, *for* é um conector perfeitamente adequado para dois raciocínios completos quando significa "porque".

50 **Incorreta.** O travessão aqui não pode juntar dois raciocínios completos de forma correta. Use um ponto e vírgula ou conecte as ideias com *so*, precedido por uma vírgula.

51 **Incorreta.** Para conectar estas duas ideias, procure por um conectivo mais forte. *Then* não consegue fazer essa conexão. Tente *and then* ou *but then*. Outra boa solução é substituir a vírgula pelo ponto e vírgula (*; then*).

52 **Correta.** As palavras *although* e *if* unem os raciocínios a uma ideia mais importante sobre a sanidade de Kathy.

53 **Correta.** A descrição dentro da oração (*which appeal to something in her character*) é possível porque *which* se refere à palavra precedente (*fragments*).

54 **Incorreta.** Só porque estamos citando algo, não significa que podemos ignorar as regras. A citação em si contém dois raciocínios completos e,

portanto, precisa ser expressa em duas orações completas. A correção mais fácil é colocar um ponto após *exclaimed*.

55 **Correta.** Nenhum crime gramatical aqui: duas ideias (*she is free e Kathy intends to burn grammar textbooks for fuel*) estão ligadas por *while*. Você ficou confuso com o travessão? Ele não está juntando outra sentença completa, então, não tem problema.

56 **Incorreta.** *Nevertheless* é uma palavra longa. Parece ter força suficiente para unir dois raciocínios completos, mas não tem. Insira um ponto e vírgula antes de *nevertheless* e o problema estará corrigido.

57 **Incorreta.** Um raciocínio completo (*History books create a satisfactory snap and crackle while they are burning*) está colado em outro (*the flames are also a nice shade of orange*) com nada mais que uma vírgula. Pênalti! Use um ponto e vírgula ou acrescente uma vírgula após *burning* e, depois, coloque a conjunção *and*.

58 **Incorreta.** Como na questão anterior, um raciocínio completo (*Because she loves history, Kathy rejected The Complete History of the Grammatcial World*) e um segundo (*she burned Participles and You instead*) estão ligados por uma vírgula. Não vai funcionar! Use um ponto e vírgula ou coloque um *but* depois de *World*.

59 **Incorreta.** *Therefore* não é um conectivo. Substitua-o por *so* ou coloque um ponto e vírgula antes de *therefore*.

60 **Correta.** A palavra *but* é curta, mas faz corretamente o trabalho de unir duas frases completas.

61 **Correta.** Há apenas uma oração completa aqui. *More than a month* não é o problema, porque o travessão não está acrescentando uma sentença inteira.

62 **Incorreta.** Duas sentenças completas unidas por uma vírgula. Não funciona! Use um ponto e vírgula.

63 **Incorreta.** Outro uso indevido de vírgula. Vírgulas não fazem musculação e nem se alimentam de forma saudável, assim, elas não têm força para unir duas orações completas.

64 **Correta.** Duas palavras, *even though*, atuam como a conjunção (palavra de ligação) nesta oração correta.

65 **Correta.** Esta é traiçoeira. Dois travessões podem ser usados para inserir uma sentença completa dentro de outra sentença completa, então esta oração está correta. Apenas se lembre de não usar o travessão para ligar duas sentenças completas, uma à outra.

66 **. (ponto final).** Esta oração contém uma afirmação, então o ponto final é a pontuação apropriada.

67 **! (ponto de exclamação).** Estas palavras também podem formar uma pergunta, mas um *ponto de exclamação* certamente é apropriado, pois quem fala pode estar expressando o espanto de uma motoqueira gostar de matemática.

68 **. (ponto final).** Outra afirmação, outro ponto final.

69 **? (ponto de interrogação).** O *does* nesta oração indica uma pergunta, então você precisa de um ponto de interrogação.

70 **. (ponto final).** O ponto final é o mais adequado para esta afirmação.

71 **? (ponto de interrogação).** Aqui o sinal de interrogação sinaliza o pedido de informação.

72 **. (ponto final).** Esta declaração pede um ponto final.

73 **? (ponto de interrogação).** Esta oração requer informações, então coloque o ponto de interrogação no final.

74 **! (ponto de exclamação).** Certo, um ponto final funcionaria bem aqui, mas a exclamação coloca uma ênfase adicional. E você deveria se envergonhar por evitar a matemática. Alguns dos meus melhores amigos são professores de matemática!

75 **. (ponto final).** Esta declaração precisa de um ponto final para ficar completa.

76 **? (ponto de interrogação).** Esta oração requer informações, então um ponto de interrogação é o que você quer.

77 **. (ponto final).** Escolhi o ponto final, mas se você estiver explodindo de emoção, pode preferir o ponto de exclamação.

78 **? (ponto de interrogação).** Vejo esta como uma pergunta de verdade, mas você pode interpretá-la como um grito de descrença, neste caso, um ponto de exclamação funciona bem.

79 **! (ponto de exclamação).** Ouço esta como uma forte explosão de surpresa, adequada para um ponto de exclamação.

80 **? (ponto de interrogação).** Se você estiver pedindo informações, precisa de um ponto de interrogação.

81 **Correta.**

82 **Incorreta.** A oração está incorreta porque ela lhe dá um sujeito *(the holiday)* e um punhado de descrições *(which is called Hound Dog Day in honor of a wonderful dog breed)*, mas não tem um verbo para concordar com *Holiday*. Diversas correções são possíveis. Aqui está uma: **The holiday, which is called Hound Dog Day in honor of a wonderful dog breed, requires each citizen to attend dog abedience school.**

83 **Correta.**

84 **Incorreta.** Esta oração não tem sujeito. Ninguém está escovando ou comprando. Uma correção possível: **Having brushed the shoes carefully with a suede brush, which can be bought in any shoe store, Bill proudly displayed his feet.**

85 **Incorreta.** Esta oração está misturada, pois uma vírgula não pode unir dois raciocínios completos. Troque a vírgula por um ponto e vírgula ou reformule a oração. Aqui está uma reformulação possível: **The citizens lead their dogs to the town square, where Heartbreak Hotel is located.**

86 **Incorreta.** Outra oração sem interrupção. As duas seções citadas estão misturadas em uma oração, mas cada uma é um raciocínio completo. Troque a vírgula depois de *guest* para um ponto final.

87 **Correta.**

88 **Incorreta.** A oração está incorreta porque não tem pontuação final. Adicione um ponto de interrogação.

89 **Correta.**

90 **Incorreta.** Esta oração não tem qualquer interrupção. *Consequently* parece ser uma palavra boa e forte, mas na verdade ela não consegue unir dois raciocínios completos, que é o que você tem nesta oração. Adicione um ponto e vírgula depois de *touch*, e jogue fora a vírgula.

91 **Correta.**

92 **Incorreta.** A oração precisa de pontuação final. Eu escolheria um ponto de exclamação, mas um ponto final também estaria correto.

93 **Correta.** Surpreso? Esta oração contém um comando. O sujeito é *you*, ainda que *you* não apareça na oração. Ele está oculto.

94 **Correta.**

95 **Incorreta.** O travessão não pode unir duas sentenças completas. Use um ponto e vírgula.

As respostas a seguir se referem à Figura 4-1.

96 A oração 1 está incorreta porque não tem um par sujeito/verbo. Para corrigir a oração, retire o *Announcing that* ou adicione *I am* no começo.

97 A oração 4 é incorreta porque embora contenha duas descrições, ela não conclui o raciocínio que começa com *His first task*.

98 A oração 7 está incorreta porque não tem sujeito nem verbo. Você pode corrigi-la adicionando *We´ll have* ao início da oração.

99 A oração 8 está incorreta porque ela une dois raciocínios completos com uma vírgula. Apenas um ponto e vírgula ou uma conjunção (uma palavra de ligação como *and*) consegue fazer isso.

100 A oração 10 está incorreta porque *furthermore* não é uma conjunção. Coloque um ponto e vírgula antes de *furthermore*, e tudo ficará bem.

Parte II

Dominando os Mecanismos Gramaticais

A 5ª Onda Por Rich Tennant

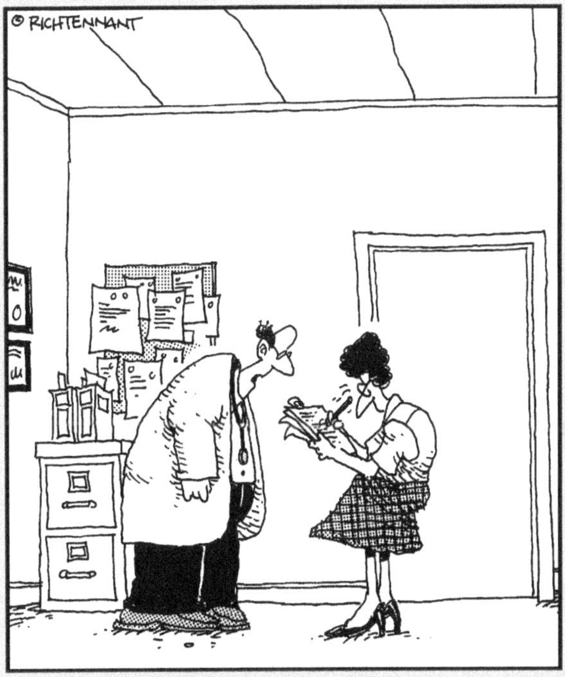

"... e agende uma colonoscopia para meu prontuário médico. Acho que o utilizei mais do que eu precisava.

Nesta parte...

Em minha cidade natal, é possível encontrar lojas com letreiros que anunciam: “merchant's sell Bagels”. Você precisa me dar um minuto para estremecer com os pequenos, porém importantes, erros (e eu não quero dizer *mistake's*) na sinalização das rosquinhas. Primeiro de tudo, o apóstrofo (o pequeno ganchinho no final da palavra *merchant*) está errado, assim como, em minha contagem informal, estão os 99,99% dos apóstrofos que vejo em todos os tipos de lugares. Além disso, apesar de serem deliciosas, *bagels* (rosquinhas) não merecem uma inicial maiúscula. Suspiro. Estes são os sacrifícios diários de um gramático na Cidade de Nova Iorque.

Onde quer que você more, esta parte é o lugar para praticar alguns aspectos do que os gramáticos chamam de mecanismos — pontuação e maiúsculas. Quando terminar esta parte, será o mestre da temível vírgula (Capítulo 5), do apóstrofo (Capítulo 6) e das aspas (Capítulo 7). O Capítulo 8 traz os princípios elementares do uso das maiúsculas. Se todos esses detalhes fritarem o seu cérebro, sinta-se livre para se refrescar com uma rosquinha ou duas.

Capítulo 5

Uma Pausa para a Vírgula

Neste Capítulo

- Pontuando listas corretamente
- Sinalizando discurso direto com a vírgula
- Combinando orações
- Como usar a vírgula nas expressões introdutórias e apostos corretamente
- Organizando descritores com a vírgula

Apesar de pequenina, a vírgula quase sempre desempenha um papel crucial na determinação do sentido da oração. Elas podem indicar relação entre itens ou pessoas, separam palavras e números para que não se misturem e indicam aquilo que não é necessário no significado da oração. Neste capítulo, você pratica como inserir e excluir vírgulas até que seu texto fique claro e correto.

Organizando Listas com Vírgulas e Ponto e Vírgula

Ao escrever uma lista isolada, a quebra de linha indica claramente onde um item da lista termina e outro começa. Vírgulas fazem o mesmo nas frases. Observe o exemplo a seguir: talvez o Professor MacGregor queira que você faça o seguinte:

- Go on the Internet.
- Locate the origin of the handheld meat patty.
- Write a paper on hamburger history.

Inserida em uma sentença, as quebras de linha da lista anterior se tornam vírgulas:

> Professor MacGregor wants you to go on the Internet, locate the origin of the handheld meat patty, and write a paper on hamburger history.

Perceba que o primeiro item não é precedido por vírgula e que os últimos dois itens estão separados por *and*, precedido de uma vírgula (a última vírgula é opcional, questão de estilo e não uma exigência gramatical. Muitas pessoas usam vírgula antes de *and* ou qualquer outra palavra que una os dois últimos itens de uma lista).

DICA

Se a lista for muito longa (o que é um critério subjetivo), pode ser precedida de dois pontos. As palavras antes dos dois pontos devem conter o raciocínio completo. Veja este exemplo:

> Ms Sharkface required the following for every homework assignment: 12-point font, green ink, a plastic cover, at least two illustrations, a minimum of three quotations, and a list of sources.

DICA

Se qualquer item de uma lista contiver uma vírgula, use o ponto e vírgula para separar os itens da lista. Imagine que esteja inserindo esta lista em uma oração:

- Peter McKinney, the mayor
- Agnes Hutton
- Jeannie Battle, magic expert

Em uma oração utilizando apenas vírgulas, o leitor não saberia que Peter McKinney é o prefeito e poderia pensar que Peter e o prefeito fossem duas pessoas diferentes. Aqui está a pontuação apropriada para a oração:

> Because he has only one extra ticket to the magic expo, Daniel will invite Peter McKinney, the mayor; Agnes Hutton; or Jeannie Battle, magic expert.

PRATIQUE

Ao trabalho! Insira a lista de cada questão em uma oração (já forneci o começo), e pontue-a apropriadamente. Observação: eu uso números para separar os itens na lista. Exclua-os na hora de elaborar sua resposta.

P. List of things to buy at the pharmacy: (1) industrial-strength toenail clippers (2) green shoe polish (3) earwax remover

Getting ready for his big date, Rob went to the pharmacy to purchase ____

____

R. **Getting ready for his big date, Rob went to the pharmacy to purchase industrial-strength toenail clippers, green shoe polish, and earwax remover.** Você tem três itens e duas vírgulas. Nenhuma vírgula é necessária antes do primeiro item da lista.

1. Supermarket shopping list: (1) pitted dates (2) chocolate-covered mushrooms (3) anchovies (4) pickles

Rob planned to serve a tasteful selection of ____________________

____

2. Guests: (1) Helen Ogee, supermodel (2) Natasha Smith, swimsuit model (3) Blair Berry, auto salesperson (4) Hannah Bridge, punctuation expert (5) Jane Fine, veterinarian

Rob's guest list is heavily tilted toward women he would like to date, such as ____

3. Activities: (1) bobbing for cabbages (2) pinning the tail on the landlord (3) playing double solitaire

   After everyone arrives, Rob plans an evening of ______________________
   ____

4. Goals: (1) get three phone numbers (2) arrange at least one future date (3) avoid police interference

   Rob will consider his party a success if he can ______________________
   ____

5. Results: (1) the police arrived at 10:00, 11:00, and 11:30 p.m. (2) no one gave out any phone numbers (3) everyone thought the host's name was Bob

   Rob didn't meet his goals because ______________________
   ____

Você Está Falando Comigo? Discurso Direto

Se o nome ou título da pessoa para quem você está falando ou escrevendo estiver inserido na oração, você está em uma situação de discurso direto. Expressões de discurso direto são destacadas de todo o restante da oração por vírgulas. Nestes exemplos, o discurso está endereçado ao *Wilfred*:

> Wilfred, you can have the squash court at 10 a.m.
>
> When you hit a zucchini, Wilfred, avoid using too much force.

O erro mais comum em discurso direto é usar uma vírgula para fazer o trabalho de duas. No segundo exemplo anterior, duas vírgulas devem destacar *Wilfred.*

Você pode inserir vírgulas para destacar o nome do discurso direto nestas frases?

P. Listen Champ I think you need to get a new pair of boxing gloves.

R. **Listen, Champ, I think you need to get a new pair of boxing gloves.** Neste exemplo, você está falando com o *Champ*, um título que está substituindo o verdadeiro nome. Expressões de discurso direto não precisam conter nomes próprios, embora isso aconteça frequentemente.

6. Ladies and Gentlemen I present the Fifth Annual Elbox Championships.

7. I know Mort that you are an undefeated Elbox competitor. Would you tell our audience about the sport?

8. Elboxing is about 5,000 years old Chester. It originated in ancient Egypt.

9. Really? Man I can't believe you knew that!

10. Yes Chester the sport grew out of the natural movement of the elbow when someone tried to interfere with a diner's portion by "elbowing."

11. Excuse me a moment. The reigning champion has decided to pay us a visit. Miss William could you tell us how you feel about the upcoming match?

12. Certainly Sir. I am confident that my new training routine will pay off.

Inserindo Vírgulas em Sentenças Coordenadas

Determinadas palavras — *and, but, or, nor* e *for* — são como juízes de paz. Elas unem dois semelhantes (o que é sempre uma boa ideia para um casamento, não é mesmo?). Essas palavras poderosas são chamadas conjunções. Você não precisa saber o termo gramatical! Basta se lembrar de sempre usar uma vírgula antes de uma conjunção ao juntar duas orações completas. Veja alguns exemplos:

> The wedding cake was pink, and the bride's nose was purple.
>
> A wedding in the middle of an ice rink is festive, but the air is chilly.
>
> The bride's nose began to run, for she had forgotten her heated veil.

Já deu para ter uma ideia? Toda conjunção é precedida por uma oração completa e uma vírgula. A conjunção é seguida por outra oração completa. Veja o Capítulo 4 para saber mais sobre orações completas.

Quando uma dessas conjunções une qualquer coisa que não seja uma sentença completa (por exemplo, dois verbos), a vírgula não é necessária.

Hora de salpicar vírgulas nessas orações, começando pelo exemplo. Se não houver necessidade de vírgulas, escreva "sem vírgulas" na margem.

P. The groom skated to the center of the rink and waited for his shivering bride.

R. **Sem vírgula**. As palavras antes da conjunção (*The groom skated to the center of the rink*) formam uma oração completa, mas as palavras depois da conjunção (*waited for his shivering bride*), não. Como temos a conjunção *and* ligando dois verbos (*skated and waited*) e suas descrições, não há necessidade de vírgula. Se estiver curioso, *groom* é o sujeito de *skated* e *waited.*

13. The best man rode in a Zamboni for he was afraid of slipping on the ice.

14. The flowers scattered around the rink and the colorful spotlights impressed the guests.

15. One of the bridesmaids whispered that her own wedding would be on a beach or in a sunny climate with absolutely no ice.

16. The guests sipped hot chocolate but they were still cold.

17. The ice-dancing during the reception made them sweat and then the temperature seemed fine.

18. Do you know who is in charge of the gifts or who is paying the orchestra?

19. I'd like to swipe a present for my blender is broken.

20. I don't need an icemaker but I'll take one anyway.

21. The happy couple drove away in a sled and never came back.

Usando a Vírgula nas Expressões Introdutórias e Apostos

Gramaticalmente falando, as *expressões introdutórias* são um "balaio" de expressões, frases preposicionais, locuções adverbiais e uma porção de outras coisas. Você não precisa saber os nomes, basta saber que uma expressão introdutória faz um comentário sobre o resto da oração ou adiciona uma informação. Normalmente, ela aparece separada do restante da oração por vírgula. Veja as palavras em itálico de cada uma das orações abaixo para exemplos de expressões introdutórias:

> *Snaking through the tunnel*, Brad thought about potential book deals.
>
> *No*, Brad didn't blow up the enemy base.
>
> *While he was crossing the lighted area,* he called his agent instead.

Os apostos (outro tipo de "balaio" gramatical) aparecem dentro — e não no início — da oração. O mesmo princípio que se aplica às expressões introdutórias é aplicado aos apostos: eles comentam ou, de outro modo, *interrompem* a ideia principal da oração, e, por isso, são destacados por vírgulas. Nestas frases, os apostos estão em itálico:

> Cindy, *slashing the spy*, thought that Hollywood should film her adventures.
>
> There was no guarantee, *of course*, that Cindy would make it out alive.

As vírgulas não são necessárias em expressões introdutórias ou apostos muito curtos, que não contenham verbos e estejam fortemente ligados à ideia principal da oração. Por exemplo, na oração "In the morning Brad drank 12 cups of coffee", a vírgula não é necessária para separar *In the morning* do restante da oração.

PRATIQUE

Pronto para um pouco de prática? Coloque vírgulas onde são necessárias e resista à tentação de inseri-las onde não são nas frases a seguir.

P. Tired after a long day delivering pizza Elsie was in no mood for fireworks.

R. **Tired after a long day delivering pizza, Elsie was in no mood for fireworks.** A vírgula destaca a expressão introdutória, *Tired after a long* *day delivering pizza*. Percebeu como a informação se aplica a *Elsie*? Ela é o sujeito da oração.

CAI NO TESTE

Formas introdutórias de verbos devem descrever o sujeito da oração. Os elaboradores de testes exigem que você saiba esta regra, a julgar pelas questões que criam para seus testes.

22. In desperate need of a pizza fix Brad turned to his cellphone.

23. Cindy on the other hand ached for sushi.

24. Yes pizza was an excellent idea.

25. The toppings unfortunately proved to be a problem.

26. Restlessly Brad pondered pepperoni as the spies searched for him.

27. Cindy wondered how Brad given his low-fat diet could consider pepperoni.

28. Frozen with indecision Brad decided to call the supermarket to request the cheapest brand.

29. Cindy on a tight budget wanted to redeem her coupons.

30. To demand fast delivery was Brad's priority.

31. Lighting a match and holding it near his trembling hand Brad realized that time was almost up.

32. Worrying about toppings had used up too many minutes.

33. Well the survivors would have a good story to tell.

34. With determination Cindy speed-dialed the market and offered "a really big tip" for fast service.

35. As the robbers chomped on pepperoni and argued about payment Brad slipped away.

36. Let's just say that Cindy was left to clean up the mess.

Destacando as Descrições

A vida seria muito mais simples para o usuário de vírgulas se ninguém nunca descrevesse nada. Entretanto, as descrições fazem parte da vida, então é preciso conhecer estas regras de pontuação:

- **Se a descrição aparece logo a seguir da palavra que está sendo descrita e contém informação essencial para a identificação, ela não deve vir destacada por vírgulas. Caso a descrição caia na categoria "bom saber, mas desnecessária", ela deve vir cercada por vírgulas.** Se a descrição estiver no certo "você precisa disto", omita as vírgulas. Por exemplo, na oração "The dictionary *on the table* is dusty", a descrição em itálico é necessária, pois diz *qual* dicionário está empoeirado. Entretanto, na oração, "Charlie's dictionary, *which is on the table*, is dusty", a descrição em itálico está destacada por vírgulas, pois você já sabe de qual dicionário estamos falando, o dicionário do Charlie. A parte sobre a mesa é informação adicional.

Os testes de proficiência e as provas costumam incluir questões, como as apresentadas no item anterior, para que você determine em que casos as vírgulas são necessárias.

- **Nas descrições que precedem a palavra descrita, coloque vírgula apenas quando houver uma lista de uma ou mais descrições da mesma importância e tipo.** Quando duas ou mais descrições puderem ser escritas em uma ordem diferente sem alterar o sentido da oração, elas são igualmente importantes. Por exemplo, "the *tan, dusty* dictionary" e "the *dusty, tan* dictionary" têm o mesmo significado, então a vírgula entre as descrições é necessária. Entretanto, "*two dusty* dictionaries" são descrições diferentes. Uma é um número e outra uma condição ou estado. Por serem diferentes, elas não precisam de vírgula.
- **Quando as descrições contendo formas verbais iniciam a oração, elas sempre devem ser separadas por vírgula.** Veja um exemplo: "Sighing into his handkerchief, Charlie looked for a dust cloth." A descrição, *sighing into his handkerchief*, contém uma forma verbal (*sighing*) e, portanto, deve ser separada por vírgula do restante da oração.

Captou a ideia? Agora teste suas habilidades no uso das vírgulas nas frases a seguir. Caso as palavras em itálico precisem ser separadas do restante da oração, adicione as vírgulas. Caso contrário, escreva correta ao lado da questão.

P. The *ruffled striped* blouse is at the closest dry cleaner Fleur and Sons.

R. **The *ruffled, striped* blouse is at the closest dry cleaner, Fleur and Sons.** As duas primeiras descrições precedem a palavra sendo descrita (*blouse*) e podem ser invertidas sem problema, então uma vírgula é necessária entre elas. A segunda descrição (que, os gramáticos mais exigentes se referem como sendo um termo equivalente ou *apositivo*) vem após a palavra descrita (*the closest dry cleaner*). Tendo em vista que existe apenas uma *closest dry cleaner*, o nome é adicional e não uma informação de identificação essencial e deve ser separada por vírgula.

37. *Oscar's favorite* food *which he cooks every Saturday night* is hot dogs.

38. The place *where he feels most comfortable during the cooking process* is his *huge brick* barbecue.

39. Oscar stores *his wheat* buns in a *large plastic* tub *that used to belong to his grandpa*.

40. One of the horses *that live in Oscar's barn* often sniffs around *Oscar's lucky* horseshoe *which he found while playing tag*.

41. Oscar rode *his three favorite* horses in a race *honoring the Barbecue King and Queen*.

42. Oscar *who is an animal lover* will never sell one of his horses *because he needs money*.

43. *Being sentimental* Oscar dedicated a song to the filly *that was born on his birthday*.

44. The jockeys *who were trying to prepare for the big race* became annoyed by Oscar's song *which he played constantly*; the jockeys *who had already raced* didn't mind Oscar's music.

45. The *deep horrible* secret is that Oscar can't stay in tune *when he sings*.

46. His guitar *a Gibson* is also missing *two important* strings.

Chamando Todos os Conquistadores: Prática Extra com Vírgulas

PRATIQUE

A Figura 5-1 mostra a autoavaliação de um funcionário com sérios problemas, alguns dos quais envolvem as vírgulas (os demais ficam por conta da péssima ideia de tentar ser honesto com seu chefe). Esqueça os erros de conteúdo e concentre-se nas vírgulas. Veja se pode encontrar as cinco vírgulas que aparecem onde não deveriam e dez locais onde elas estão faltando. Circule as vírgulas que devem ser excluídas e insira vírgulas onde forem necessárias.

Annual Self-Evaluation

Well Ms. Ehrlich that time of year has arrived again. I, must think about my strengths and weaknesses as an employee, of Toe-Ring International. First and most important let me say that I love working for Toe-Ring. When I applied for the job I never dreamed how much fun I would have taking two, long lunches a day. Sneaking out the back door, is not my idea of fun. Because no one ever watches what I am doing at Toe-Ring I can leave by the front door without worrying. Also Ms. Ehrlich, I confess that I do almost no work at all. Upon transferring to the plant in Idaho I immediately claimed a privilege given only to the most experienced most skilled, employees and started to take two, extra weeks of vacation. I have only one more thing to say. May I have a raise?

Figura 5-1: Problemas com vírgulas na autoavaliação de um empregado.

Respostas para os Problemas de Vírgulas

1. **Rob planned to serve a tasteful selection of pitted dates, chocolate-covered mushrooms, anchovies, and pickled radishes.** Cada item na lista de Rob, incluindo o último antes de *and*, é separado do próximo por uma vírgula. Nenhuma vírgula vem antes do primeiro item, *pitted dates*.

2. **Rob's guest list is heavily tilted toward women he would like to date: Helen Ogee, supermodel; Natasha Smith, swimsuit model; Blair Berry, auto salesperson; Hannah Bridge, punctuacion expert; and Jane Fine, veterinarian.** Você se lembra do ponto e vírgula? As vírgulas dentro de cada item da lista de encontros dos sonhos de Rob tornam impossível distinguir um encontro dos sonhos de outro com uma simples vírgula. Ponto e vírgula faz a mágica. Espero que tenha percebido que listas longas começam com dois pontos.

3. **After everyone arrives, Rob plans an evening of bobbing for cabbages, pinning the tail on the landlord, and playing double solitaire.** Cara divertido, não? Não consigo imaginar porque ele tem tantos problemas em conseguir encontros. Espero que você não tenha tido nenhum problema para separar estas emocionantes atividades com vírgulas.

4. **Rob will consider his party a success if he can get three phone numbers, arrange at least one future date, and avoid police interference.** Tudo que você tem que fazer é colocar uma vírgula entre cada item e adicionar *and* antes do último item.

5. **Rob didn't meet his goals because the police arrived at 10:00, 11:00, and 11:30 p.m.; no one gave out any phone numbers; and everyone thought his name was Bob.** Espero que tenha se lembrado de usar ponto e vírgula para distinguir um item do outro. Por que? O primeiro item na lista já tem uma vírgula, então ela não é suficiente para separar os itens da lista.

6. **Ladies and Gentlemen, I present the Fifth Annual Elbox Championships.** Mesmo que *Ladies and Gentleman* não nomeie membros da plateia, ainda assim é a eles que o apresentador se dirige, então uma vírgula separa a expressão do restante da oração.

7. **I know, Mort, that you are an undefeated Elbox competitor. Would you tell our audience about the sport?** Aqui você percebe o benefício da vírgula no discurso direto. Sem ela, o leitor pensa que *I know Mort* é o início da oração e está armada a confusão. *Mort* é destacado com duas vírgulas, e o leitor compreende que *I know that you are...* é o verdadeiro significado.

8. **Elboxing is about 5,000 years old, Chester. It originated in ancient Egypt.** Você está falando para o *Chester*, então seu nome precisa estar destacado por vírgulas.

9. **Really? Man, I can't believe you knew that!** Antes que você comece a gritar comigo, eu sei que *Man* é, algumas vezes, simplesmente uma expressão, não realmente um vocativo. Mas *man* pode ser, e nesta oração, é um vocativo. Por isto, a vírgula separa-o do resto da oração.

10 **Yes, Chester, the sport grew out of the natural movement of the elbow when someone tried to interfere with a diner's portion by "elbowing".** *Chester* está sendo chamado diretamente, então você precisa inserir o nome entre vírgulas.

11 **Excuse me a moment. The reigning champion has decided to pay us a visit. Miss William, could you tell us how you feel about the upcoming match?** Aqui, a pessoa a quem estamos nos dirigindo é *Miss William*.

12 **Certainly, Sir. I am confident that my new training routine will pay off.** A bem-educada *Miss William fala com o Sir nesta oração, então* o termo é separado por uma vírgula.

13 **The best man rode in a Zamboni, for he was afraid of slipping on the ice.** A conjunção (*for*) une duas frases completas, então uma vírgula deve ser usada depois de *for*.

14 **Sem vírgula.** Leia as palavras que antecedem a conjunção (*and*). Elas não fazem sentido sozinhas, então não temos uma frase e não há necessidade de vírgula antes da conjunção.

15 **Sem vírgula.** Leia as palavras antes da conjunção (*or*). Temos duas descrições, mas não uma frase completa. Portanto, não há necessidade de vírgula antes de *or*.

16 **The guests sipped hot chocolate, but they were still cold.** Aqui, temos dois raciocínios completos, um antes e outro depois da conjunção (*but*). Uma vírgula é necessária antes da conjunção.

17 **The ice-dancing during the reception made them sweat, and then the temperature seemed fine.** Dois raciocínios completos, um antes e outro depois de *and*, então a vírgula é necessária.

18 **Sem vírgula.** Esta é traiçoeira. A conjunção *or* une *who is in charge of the gifts* e *who is paying the orchestra*. As duas perguntas parecem frases completas. Entretanto, a veradeira pergunta aqui é *Do you know*. As afirmações com *who* nestas orações são apenas isso: afirmações. Não há frase completa, então não há vírgula.

19 **I'd like to swipe a present, for my blender is broken.** Ambas as ideias — antes e depois da conjunção *for* — estão completas, então uma vírgula deve preceder *for*.

20 **I don't need an icemaker, but I'll take one anyway.** As duas afirmativas antes e depois de *but* são frases completas, então é preciso inserir uma vírgula.

21 **Sem vírgula.** As palavras depois da conjunção (*and*) não dizem quem *never came back*. Sem essa informação, a afirmação não é uma frase. Não é preciso vírgula aqui.

22 **In desperate need of a pizza fix, Brad turned to his cellphone.** A expressão introdutória aqui merece uma vírgula por ser bastante longa. O

comprimento nem sempre determina a necessidade da vírgula, mas no geral, quanto mais longa a introdução, maior a probabilidade de precisar da vírgula.

23 **Cindy, on the other hand, ached sushi.** A expressão entre vírgulas faz um comentário sobre o resto da oração, contrastando-a com as ações de *Brad*. Como um aposto, ela deve estar separada por vírgulas do resto da oração.

24 **Yes, pizza was an excellent idea.** *Yes* e *no*, quando aparecem no início de uma oração, recebem vírgulas caso estejam comentando a ideia principal.

25 **The toppings, unfortunately, proved to be a problem.** O *unfortunately* é curto e bem ligado ao significado da oração. Entretanto, destacar a palavra com vírgulas enfatiza o tom emocional e crítico. Coloquei as vírgulas, como pode ver, mas posso aceitar uma versão sem elas.

26 **Sem vírgula.** A palavra introdutória *restlessly* é curta e clara. Não há necessidade de vírgula.

27 **Cindy wondered how Brad, given his low-fat diet, could consider pepperoni.** A expressão *given his low-fat diet* interrompe o fluxo da oração e requer duas vírgulas.

28 **Frozen with indecision, Brad decided to call the supermarket to request the cheapest brand.** Expressões introdutórias com formas verbais sempre recebem vírgulas.

29 **Cindy, on a tight budget, wanted to redeem her coupons.** A expressão *on a tight budget* interrompe o fluxo da oração e faz um comentário sobre a ideia principal. Por isso, as duas vírgulas.

30 **Sem vírgula.** Pequei você, nesta? Esta oração não tem expressão introdutória. *To demand fast delivery* é o sujeito da oração, não um comentário adicional.

31 **Lighting a match and holding it near his trembling hand, Brad realized that time was almost up.** Expressões introdutórias contendo verbos sempre recebem vírgulas. A expressão introdutória tem dois verbos, *lighting* e *holding*.

32 **Sem vírgula.** A forma verbal (*Worring about toppings*) é o sujeito da oração, não uma introdução à outra ideia, então não requer vírgula.

33 **Well, the survivors would have a good story to tell.** Palavras como *well, indeed, clearly* e assim por diante, recebem vírgulas quando acontecem no início da oração e não são partes da ideia principal.

34 **With determination, Cindy speed-dialed the market and offered "a really big tip" for fast service.** Eu admito que esta é uma questão de escolha. Se não colocar uma vírgula após *determination*, não irei incriminá-lo por fraude de vírgula. Também não vou gritar se, como eu, você optou por usar a vírgula.

35 **As the robbers chomped on pepperoni and argued about payment, Brad slipped away.** Esta expressão introdutória tem um sujeito e um verbo e, portanto, precisa claramente de uma vírgula.

36 **Sem vírgula.** Esta oração parece ser uma só por causa da palavra *that*, que une o início de uma oração ao final da outra tão bem que *let's just say* não se qualifica como expressão introdutória.

37 **Oscar's favorite food, which he cooks every Saturday night, is hot dogs.** Duas palavras que trazem informação adicional sobre *food*, um possessivo (*Oscar´s*) e uma descrição (*favorite*). Já que as duas não são equivalentes, elas não devem ser separadas por vírgula. Após descobrir que a comida é a favorita do Oscar, você tem identificação suficiente. A informação sobre as noites de sábado solitárias de Oscar é adicional, e por isso, deve ser destacada por vírgulas. Descrições começando com *which* geralmente são extras.

38 **Correta.** O termo *place* é bastante geral, então a descrição é um identificador essencial. As duas descrições precedendo *barbecue* não são do mesmo tipo. Uma dá dimensão, e a outra, composição. Você não pode invertê-las facilmente (*a brick huge barbecue* soa engraçado), então não insira uma vírgula.

39 **Correta.** As descrições em duplas (*his* e *wheat*, *large* e *plastic*) não são do mesmo tipo. *His* é um possessivo, e você nunca deve destacar um possessivo com uma vírgula. *Large* indica tamanho e *plastic refere-se a* composição. A última descrição é que determina de que *tub* estamos falando, então não é separada por vírgula. Em geral, as descrições começadas com *that* não usam vírgula.

40 **One of the horses *that live in Oscar's barn* often sniffs around *Oscar´s lucky* horseshoe, *which he found while playing tag.*** De quais cavalos você está falando? Sem a informação sobre o estábulo, você não sabe. Informações de identificação não recebem vírgulas. As duas palavras que precedem *horseshoe* não são equivalentes. *Oscar´s* é um possessivo (que nunca deve ser separado por vírgula) e *lucky* é uma qualidade que todos queremos em uma ferradura. A última descrição é adicional, porque já sabemos o bastante para identificar que ferradura está sendo cheirada. Por ser adicional, uma vírgula deve separar a descrição do resto da oração.

41 **Correta.** As três descrições antes de *horses* não são do mesmo tipo: uma (*his*) é um possessivo e outra (*three*) é um número. Nunca se separa possessivos e números com vírgulas. O segundo elemento descritivo, *honoring the Barbeque King and Queen*, explica de que corrida estamos falando. Sem esta informação, o assunto poderia ser qualquer corrida. Como um identificador, a expressão não deve ser separada por vírgula.

42 **Oscar, *who is an animal lover*, will never sell one of his horses *because he needs money.*** Como sabemos o nome de Oscar, a informação sobre amar os animais é adicional e, portanto, deve ser separada por vírgula. A oração com *because* é traiçoeira. Sem uma vírgula, *because he needs money* é essencial para o sentido da frase. Nesta versão, Oscar pode vender o cavalo porque odeia animais ou porque quer vender, e pronto. O motivo — *he needs the money* — pode parecer que os cavalos valem mais no estábulo de Oscar do que em qualquer outro lugar. A primeira interpretação faz mais sentido, então não coloque a vírgula.

43 ***Being sentimental*, Oscar dedicated a song to the filly *that was born on his birthday.*** A expressão introdutória (que também é uma descrição) contém um verbo, então deve ser seguida de uma vírgula. A segunda descrição é essencial porque não saberíamos de que filly estamos falando, sem a identificação em itálico. Assim, não há necessidade de vírgula.

44 **The jockeys *who were trying to prepare for the big race* became annoyed by Oscar's song, *which he played constantly*; the jockeys *who had already raced* didn't mind Oscar's music.** Nesta oração, os jóqueis se dividem em dois grupos, os que estão treinando e aqueles que já encerraram o treino. Já que a oração com *who* identifica cada grupo, não precisamos de vírgula. *Oscar´s song*, por outro lado, é claro. Mesmo sem *which he played constantly*, já sabemos qual canção os jóqueis odeiam. A parte em itálico traz um pouco mais de informação, mas nada essencial, então deve vir separada por vírgula.

45 **The *deep, horrible* secret is that Oscar can't stay in tune *when he sings.*** As duas primeiras descrições podem ser invertidas sem perda de significado, então a vírgula é apropriada. A última descrição também traz informação essencial. Sem essa descrição, não saberíamos se Oscar sai do tom quando toca tambor, por exemplo, ou quando canta.

46 **His guitar, *a Gibson*, is missing *two important* strings.** O *his* nos diz de que guitarra estamos falando, então, o fato dela ser a *Gibson* é informação adicional e deve vir entre vírgulas.

Annual Self-Evaluation

47
48 Well, Ms. Ehrlich, that time of year has arrived again. I/must think about 49
my strengths and weaknesses as an employee/of Toe-Ring International. 50
51 First and most important, let me say that I love working for Toe-Ring.
52 When I applied for the job, I never dreamed how much fun I would have
53 taking two/long lunches a day. Sneaking out the back door/is not my idea 54
of fun. Because no one ever watches what I am doing at Toe-Ring, I can 55
leave by the front door without worrying. Also, Ms. Ehrlich, I confess that I 56
do almost no work at all. Upon transferring to the plant in Idaho, I 57
immediately claimed a privilege given only to the most experienced, most 58
59 skilled/employees and started to take two/extra weeks of vacation. I have 60
only one more thing to say. May I have a raise?

47 Vírgulas cercam *Ms. Ehrlich*, pois a oração se dirige diretamente a ela. *Well*, é uma palavra introdutória, então mesmo sem *Ms. Ehrlich*, ainda é preciso usar vírgula depois de *well*.

48 Veja a resposta anterior.

49 O pronome *I* é parte da ideia principal da oração, não uma expressão introdutória. Nenhuma vírgula deve separá-lo do resto da oração.

50 A expressão *of Toe-Ring International* é um identificador essencial do tipo de empregado de que estamos falando. Nenhuma vírgula deve separá-la da palavra que ela descreve (*employee*).

51 Uma vírgula segue a expressão introdutória, *First and most important*.

52 A expressão introdutória *when I applied for the job* deve vir separada por vírgula do restante da oração.

53 Duas descrições estão relacionadas a *lunches* — *two* e *long*. Estas descrições não são do mesmo tipo. *Two* é um número e *long* é medida de tempo. Além disso, números nunca são separados de outras descrições por vírgulas. Veredito: delete a vírgula depois de *two*.

54 Nesta oração, a expressão *sneaking out the back door* não é um elemento introdutório. É o sujeito da oração e não deve ser separado de seu verbo (*is*) por vírgula.

55 A expressão introdutória *Because no one ever watches what I am doing at Toe-Ting* deve estar separada do resto da oração por uma vírgula.

56 *Also* é uma introdução à oração. Separe-a com uma vírgula.

57 Uma vírgula vem depois de *Idaho*, *pois ela é a última palavra do elemento introdutório.*

58 Duas descrições estão ligadas a *employees: most experienced* e *most skilled.* Por serem estas definições, mais ou menos, intercambiáveis, uma vírgula separa uma da outra.

59 A vírgula nunca separa a última descrição daquilo que ela descreve, então a vírgula antes de *employees* tem que partir.

60 Duas descrições (neste caso, *two* e *extra*) não são separadas por vírgula quando uma delas é um número.

Capítulo 6

Um Pequeno Detalhe que Pode Te Derrubar: Apóstrofos

Neste Capítulo

- Criando Contrações substituindo letras e números por apóstrofos
- Demonstrando propriedade com os apóstrofos

Um apóstrofo é um pequeno sinal (´) capaz de atrapalhar muita gente na hora de escrever. Com um pouco de prática, você saberá exatamente onde usá-los em seus textos.

O erro mais comum com os apóstrofos diz respeito ao seu uso em locais não apropriados. Não use apóstrofo em qualquer destas circunstâncias:

- **Ao criar um plural:** existe *one arrow* e *two arrows*, não *two arrow´s*. A regra de "não usar apóstrofo para criar plural" se aplica também aos nomes. Um indivíduo de sobrenome Woods tem uma família identificada como os *Woodses*, não os *Wood´s*.
- ***Em pronomes possessivo:*** não use apóstrofo em pronomes possessivos (*my, your, his, hers, its, ours, their, whose,* e assim por diante).

Encare os exercícios deste capítulo para que o apóstrofo nunca mais lhe cause problemas.

Espremendo o Texto: Contrações

Os apóstrofos também são usados para abreviar palavras, substituindo uma ou mais letras. A palavra abreviada, ou a contração (não confunda com aquilo que as grávidas sofrem), cria um tom mais informal e coloquial no texto.

As contrações mais utilizadas, ao lado de suas versões normais, incluem as mostradas na Tabela 6-1.

Tabela 6-1 Frequently Used Contractions

Long Form	*Contraction*	*Long Form*	*Contraction*	*Long Form*	*Contraction*
Are not	Aren't	I will	I'll	We are	We're
Cannot	Can't	I would	I'd	We have	We've
Could have	Could´ve	It is	It's	Were not	Weren't
Could not	Couldn´t	She has	She´s	Were not	Weren´t
Do not	Don't	She is	She's	Will not	Won't
He has	He's	She will	She'll	Would have	Would've
He is	He's	Should have	Should've	Would not	Wouldn't
He will	He'll	Should not	Shouldn't	You are	You're
He would	He'd	They are	They're	You have	You've
I am	I'm	They have	They've	You will	You'll
I had	I'd	They will	They'll	You would	You'd

CAI NO TESTE

Testes de admissão em univeridades ou de proficiência, em geral, não trazem questões em que você precisará colocar os apóstrofos em uma palavra, mas podem pedir que identifique erros na utilização dos apóstrofos ou uma contração revertida para uma versão normal de forma errada, e é comum as pessoas errarem na hora de identificar a origem da contração. *Should´ve*, por exemplo, é a contração de *should have*, não *should of*. As expressões *should of*, *could of* e *would of* não existem no inglês padrão. Ao se deparar com uma no TOEFL, IELTS ou qualquer outro tipo de prova de inglês, você encontrou o erro.

Você também pode suprimir números utilizando o apóstrofo, principalmente em situaçãoes informais. Esta pontuação possibilita que você se forme em 2017, case em '23, e verifique se seu plano de saúde tem cobertura maternidade em '25.

PRATIQUE

Pronto para pôr em prática sua habilidade no uso dos apóstrofos? Troque as palavras sublinhadas nas orações por suas contrações. Escreva sua resposta na lacuna.

P. Adam said that he would go to the store to buy nuts. ________________

R. **he'd.** Este apóstrofo é realmente econômico. Com ele, economizamos quatro letras.

1. "Peanuts are not the best choice for an appetizer, because of allergies," commented Pam. ________________

2. "I am sure that you will choose a better appetizer," she added. ________________

3. The store will not take responsibility for your purchase. ________________

4. Do not underestimate the power of a good appetizer. ________

5. You are cheap if you do not provide at least one bowl of nuts.
____

6. "Adam would have bought caviar, but I would not pass the walnut counter without buying something," commented Pam.
________ ________

7. "You cannot neglect the dessert course either," countered Adam.
____

8. Adam usually recommends a fancy dessert such as a maple walnut ice cream sundae, but he is watching his weight. ________

9. "If they created a better diet ice cream," he often says, "I would eat a ton of it." ________

10. "Yes, and then you would weigh a ton yourself," snaps Pam. ________

11. She is a bit testy when faced with diet food. ________

12. Of course, Adam could have been a little more diplomatic when he mentioned Pam's "newly tight" slacks. ________

13. Adam is planning to serve a special dessert wine, Chateau Adam 1999, to his guests. ________

14. He always serves that beverage at reunions of the class of 2006. ________

15. We are planning to attend, but we will bring our own refreshments!
____

Mostrando Quem é Dono do Que: Possessivos

Um apóstrofo permite melhorar o som de algumas frases, por exemplo, "the pen of my aunt" em "my aunt´s pen". Para demonstrar posse com os apóstrofos, tenha sempre essas regras em mente:

- **Posse em Singular:** acrescente um apóstrofo e a letra *s* (nessa ordem) a uma única pessoa, lugar ou coisa para expressar propriedade ("*Henry ´s* tooth, "the *platypus ´s* flipper").
- **Posse em Plural:** acrescente um apóstrofo ao plural regular (aquele terminado em *s*) para expressar posse ("the boys´ restroom", "the octopuses´ arms").
- **Posse em Plural Irregular:** adicione um apóstrofo e a letra *s* (nessa ordem) a um plural irregular (não terminado em *s*) para expressar posse ("the men´s department").

- **Posse conjunta:** quando duas ou mais pessoas possuem algo em conjunto, acrescente um apóstrofo e um *s* (nessa ordem) ao último nome ("Abe and Mary´s sofa").
- **Posse independente:** quando duas ou mais pessoas possuem coisas separadamente, todos os nomes recebem um apóstrofo e um *s* ("James´s and Ashley´s pajamas").
- **Posse em Substantivo Composto:** quando a palavra onde será indicada a posse for composta, basta acrescentar apóstrofo e *s* ao final ("mother-in-law´s office"). Para os plurais terminados em *s*, acrescente apenas o apóstrofo ("three secretary-treasures´ accounts").
- **Tempo e dinheiro:** todo mundo sabe que o Sr. Tempo e o Sr. Dinheiro não possuem nada. Apesar disso, tempo e dinheiro podem demosntrar posse em expressões como *next week ´s test*, *two hours ´ homework*, *a day ´s pay*, e assim por diante. Siga as mesmas regras usadas para demonstrar posse em singulares e plurais explicada anteriormente.

Moleza, não é? Veja se consegue aplicar seus conhecimentos. Transforme a palavra sublinhada (ou palavras) em uma forma possessiva. Escreva suas respostas nas lacunas.

P. The style of this year muscle car is Jill favorite.

R. **year's, Jill's.** Duas posses em singular. *Jill* é o proprietário tradicional — uma pessoa — mas a expressão de tempo também usa um apóstrofo.

16. Carol classic car is entered in tonight show. ________ ________

17. She invested three months work in restoring the finish. ________

18. Carol will get by with a little help from her friends; Jess and Marty tires, which they purchased a few years ago by combining their allowances, will be installed on her car. ________

19. The boys allowance, by the way, is far too generous, despite their sister-in-law objections. ________ ________

20. Jill weekly paycheck is actually smaller than the brothers daily income. ________ ________

21. Annoying as they are, the brothers donate a day pay from time to time to underfunded causes such as the Children Committee to Protect the Environment. ________ ________

22. Carol couldn't care less about the environment; the car gas mileage is ridiculously low. ________

23. She cares about the car, however. She borrowed Jess and Marty toothbrushes to clean the dashboard. ________

24. Now she needs her helpers maximum support as the final judging nears. ________

25. She knows that the judge decision will be final, but just in case she has volunteered two thousand dollars worth of free gasoline to his favorite charity. ________________ ________________

26. Carol success is unlikely because the court judgments can't be influenced by anything but the law. ________________

____

27. Last week, for example, the judge ruled in favor of a developer, despite the mother-in-law plea for a different verdict. ________________

28. Ten hours begging did no good at all. ________________

29. Tomorrow the judge will rule on the car show effect on the native animals habitat. ________________ ________________

30. The geese ecosystem is particularly sensitive to automotive exhaust.

____

Chamando Todos os Conquistadores: Prática Extra com os Apóstrofos

A lista de afazeres de Marty, mostrada na Figura 6-1, precisa de uma bela revisão. Verifique os apóstrofos. Encontre nove locais em que o apóstrofos deveriam ter sido usados e dez locais em que devem ser excluídos.

Thing's to Do This Week

A. Call Johns doctor and arrange for a release of annual medical report.

B. Check on last springs blood pressure number's to see whether they need to be changed.

C. Ask John about his rodent problem's.

D. Find out why network's cant broadcast Tuesdays speech live, as John needs prime-time publicity.

E. Ask whether his' fondness for long speeches' is a problem.

F. Send big present to network president and remind him that you are both Yale 06.

G. Order bouquet's for secretary and National Secretaries Week card.

H. Rewrite speech on cat litter' to reflect sister-in-laws ideas'.

I. Tell opposing managers assistant that "you guys wouldnt stand a chance" in the old day's.

Figura 6-1: Simulação de uma lista de afazeres repleta de erros no uso dos apóstrofos.

Respostas para os Problemas com Apóstrofos

Você caiu em alguma armadilha nos exercícios deste capítulo? Confira suas respostas para saber.

1 **aren't.** A contração exclui a letra *o*, e a substitui por um apóstrofo.

2 **I'm, you'll.** Na primeira contração, o apóstrofo substitui a letra *a*. Na segunda, ele substitui as letras *w* e *i*.

3 **won't.** Esta contração é irregular porque não há troca de letra por apóstrofo. Não tem lógica.

4 **Don't.** Remova o espaço entre as duas palavras, elimine a letra *o* e insira o apóstrofo.

5 **You're, don't.** A primeira contração soa exatamente como o pronome *your*. Não confunda.

6 **would've, wouldn't.** Cuidado com a primeira contração, muitas pessoas, equivocadamente, revertem a contração como sendo *would of* (ao invés da versão correta *would have*). Na segunda contração, *wouldn't*, substitua a letra o pelo apóstrofo.

7 **can't.** Você sabia que *cannot* se escreve em uma só palavra? A contração também é uma só palavra, com o apóstrofo substituindo as letras *n* e *o*.

8 **he's.** A mesma contração funciona para *he is* (como na oração) e para *he has*.

9 **I'd.** Exclua as letras *woul*.

10 **you'd.** A mesma contração funciona para *would* (como na oração) e para *you had*.

11 **She's.** O apóstrofo substitui a letra *i*.

12 **could've.** Cuidado ao reverter essa contração. Um erro comum é escrever *could of*, uma expressão totalmente proibida.

13 **´99.** Uma data pode ser abreviada. Certifique-se, apenas, de que o contexto da oração não leve o leitor a imaginar que se trata de um século diferente (2099, talvez). Aqui está perfeitamente claro, já que não estamos próximos do ano 2099, nem de 1899.

14 **´06.** Sem muita chance de confusão para o leitor sobre quais números foram omitidos (a menos que ele ou ela seja muito velha).

15 **We´re, we´ll.** O apóstrofo substitui a letra *a e* depois as letras *wi*.

16 **Carol´s, tonight´s.** Carol é a dona do carro, então você precisa inserir um apóstrofo e um *s* para expressar a posse. A segunda resposta ilustra uma expressão de posse envolvendo tempo/dinheiro.

17 **three months´.** A quantidade de tempo e de dinheiro podem ser expressas na forma de posse. Como estamos falando de *months*, plural, o apóstrofo deve vir depois do *s*.

18 **Jess and Marty´s.** A oração nos diz que os garotos são donos dos pneus juntos, então apenas um apóstrofo é necessário. Ele deve vir após o nome do último proprietário. O pronome possessivo *her*, como todos os pronomes possessivos, não tem apóstrofo.

19 **boys´, sister-in-law´s.** A posse de um plural só precisa de um apóstrofo depois do *s* nas formas regulares, aquelas que terminam em *s*. Substantivos compostos também são fáceis, basta acrescentar o apóstrofo e um *s* no final.

20 **Jill´s, brothers´.** A primeira forma é singular, então, basta acrescentar um apóstrofo e um *s*. A segunda forma é um plural regular, basta adicionar o apóstrofo.

21 **a day´s, Children´s.** A primeira forma se enquadra na categoria tempo/dinheiro, e porque *day* é singular, acrescente um apóstrofo e um *s*. A segunda é um plural irregular (não terminado em *s*), então acrescente um apóstrofo e um *s*.

22 **car´s.** Uma forma possessiva singular requer um apóstrofo e um *s*.

23 **Jess´s and Marty´s.** Tudo bem, os irmãos são muito amigos, mas tudo tem limite e cada um tem sua própria escova de dente. Cada um tem uma escova, então os dois nomes precisam de apóstrofo.

DICA

Se a palavra termina em *s* (*Jess*, por exemplo), acrescente um apóstrofo e outro *s*. Cuidado para não cuspir saliva ao falar essa palavra. Algumas pessoas apenas adicionam o apóstrofo (*Jess´*), mesmo que, tecnicamente falando, estejam omitindo o outro *s*. Gramáticos normalmente permitem esta prática, talvez porque eles também não gostem de cuspir. Exceto nas situações mais formais, ambas as formas são aceitáveis.

24 **helpers´.** Para criar o possessivo plural de uma palavra terminada em *s*, basta acrescentar o apóstrofo.

25 **judge´s, two thousand dollars´.** A primeira resposta é um possessivo simples, singular, então um apóstrofo e a letra *s* bastam. A segunda é um possessivo de tempo/dinheiro e *two thousand dollars* é plural, então apenas o apóstrofo é necessário.

26 **Carol´s, court´s.** Essas duas palavras são singulares, então acrescente o apóstrofo e o *s* em ambas.

27 **mother-in-law´s.** O apóstrofo e a letra *s* acompanham a última palavra do termo com hífen.

28 **Ten hours´.** O apóstrofo cria uma expressão que significa *ten hours of begging*. Já que *hours* é plural, apenas um apóstrofo é acrescentado.

29 **car show´s, animals´.** A primeira é um possessivo singular e a segunda é plural.

30 **geese´s.** A palavra *geese* é um plural irregular. Neles, um apóstrofo e a letra *s* devem ser acrescentados.

31 ***Thing~~'~~s to Do This Week***

32 A. Call John's doctor and arrange for a release of annual medical report.

33 B. Check on last spring's blood pressure number~~'~~s to see whether they 34

need to be changed.

C. Ask John about his rodent problem~~'~~s. 35

36 D. Find out why network~~'~~s can't broadcast Tuesday's speech live, as John 38

37 needs prime-time publicity.

39 E. Ask whether his~~'~~ fondness for long speeches~~'~~ is a problem. 40

F. Send big present to network president and remind him that you are

41 both Yale '06.

42 G. Order bouquet~~'~~s for secretary and National Secretaries' Week card. 43

44 H. Rewrite speech on cat litter~~'~~ to reflect sister-in-law's ideas~~'~~. 45 46

47 I. Tell opposing manager's assistant that "you guys wouldn't stand a 48

49 chance" in the old day~~'~~s.

31 Palavras plurais que não expressem posse não precisam de apóstrofo, então exclua o apóstrofo de *Things*.

32 O doutor pertence ao John (figura de expressão), então o apóstrofo é necessário para demonstrar posse.

33 Esta expressão de tempo (*spring´s*) requer um apóstrofo antes do *s*.

34 *Numbers* é um plural, não uma forma possessiva, então não deveria ter apóstrofo.

35 Um plural simples (que não seja possessivo, nem um numeral, e assim por diante) não requer apóstrofo, então *problems* não deveria ter apóstrofo.

36 *Networks* não tem posse alguma aqui, então não é necessário um apóstrofo neste plural.

37 Nesta contração (*can´t*), o apóstrofo substitui as letras *n* e *o*.

38 Expressões de tempo, às vezes, usam apóstrofos, como em *Tuesday´s*.

39 Pronomes possessivos não têm apóstrofos, então *his* é a palavra que você quer.

40 Um plural (*speeches*) não tem apóstrofo.

41 Números omitidos (neste caso, *20*) são sustituídos por um apóstrofo.

42 Uma forma plural simples (*bouquets*) não tem apóstrofo.

43 Esta forma possessiva plural — *secretaries* "possuem" a semana, simbolicamente — requer um apóstrofo depois do *s*.

44 Nesta oração, *litter* não é possessivo e não precisa de apóstrofo.

45 Uma forma singular composta requer um apóstrofo e um *s* para se tornar possessiva, então *sister-in-law´s* é a resposta correta.

46 O substantivo plural *ideas* não é possessivo, então não deveria ter o apóstrofo.

47 Um possessivo singular é criado com o acréscimo de um apóstrofo e um *s*.

48 Nesta contração, a letra omitida, *o*, é substituída por um apóstrofo.

49 *Days* é apenas um plural, não um possessivo, então não requer apóstrofo.

Capítulo 7

"Deixe-me Falar": As Aspas

Neste Capítulo

- A diferença entre citar e parafrasear
- Pontuando orações contendo citações
- A pontuação de títulos de trabalhos literários e artísticos

As aspas podem ser um tanto confusas, pois seu uso está sujeito a diversas regras, muitas das quais surgidas do costume e não da lógica. Mas se você se esforçar um pouco, desvendará os segredos para usas este sinal de pontuação de forma adequada.

Aspas envolvem palavras tiradas da fala ou da escrita de outra pessoa e, na ficção, indicam quando um personagem está falando. Entretanto, elas não devem aparecer em uma oração que resuma aquilo que foi dito ou escrito por alguém, sem repetir a ideia, palavra por palavra. Elas ainda envolvem o título de alguns tipos de trabalhos literários ou de arte, podem indicar o uso de gíria ou dizer ao leitor que o autor do texto não concorda com as palavras expressas entre aspas. Neste capítulo, colocamos as aspas para trabalhar em todas estas situações. Que sorte!

Citar e Parafrasear: Qual a Diferença?

Vou lhe contar um pouco sobre mim: *I love Jane Austen´s novels and read all six once a year.* Se você quiser divulgar essa informação ao meu respeito, tem duas opções:

> "I love Jane Austen´s novels and read all six once a year," escreveu Woods.
>
> *Woods explained that she enjoys Jane Austen´s writing and works her way through Austen´s six novels annually.*

O primeiro exemplo é uma citação direta. Minhas palavras exatas estão dentro das aspas. O segundo é uma paráfrase. O sentido do que escrevi está lá, mas as palavras são um pouco diferentes. Não é preciso que você saiba todos estes termos. O que você precisa saber é que são as citações, não as paráfrases, que devem ser inseridas entre aspas.

Mesmo quando estiver parafraseando, você ainda precisa mencionar as fontes da informação e das ideias que não forem produto de suas próprias reflexões. O formato da citação possui mais regras em inglês do que o Código Tributário.

Agora, tente diferenciar entre citações e paráfrases. Abaixo, há um pequeno parágrafo de um artigo de jornal fictício. Depois da história, há algumas frases sobre algo do parágrafo. Com base no parágrafo e no que você conseguir inferir a partir dele, escreva "citação" se qualquer parte da oração for uma citação. Caso contrário, escreva "paráfrase". Para dificultar um pouco seu trabalho, omiti as aspas de todas as questões. Em um texto real, as aspas teriam que aparecer.

> A stunningly positive annual report for Jump-Thru Hoops International, Inc., is due tomorrow. According to inside sources who wish to remain anonymous, the company will announce that profits have nearly doubled in the last year. The increase is credited to the company's newest product, the Talking Hoop. Buyers moving the hoop around their hips hear a drill sergeant screaming commands as they exercise. Company officials have high hopes for their next product, Ring-Tone Hoops.

P. The Talking Hoop has been so successful that the company has made twice as much money this year as it did last year. ________________

R. **Paráfrase.** A informação é do parágrafo, mas as palavras são diferentes.

1. Jump-Thru Hoops International plans to market a hoop with ring tones.
____

2. The company is doing well, and profits have nearly doubled in the last year. ________________

3. Go faster, Private! is what you hear when you're playing with this hoop.
____

4. The annual report should give shareholders cause for celebration.
____

5. Our best-selling product is the Talking Hoop, said Max Hippo, the president. ________________

6. The Talking Hoop is used for exercise. ________________

Dando Voz às Citações Diretas

A regra básica que rege as citações é simples: use aspas nas palavras retiradas diretamente da fala ou escrita de outra pessoa, ou, se estiver escrevendo o mais novo romance de sucesso, use as aspas para envolver os diálogos. A parte complicada é a interação entre as aspas e outros sinais de pontuação, como as vírgulas, pontos finais e outros. Ainda é preciso levar em conta o fato de que as regras podem variar um pouco em situações diferentes. A vírgula deve aparecer em um lugar, num artigo sobre psicologia, por exemplo, e em outro, em uma redação. Abaixo estão as regras mais comumente aceitas, úteis em quase todas as situações:

- **Se a citação tiver um identificador, os chamados verbos dicendi (*he murmured*, *she screamed*, e assim por diante), eles precisam ser separados da citação por uma vírgula.**
  - Se o *dicendi* aparece **antes** da citação, a vírgula vem *antes* das aspas de abertura: *Sharon sighed, "I hate hay fever season."*
  - Se o dicendi estiver ***após*** a citação, a vírgula vai *dentro* das aspas de fechamento: *"What a large snout you have," whispered Joe lovingly.*
  - Se o *dicendi* aparecer ***no meio*** da citação, a vírgula é colocada antes das primeiras aspas de fechamento e imediatamente após o dicendi: *"Here's the handkerchief," said Richard, "that I borrowed last week."*
- **Se a citação terminar a oração, o ponto vai dentro das aspas de fechamento.** *Joe added, "I would like to kiss your giant ear."*
- **Se a citação é uma pergunta ou exclamação, o ponto de interrogação ou de exclamação vai dentro das aspas de fechamento.** *"Why did you slap me?" asked Richard. "I was complimenting you!"*

  Pontos de interrogação e exclamação servem como pontuação final da oração, então você não precisa adicionar um ponto final após as aspas.
- **Se a citação *não é* uma pergunta *nem uma* exclamação, mas a *oração* na qual a citação aparece é, o ponto de interrogação ou exclamação vai *fora* das aspas de encerramento.** *I can't believe that Joe said he's "a world-class lover"! Do you think Sharon will ever get over his "sweet nothings"?*

DICA

Se a citação estiver dentro de uma oração sem dicendi, como nas duas últimas frases de exemplo, não há vírgula separando a citação do restante da oração. A citação também não começa com letra maiúscula. Citações com dicendi, por outro lado, sempre começam com uma letra maiúscula, independentemente de onde eles estejam na oração. Em uma citação interrompida (dicendi no meio), a primeira palavra da primeira metade da citação recebe inicial maiúscula, mas a primeira palavra da segunda metade não, a não ser que seja um nome próprio.

PRATIQUE

Chega de explicações. Pise fundo em cada uma das seguintes frases. Seu trabalho é identificar as citações diretas, e aplicar a pontuação correta, na ordem apropriada e nos lugares devidos. Para facilitar sua vida, inclui informações adicionais entre parênteses ao final das orações e sublinhei as palavras da citação. Para dificultar, omiti as pontuações finais (ponto final, interrogação e exclamação).

P. <u>The annual company softball game is tomorrow</u> declared Becky.

R. **"The annual company softball game is tomorrow," declared Becky.** Você só acertou se colocou a vírgula dentro das aspas.

7. I plan to pitch added Becky, who once tried out for the Olympics
8. Andy interrupted As usual, I will play third base
9. No one knew how to answer Andy, who in the past has been called overly sensitive
10. Gus said No one wants Andy at third base
11. Who wants to win asked the boss in a commanding, take-no-prisoners tone
12. Did she mean it when she said that we were not hard-boiled enough to play decently
13. Sarah screamed You can't bench Andy (A declaração de Sarah é uma exclamação.)
14. The opposing team, everyone knows, is first in the league and last in our company's heart (A declaração inteira sobre o time oponente é uma exclamação.)
15. The odds favor our opponents sighed Becky but I will not give up
16. The league states that all decisions regarding player placement are subject to the umpirc's approval
17. The umpire has been known to label us out-of-shape players who think they belong in the Olympics (a menção do árbirto é uma citação direta)
18. Do you think there will be a rain delay inquired Harry, the team's trainer
19. He asked Has anyone checked Sue's shoes to make sure that she hasn't sharpened her spikes again
20. Surely the umpire doesn't think that Sue would violate the rule that fair play is essential (Imagine que o autor da oração está exclamando.)
21. Sue has been known to cork her bat commented Harry
22. The corking muttered Sue has never been proved

Pontuando Títulos

Pontuar títulos é fácil, especialmente se você é fã de esportes. Imagine um jogador de basquete, com mais de dois metros e dez. Próximo a ele, coloque um jóquei; a maioria dos jóqueis tem cerca de um metro e meio. Captou a imagem? Bom. Ao decidir como pontuar um título, descubra se você está lidando com Yao Ming (jogador da NBA) ou Mike Smith (jóquei do Derby), utilizando estas regras:

- **Títulos de obras completas aparecem em itálico ou sublinhado:** o jogador de basquete representa essas obras — romances, revistas, séries de TV, peças, poemas épicos, filmes e similares. Os títulos destas obras podem aparecer em itálico (no computador) ou sublinhados (em escritos à mão).

- **Títulos de trabalhos menores, que fazem parte de uma obra mais ampla são inseridos entre aspas.** O jóquei, por outro lado, representa os trabalhos menores ou partes de um todo — um poema, um conto, um único episódio de um programa de TV, uma canção, um artigo — você entendeu a ideia. Os títulos destes pequeninos não são colocados em itálico ou sublinhados; eles devem aparecer entre aspas.

Estas regras se aplicam a títulos que estão inseridos em frases. Títulos centralizados, sozinhos no topo da página, não recebem tratamento especial: não aparecem em itálico, sublinhado ou entre aspas.

Quando um título entre aspas é parte de uma oração, algumas vezes, ele acaba se deparando com outros sinais de pontuação. As regras do inglês americano padrão (no britânico é diferente) requerem que todas as vírgulas ou pontos finais depois do título sejam colocadas dentro das aspas. Então, se o título é a última coisa da oração, o ponto final da oração vem antes da aspa de fechamento. Pontos de interrogação e de exclamação, por outro lado, não são inseridas nas aspas, a menos que façam parte do título.

Quando um título que termina com um ponto de interrogação for a última parte da oração, o ponto de interrogação termina a oração. Não coloque um ponto final e um ponto de interrogação no final da mesma oração.

Tudo preparado para uma volta de treinamento? Verifique os títulos nesta série de frases. Coloque as aspas envolta dos títulos, caso necessário, adicionando pontuações finais onde for preciso; caso contrário, sublinhe o título. Aqui e lá, encontrará parênteses no final da oração, onde encontrará informações úteis.

P. **Have you read Sarah's latest poem, Sonnet for the Tax Assessor** (a oração é uma pergunta, mas o título não).

R. **Have you read Sarah's latest poem, "Sonnet for the Tax Assessor"?** O título de um poema recebe aspas. Os pontos de interrogação não aparecem dentro das aspas, salvo quando o próprio título for uma pergunta.

23. Sarah's poem will be published in a collection entitled Tax Day Blues

24. Mary's fifth best-seller, Publish Your Poetry Now, inspired Sarah.

25. Some of us wish that Sarah had read the recent newspaper article, Forget About Writing Poetry

26. Julie, an accomplished violinist, has turned Sarah's poem into a song, although she changed the name to Sonata Taxiana

27. She's including it on her next CD, Songs of April

28. I may listen to it if I can bring myself to turn off my favorite television show, Big Brother and Sister

29. During a recent episode titled Sister Knows Everything, the main character broke into her brother's blog.

30. In the blog was a draft of a play, Who Will Be My First Love?

Chamando Todos os Conquistadores: Prática Extra com Aspas

A clássica composição de Tommy Brainfree está reproduzida na Figura 7-1. Identifique dez pontos onde um conjunto de aspas precise ser inserido. Coloque as aspas corretamente em relação às outras pontuações da oração. Sublinhe os títulos onde for apropriado.

What I Did during Summer Vacation

by Tommy Brainfree

This summer I went to Camp Waterbug, which was the setting for a famous poem by William Long titled Winnebago My Winnebago. At Camp Waterbug I learned to paddle a canoe without tipping it over more than twice a trip. My counselor even wrote an article about me in the camp newsletter, Waterbug Bites. The article was called How to Tip a Canoe. The counselor said, Brainfree is well named. I was not upset because I believed him (eventually) when he explained that the comment was an editing error.

Are you sure? I asked him when I first read it.

You know, he responded quickly, that I have a lot of respect for you. I nodded in agreement, but that night I placed a bunch of frogs under his sheets, just in case he thought about writing How to Fool a Camper. One of the frogs had a little label on his leg that read JUST KIDDING TOO.

At the last campfire gathering I sang a song from the musical Fiddler on the Roof. The song was called If I Were a Rich Man. I changed the first line to If I were a counselor. I won't quote the rest of the song because I'm still serving the detention my counselor gave me, even though I'm back home now.

Figura 7-1: Redação sem o uso das aspas.

Respostas para os Problemas com Aspas

É hora de verificar seus conhecimentos no uso das aspas. Estou orgulhosa de você por enfrentar os exercícios complexos deste capítulo. Pode me citar em suas frases!

1. **Paráfrase.** Nada na sentença reproduz o texto do parágrafo.

2. **Citação.** A expressão "have nearly doubled in the past year" vem diretamente do texto e deve ser inserida entre aspas.

3. **Citação.** Embora o parágrafo não diga o que o sargento instrutor disse, podemos inferir que "Go faster, Private!" é uma citação, e por isso deve vir entre aspas.

4. **Paráfrase.** Procure por essas palavras no parágrafo e verá que elas não aparecem lá.

5. **Citação.** A primeira parte da frase, até a parte com a palavra *said*, reproduz as exatas palavras de Max Hippo.

6. **Paráfrase.** As palavras nesta frase não foram extraídas diretamente do parágrafo, então são uma paráfrase.

7. **"I plan to pitch," added Becky, who once tried out for the Olympics.** As palavras citadas diretamente, *I plan to pitch*, devem vir dentro de aspas. A vírgula que separa o dicendi *added Becky* vai dentro das aspas de fechamento. Um ponto final encerra a frase.

8. **Andy interrupted, "As usual, I will play third base."** O dicendi vem primeiro nesta oração, então, a vírgula é colocada antes das aspas de abertura. O ponto que encerra a oração vai dentro das aspas de fechamento.

9. **No one knew how to answer Andy, who in the past has been called "overly sensitive."** A citação é curta, mas ainda merece aspas. O ponto final da oração está colocado antes das aspas de fechamento. Perceba que esta oração não possui dicendi, então não é precedida por vírgula e não começa com inicial maiúscula.

10. **Gus said, "No one wants Andy at third base."** O dicendi é seguido por vírgula e um ponto final encerra a oração.

11. **"Who wants to win?" asked the boss in a commanding, take-no-prisoners tone.** Já que as palavras citadas estão em uma pergunta, o ponto de interrogação aparece antes das aspas de fechamento.

12. **Did she mean it when she said that we were "not hard-boiled enough to play decently"?** As palavras citadas não são uma pergunta, mas a oração inteira é. O ponto de interrogação deve estar do lado de fora das aspas de fechamento.

DICA

Se ambas, oração e citação, forem perguntas, o ponto de interrogação deve estar dentro e próximo à aspa de fechamento.

13. **Sarah screamed, "You can't bench Andy!"** Uma vírgula separa o dicendi (*Sarah screamed*) do restante da oração e antecede as aspas de abertura. Por ser a citação uma exclamação, o ponto de exclamação deve estar dentro e próximo à aspa de fechamento.

14 **The opposing team, everyone knows, is "first in the league and last in our company's heart"!** A dica entre parênteses traz a lógica da resposta. A declaração toda é uma exclamação, por isso, o ponto de exclamação vai fora da aspa de fechamento.

15 **"The odds favor our opponents," sighed Becky, "but I will not give up."** Aqui está uma citação interrompida, com o dicendi no meio. Este tipo de interrupção é perfeitamente adequada. O texto citado forma uma única oração, então a segunda metade começa com letra minúscula.

16 **The league states that "all decisions regarding player placement are subject to the umpire's approval." Esta pequena citação** está inserida em uma oração sem um dicendi, então não requer vírgula nem letra maiúscula. O ponto final no fim da oração fica dentro da aspa de fechamento.

17 **The umpire has been known to label us "out-of-shape players who think they belong in the Olympics."** Ah sim, a alegria do esporte amador! Esta citação está inserida na oração sem um dicendi, então a primeira palavra não começa com letra maiúscula e não é precedida por vírgula. Ela termina com um ponto final, que fica dentro da aspa de fechamento.

18 **"Do you think there will be a rain delay?" inquired Harry, the team's trainer.** As palavras de Harry formam uma pergunta, então o ponto de interrogação vai dentro da aspa de fechamento.

19 **He asked, "Has anyone checked Sue's shoes to make sure that she hasn't sharpened her spikes again?"** O dicendi *He asked* inicia a oração. Ele aparece separado por uma vírgula, que precede as aspas de abertura. As palavras citadas são uma pergunta, então a interrogação aparece dentro das aspas de fechamento.

20 **Surely the umpire doesn't think that Sue would violate the rule that fair play is "essential"!** Certo, os parênteses dizem que o escritor está exclamando. Toda a oração é uma exclamação, e as palavras citadas são brandas, então o ponto de exclamação pertence à oração, não à citação. Coloque-o fora das aspas de fechamento.

21 **"Sue has been known to cork her bat," commented Harry.** Uma declaração direta com dicendi commented Harry requer uma vírgula dentro das aspas de fechamento. A citação é uma frase completa. Nas palavras citadas, o ponto final que normalmente encerra a oração é substituído pela vírgula, pois a oração continua — neste caso, com *commented Harry.* Os pontos finais não podem aparecer no meio de uma oração, a menos que sejam parte de uma abreviação.

22 **"The corking," muttered Sue, "has never been proved."** Um dicendi divide a citação e é separado do restante da oração por vírgulas. A vírgula depois de *corking* vai dentro das aspas, pois quando você está terminando uma citação ou parte de uma, a vírgula ou ponto final sempre ficam dentro. O mesmo vale para o fim da oração; o ponto final precisa ser inserido dentro das aspas de fechamento.

23 **<u>Tax Day Blues</u>.** Se é uma coleção, é uma obra completa e não deve aparecer entre aspas, mas sublinhadas, quando manuscritas ou em itálico, quando usamos o computador.

24 **Publish Your Poetry Now.** O nome de um livro deve ser sublinhado.

25 **"Forget About Writing Poetry."** O título de um artigo deve vir entre aspas. O ponto final depois da citação ou de um título entre aspas deve vir dentro das aspas de fechamento.

26 **"Sonata Taxiana."** O ponto final sempre deve vir dentro das aspas de fechamento, ao menos nos Estados Unidos. No Reino Unido, o ponto final em geral aparece do lado de fora, jogando cricket. A parte do cricket é brincadeira. Aqui usamos as aspas, pois "Sonata Taxiana" não é uma obra completa.

27 **Songs of April.** Um CD é um trabalho completo, então o título deve vir sublinhado ou, melhor ainda, em itálico.

28 **Big Brother and Sister.** O título da série completa é sublinhado. (Você também pode usar itálico se estiver digitando.) O título de um episódio individual deve aparecer entre aspas.

29 **"Sister Knows Everything,"** O título do episódio deve vir entre aspas. O título da série recebe itálico (ou sublinhado, se estiver escrevendo à mão). A vírgula depois da expressão introdutória deve vir dentro das aspas.

30 **Who Will Be My First Love?** Uma pergunta faz parte do título, que deve ser sublinhado, pois a peça é uma obra completa.

What I Did during Summer Vacation

by Tommy Brainfree

This summer I went to Camp Waterbug, which was the setting for a
31 famous poem by William Long titled "Winnebago My Winnebago." At
Camp Waterbug I learned to paddle a canoe without tipping it over more
than twice a trip. My counselor even wrote an article about me in the camp
32 newsletter, Waterbug Bites. The article was called "How to Tip a Canoe." 33
The counselor said, "Brainfree is well named." I was not upset because I 34
believed him (eventually) when he explained that the comment was an
editing error.

35 "Are you sure?" I asked him when I first read it.

36 "You know," he responded quickly, "that I have a lot of respect for
you." I nodded in agreement, but that night I placed a bunch of frogs under 37
his sheets, just in case he thought about writing "How to Fool a Camper." 38
One of the frogs had a little label on his leg that read "JUST KIDDING
39 TOO."

At the last campfire gathering I sang a song from the musical Fiddler
40 on the Roof. The song was called "If I Were a Rich Man." I changed the 41
first line to "If I were a counselor." I won't quote the rest of the song 42
because I'm still serving the detention my counselor gave me, even though
I'm back home now.

31 Poemas devem vir dentro de aspas. O título de uma coleção de poemas, por outro lado, precisam vir sublinhados.

32 O título de um panfleto deve aparecer sublinhado.

33 O título de um artigo deve vir entre aspas. O ponto final no fim da oração deve aparecer dentro das apas de fechamento.

34 Uma citação direta deve vir dentro de aspas, com o ponto final dentro das aspas de fechamento.

35 As palavras citadas formam uma pergunta, então o ponto de interrogação deve vir dentro das aspas.

36 A citação interrompida com um dicendi no meio precisa de dois conjuntos de aspas. A vírgula no final da primeira parte da citação vai dentro das aspas de fechamento.

37 O ponto final, no final da oração citada, deve vir dentro das aspas de fechamento.

38 Outro título de artigo, outro conjunto de aspas. O ponto final deve vir dentro das aspas.

39 Esta citação reproduz as exatas palavras do texto e, portanto, requer aspas. O ponto final deve vir dentro das aspas.

40 O título de uma peça, uma obra completa, precisa aparecer em itálico ou sublinhado.

41 O título de uma canção precisa estar dentro de aspas.

42 As citações das frases de uma canção precisam aparecer entre aspas.

Capítulo 8

Chegando ao Grande Momento: Letras Maiúsculas

Neste Capítulo

- Escolhendo iniciais maiúsculas para nomes e títulos profissionais
- Identificando termos acadêmicos e de negócios que devem ter inicial maiúscula
- Descobrindo quando usar iniciais maiúsculas em títulos de obras
- Trabalhando com as novas mídias: letras maiúsculas em textos, e-mails e apresentações de slides
- Determinando quando as abreviações usam maiúsculas

A maior parte das pessoas sabe o básico sobre o uso de letras maiúsculas: elas são necessárias para nomes próprios, o pronome pessoal *I* e a primeira letra de uma oração. Os problemas surgem em pontos mais específicos no uso das maiúsculas — em citações (discutidas no Capítulo 7), títulos (tanto de pessoas quanto de publicações e obras), abreviações, apresentação de slides, e-mails e termos escolares e de negócio. Não tema. Neste capítulo, você pratica todos esses tópicos.

CUIDADO!

Os maiores criadores de estilo do mundo da gramática (sim, a gramática tem estilos, e não, os gramáticos não estão imunes às tendências) às vezes discordam sobre o que deve ou não ter inicial maiúscula. Neste livro, sigo o estilo mais comum. Se estiver escrevendo para uma publicação específica ou para um professor em particular, você pode querer verificar qual o livro de regra com dez quilos (também conhecido como manual de estilo) deve seguir. Os mais comuns são aqueles manuais publicados pela *MLA – Modern Language Association* (para textos acadêmicos na área de humanas), a *APA – American Psychological Association* (para textos científicos e sociologia) e a *CMS – University of Chicago* (textos de interesse geral e publicações acadêmicas).

Curvando-se à Convenção e à Etiqueta: Nomes e Títulos de Pessoas

Seu nome é sempre grafado com maiúscula, mas títulos são uma outra história. As regras gerais são:

- **Um título precedendo e acompanhado do nome tem inicial maiúscula** (*Mr. Smith, Professor Wiley*). As palavras pequenas e sem importância nos títulos (*a*, *the*, *of* e similares) estão sempre em minúsculas (*Head of School Barker*).
- **Títulos escritos após ou sem um nome geralmente não usam maiúscula** (*George Wiley, professor of psychology*).
- **Títulos de importância nacional ou internacional podem ser grafados em maiúscula, mesmo quando usados sem o nome** (*President, Vice President, Secretary-General*). Alguns manuais de estilo optam pela letra minúscula independentemente da importância.
- **Relações familiares usam inicial maiúscula quando são usados no lugar do nome próprio** ("That building was designed by Mom", mas "My mother is an architect").

Agora que já captou a ideia, teste o que aprendeu. Nas frases a seguir, acrescente letras maiúsculas onde forem necessárias. Risque as letras maiúsculas usadas indevidamente e as substitua por minúsculas. Fique bem atento, nem todas as frases têm erro!

P. The reverend archie smith, Chief Executive of the local council, has invited senator Bickford to next month's fundraiser.

R. **Reverend, Archie, Smith, chief, executive, Senator.** Nomes próprios são sempre grafados com maiúscula, então, *Archie Smith* precisa de maiúsculas. *Reverend* e *Senator* precedem nomes *(Archie Smith e Bickford)* e agem como parte do nome da pessoa, não apenas uma descrição de sua função. Assim, devem ser escritos com inicial maiúscula. O título *chief executive* vem após o nome e não é escrito com maiúscula.

1. Yesterday mayor Victoria Johnson ordered all public servants in her town to conserve sticky tape.

2. Herman harris, chief city engineer, has promised to hold the line on tape spending.

3. However, the Municipal Dogcatcher, Agnes e. Bark, insists on taping reward signs to every tree.

4. My Sister says that the signs placed by dogcatcher Bark seldom fall far from the tree.

5. Did you ask mom whether ms. Bark's paper detaches?

6. Few Dogcatchers care as much as agnes about rounding up lost dogs.
7. The recent dog-show champion, BooBoo, bit uncle Lou last week.
8. My Brother thinks that he wouldn't have been hurt had Agnes found BooBoo first.
9. The Mayor's Cousin, who owns a thumbtack company, has an interest in substituting tacks for tape.
10. Until the issue is resolved, Agnes, herself the chief executive of Sticking, Inc., will continue to tape.
11. Sticking, Inc., has appointed a new Vice President to oversee a merger with Thumbtack, Inc.
12. Vice president Finger of Thumbtack, Inc., is tired of jokes about his name.
13. When he was appointed Chief Financial Officer, George Finger asked grandma Finger for advice.
14. George's aunt, Alicia Bucks, had little sympathy for Finger, who is her favorite Nephew.
15. With a name like Bucks, she explained, everyone thinks you should work as a Bank President.
16. Finger next asked reverend Holy how he dealt with his unusual name.
17. However, Holy, who has been a Bishop for twelve years, shrugged off the question.
18. "My Brother is The Manager of the New Jersey Devils hockey team," Bishop Holy remarked.
19. Reginald Holy joined the Devils twenty years ago as a Player Development Director.
20. Holy hopes to be appointed President of the National Hockey League someday.

Trabalhando com Termos Acadêmicos e de Negócios

Seja você um estudante ou um profissional, deve tomar cuidado para usar as maiúsculas corretamente. Surpreendentemente, o mundo dos negócios e o acadêmico têm muito em comum:

- **O lugar onde tudo acontece:** use inicial maiúscula no nome da companhia ou escola (*Superlative Widgets International* ou *University of Rock and Roll*, por exemplo). Palavras genéricas que podem se referir a um número de empresas ou instituições acadêmicas (*university*, *conglomerate* e assim por diante) são escritas com minúscula.

- **Unidades de trabalho:** atividades profissionais (*management* ou *advertising*) e tarefas acadêmicas, termos e disciplinas (como *research*, *sophomore* e *history*) não recebem inicial maiúscula. O nome de um departamento específico (*Research and Development Division*, *Department of Cultural Anthropology*) pode receber inicial maiúscula. Nomes de projetos (*the Zero Task Force*) e nomes de cursos (*Psychological Interpretations of Belly-Button Rings*) são escritos com inicial maiúscula.

  Títulos de cursos e nomes de empresas ou instituições recebem inicial maiúscula de acordo com as regras de "estilo de cabeçalho" dos títulos, que descrevo em "Maiúsculas em Títulos de Literatura e Trabalhos de Mídia", mais adiante neste capítulo. Para resumir, inicie com maiúscula a primeira palavra, todos os substantivos, verbos e qualquer palavra importante no título. Palavras curtas e que expressam relação como *of*, *for*, *by* e *from* não recebem inicial maiúscula, nem artigos como *a*, *an* e *the*.

- **Produtos:** termos gerais para itens produzidos ou vendidos (*widgets*, *guarantees*, *consultation fee*) não recebem inicial maiúscula. Títulos ou comendas acadêmicas (*master's* ou *fellowship*). Se uma marca específica for nomeada, no entanto, use letras maiúsculas (*Columbus Award for Round-Trip Travel ou Universal Widget Lever*).

Algumas empresas mudam os padrões de uso de maiúsculas (*eBay* e *iPAd*, por exemplo). Como profissional, não fico satisfeita, mas pessoas (e companhias) têm o direito de arruinar — desculpe — escolher seus próprios nomes.

Agora que você já sabe o básico, tente fazer estes exercícios. Se uma palavra precisar de letra maiúscula, risque a letra grafada incorretamente e insira a letra maiúscula. Se uma palavra estiver grafada com letra maiúscula indevidamente, risque a letra errada e insira uma letra minúscula. Você ainda pode encontrar frases corretas. Se encontrar, deixa-as como estão.

P. The eldest daughter of Matt Brady, founder of belly buttons international, is a senior at the university of southeast hogwash, where she is majoring in navel repair.

R. **Belly Buttons International, University of Southeast Hogwash.** O nome da companhia é grafado em maiúsculas, como o da escola. O nível da classe (*senior*) é escrito em minúscula, do mesmo modo, a especialização.

21. After extensive research, the united nose ring company has determined that freshmen prefer silver rings, except Psychology majors.

22. The spokesperson for the Company commented that "gold rocks the world" of future Psychologists.

23. "I wore a gold ring to the curriculum committee during the Spring Semester," explained Fred Stileless, who is the student representative to that committee and to the board of trustees.

24. "My gold ring was a turn off for juniors," explained Fred, who hasn't had a date since he was a senior at Smith And Youngtown United high school.

25. The Spokesperson surveyed competing Products, including a silver-gold combination manufactured by in style or else, inc., a division of klepto industrials, where every worker has a College Degree.

26. Klepto's Top-Seller Task Force sells rings to Students in fifty Countries on six Continents.

27. The Task Force claims that silver attracts attention and costs less, though the department of product development can't figure out the difference in the "attractive power" of various metals.

28. Stileless, who originally majored in chemistry, said that "introduction to fashion, a course I took in freshman year, opened my eyes to beauty and made me question my commitment to Science."

29. Stileless expects to receive a bachelor's degree with a concentration in jewelry marketing.

30. Import-export Companies plan to switch their focus from gold to silver.

Maiúsculas em Nomes de Obras Literárias e de Mídia

Se você escrever uma ode para dever de casa ou um estudo científico sobre os efeitos biológicos de provas excessivas, como usa as maiúsculas no título? A resposta depende do estilo que você estiver seguindo:

- **Trabalhos literários, criativos e de interesse geral recebem iniciais maiúsculas no "estilo de cabeçalho".** O estilo de cabeçalho especifica letras maiúsculas para a primeira e última palavra do título e subtítulo, bem como em todos os substantivos, verbos, palavras descritivas e quaisquer outras palavras que exijam ênfase. Os artigos (*a*, *an*, *the*) e as preposições (*among*, *by*, *for* e similares) geralmente usam minúscula. Os títulos dos capítulos da *Para Leigos* usam o estilo de cabeçalho.
- **Títulos de trabalhos científicos adotam o "estilo de oração",** que requer iniciais maiúsculas apenas na primeira palavra do título e do subtítulo e em substantivos próprios. Tudo mais é escrito com minúscula. (O título de um artigo científico em estilo de oração: "Cloning fruit flies: Hazards of fly bites.")

Pronto para trabalhar? Os seguintes títulos estão grafados sem qualquer letra maiúscula. Risque as letras erradas e insira maiúsculas onde forem necessárias. O estilo que deve seguir (cabeçalho ou oração) está especificado entre parênteses no fim de cada título. A propósito, títulos de trechos de obras maiores aparecem entre aspas. Títulos de obras completas estão em itálico. (Veja o Capítulo 7 para saber mais sobre pontuações de títulos.)

P. "the wonders of homework completed: an ode" *(cabeçalho)*

R. **"The Wonders of Homework Completed: An Ode"** A primeira palavra do título e do subtítulo (*The*, *An*) sempre recebem maiúscula. Bem como os substantivos (*Wonders*, *Homework*) e as palavras descritivas (*Completed*). A preposição (*of*) é mantida em minúscula.

31. moby duck: a tale of obsessive bird watching *(cabeçalho)*

32. "an analysis of the duckensis mobyous: the consequences of habitat shrinkage on population" *(oração)*

33. "call me izzy smell: my life as a duck hunter" *(cabeçalho)*

34. the duck and i: essays on the relationship between human beings and feathered species *(oração)*

35. duck and cover: a cookbook *(cabeçalho)*

36. "the duck stops here: political wisdom from the environmental movement" *(oração)*

37. duck up: how the duck triumphed over the hunter *(cabeçalho)*

38. "moby platypus doesn't live here anymore" *(cabeçalho)*

39. "population estimates of the platypus: an inexact science" *(oração)*

40. for the love of a duck: a sentimental memoir *(cabeçalho)*

Maiúsculas em Abreviações

O mundo das abreviações é um terreno fértil para confusão. Algumas publicações e instituições anunciam com orgulho que "*nós* não utilizamos maiúsculas em a.m.", enquanto outros declaram o oposto, escolhendo "AM" no lugar. Ambas formas estão corretas, mas não misture os formatos. E fique atento para o fato de que a versão em maiúsculas não usam pontos. É mais sábio pedir uma lista com as preferências de estilo usadas pela publicação. Estas são as orientações gerais para as abreviações:

- **Acrônimos** — formas criadas pela primeira letra de cada palavra (*NATO*, *UNICEF* e assim por diante) — recebem maiúsculas e nenhum ponto.
- **Iniciais e títulos** são grafados com iniciais maiúsculas e recebem pontos (*George W. Bush* e *Msgr. Sullivan*, por exemplo). Os três títulos mais comuns — *Mr.*, *Mrs.* e *Ms.* — são sempre escritos com inicial maiúscula e geralmente com pontos, embora a tendência dos escritores atuais seja ignorar o ponto.
- **Abreviações do latim** como *e.g.* (por exemplo) e *ibid.* (no mesmo lugar) são escritas em minúscula, porém terminam com ponto.

- **Abreviações de estados** — as abreviações com duas letras, em maiúsculas criadas pelo serviço postal *IN* (Indiana) e *AL* (Alabama).
- **Abreviações em textos ou tweets para amigos** pode ser informais, escritas sem maiúsculas ou pontos. Entretanto, essas formas devem ser evitadas quando escrevemos para alguém em quem queremos causar boa impressão — chefes, clientes ou professores.
- **Quando uma abreviação vem no fim da oração,** o ponto para a abreviação faz uma função dupla como pontuação final.

PRATIQUE

Muito bem, teste suas habilidades na abreviação. Verifique a palavra completa, que está em minúscula mesmo que requeira maiúscula. Veja se consegue criar a abreviação ou o acrônimo apropriado para as palavras a seguir, tomando o cuidado de usar maiúsculas quando necessário, e preenchendo as lacunas com suas respostas.

P. figure ____________

R. **fig.**

41. illustration ____________

42. before common era ____________

43. mister Burns ____________

44. united states president ____________

45. national hockey league ____________

46. reverend Smith ____________

47. new york ____________

48. Adams boulevard ____________

49. irregular ____________

50. incorporated ____________

Chamando Todos os Conquistadores: Prática Extra com Letras Maiúsculas

PRATIQUE

Utilize as informações deste capítulo para ajudá-lo a encontrar dez erros na utilização de letras maiúsculas na Figura 8-1, que é um extrato do que é, possivelmente, o pior resumo de livro já escrito.

Moby, the Life Of a Duck: A Book Report

If you are ever given a book about Ducks, take my advice and burn it. When i had to read *Moby Duck*, the Teacher promised me that it was good. She said that "Excitement was on every page." I don't think so! A duckling with special powers is raised by his Grandpa. Moby actually goes to school and earns a Doctorate in bird Science! After a really boring account of Moby's Freshman year, the book turns to his career as a Flight Instructor. I was very happy to see him fly away at the end of the book.

Figura 8-1: Exemplo de resumo de livro de um leitor nem um pouco entusiasmado.

Respostas para os Problemas de Maiúsculas

Agora que já queimou os miolos para responder às questões sobre letras maiúsculas, confira as respostas para saber como se saiu.

1 **Mayor.** Títulos que aparecem antes de um nome recebem inicial maiúscula; substantivos comuns, como *servants* e *tape*, não.

2 **Harris.** Nomes recebem maiúsculas, mas títulos escritos após os nomes, geralmente, não.

3 **municipal dogcatcher, E.** O título nesta oração não está acompanhando o nome; na verdade, ele está separado do nome por uma vírgula. O título deve estar em minúscula. Iniciais recebem maiúscula e ponto.

4 **sister, Dogcatcher.** Relações familiares não usam maiúsculas, ao menos quando a relação é usada em substituição ao nome. O título *Dogcatcher* está acompanhando o nome, e, portanto, deve estar em maiúscula.

5 **Mom, Ms.** A palavra *Mom* substitui o nome aqui, então deve vir em maiúscula. *Ms.* sempre deve estar em maiúscula, mas o ponto é opcional.

6 **dogcatchers, Agnes.** O substantivo comum *dogcatchers* não precisa de maiúscula, mas o nome próprio *Agnes* precisa.

7 **Uncle.** O título *uncle* deve estar em maiúscula se preceder ou substituir o nome. Ficou confuso com *BooBoo*? As pessoas podem grafar seus nomes (e o nome de seus animais de estimação) como quiserem.

8 **brother.** Relações familiares não levam maiúscula, a não ser quando substituídas pelo nome.

9 **mayor´s, cousin.** Estes títulos não estão acompanhando nem substituindo um nome, então devem vir em minúsculas.

10 **Correto.** Os nomes estão em maiúsculas, mas o título não, exceto quando precede o nome.

11 **vice president.** Um título que não esteja acompanhando um nome não deve ter inicial maiúscula.

12 **President.** Nesta oração, o título precede o nome e, por isso, deve ter inicial maiúscula.

13 **chief financial officer, Grandma.** O primeiro título (*chief financial officer*) não está acompanhado de nome. Use minúscula. O segundo título (*Grandma*) é parte de um nome e deve vir em maiúscula.

14 **nephew.** Não use maiúscula em relações familiares, como aunt, ao menos que ela preceda e seja parte do nome.

15 **bank president.** O título não está ligado a um nome; então deve estar em minúscula.

16 **Reverend.** O título precede o nome e torna-se parte dele, de certo modo. Uma inicial maiúscula é apropriada.

17 **bishop.** Nesta oração, *bishop* não precede um nome; minúscula é o caminho a seguir.

18 **brother, the, manager.** Minúsculas são a opção para *brother*, *the* e *manager*, porque *brother* não está sendo usado como nome, *the* não é parte do título, e em todos os casos, o título não está acompanhado do nome.

19 **player development director.** Outro título solitário, opte pelas minúsculas.

20 **president.** Ser presidente é para grandes pessoas, mas não grandes letras.

21 **United Nose Ring Company, psychology.** Embora os *college freshmen* pensem que sejam realmente importantes (e, claro, são), eles ganham apenas minúsculas. O nome da companhia é específico e deve ser grafado em maiúsculas.

22 **company, psychologists.** Um substantivo comum como *company* e *psychologists* não recebem inicial maiúscula (e se você já leu o Capítulo 7, deve lembrar o motivo da citação não conter uma identificação — dicendi —, ela não começa com letra maiúscula).

23 **spring semester, Board of Trustees.** O nome do comitê é genérico e geralmente não leva letra maiúscula, porém, aqui há um pouco de espaço para escolhas de estilo. Estações do ano, períodos letivos devem vir em minúsculas. O nome de um órgão oficial, como um *Board of Trustees*, normalmente, deve ser grafado em maiúsculas.

24 **and, High School.** Anos letivos e séries escolares não usam maiúscula. O nome da escola é grafado em maiúscula (e o nome inclui *High School*), mas palavras sem importância como *and* devem ser grafadas em minúsculas.

25 **spokesperson, products, In Style or Else, Inc., Klepto Industrials, college degree.** Substantivos comuns como *spokesperson* ou *coleege degree* não levam maiúscula. Os nomes de companhias devem ser grafadas de acordo com as preferências da própria companhia. A maioria adota o estilo de cabeçalho, explicado na seção "Maiúsculas em Nomes de Obras Literárias e Trabalhos de Mídia", neste capítulo.

26 **students, countries, continents.** Não use maiúscula em substantivos comuns, mas sim em nomes de grupos de trabalho, como Top-Seller Task Force.

27 **task force, Department of Product Development.** Ao contrário da questão 26, aqui *task force* não é um nome, mas um substantivo comum, que usa letras minúsculas. O nome de um departamento deve estar em maiúscula, mas a preposição (*of*) deve vir em minúscula.

28 **Introduction to Fashion, science.** Títulos de cursos levam maiúscula, mas os nomes das disciplinas e os anos letivos, não.

29 **Correto.** Títulos acadêmicos (bachelorps, master´s, doctorate) devem vir em minúscula, porém, suas abreviações, não (B.A., M.S. e assim por diante). A maioria das disciplinas não são grafadas em maiúsculas, salvo nos idiomas (como *Spanish*). Nomes de cursos, como *Economics I*, levam maiúsculas.

30 **companies.** Este termo não é o nome de uma companhia específica, apenas um substantivo comum. Minúsculas são a melhor opção.

31 ***Moby Duck: A Tale of Obsessive Bird Watching*** No estilo cabeçalho, a primeira palavra de um título (*Moby*) e subtítulos (*A*) devem vir em maiúsculas. Substantivos (*Duck*, *Tale* e *Watching*) e palavras descritivas (*Obsessive*, *Bird*) também devem vir em maiúscula. A preposição curta *of* só recebe minúscula.

32 **"An analysis of the *Duckensis mobyous*: The consequences of habitat shrinkage on population"** No estilo de oração, as primeiras palavras do título e do subtítulo devem vir em maiúsculas, mas todo o resto em minúscula, com exceção para os nomes próprios. Neste título, adotando o estilo científico, os nomes dos gêneros (uma categoria científica) e das espécies devem vir sempre em itálico com apenas o nome do gênero em maiúscula.

33 **"Call Me Izzy Smell: My Life As a Duck Hunter"** No estilo de cabeçalho, o artigo (*a*) deve vir em minúscula. Peguei você no *As*, não foi? É uma palavra curta, mas não é um artigo e nem uma preposição, então deve vir em maiúscula.

34 ***The duck and I: Essays on the relationship between human beings and feathered species.*** Títulos em estilos de oração devem ser grafados em maiúscula na primeira palavra do título e do subtítulo. O pronome pessoal *I* é sempre em maiúscula.

35 ***Duck and Cover: A Cookbook*** O estilo de cabeçalho requer letras maiúsculas para a primeira palavra do título e do subtítulo e em todos os outros substantivos. A palavra de ligação *and* deve vir em letras minúsculas, a menos que iniciem o título ou o subtítulo.

36 **"The duck stops here: Political wisdom from the environmental movement"** O estilo de oração dá a você duas maiúsculas neste título — a primeira palavra do título e do subtítulo.

37 ***Duck Up: How the Duck Triumphed over the Hunter*** Por estar no estilo de cabeçalho, tudo tem inicial maiúscula, exceto pelos artigos (*the*) e preposições (*over*).

38 **"Moby Platypus Doesn't Live Here Anymore"** O estilo de cabeçalho requer iniciais maiúsculas para todas as palavras aqui, pois o título não contém artigos ou preposições.

39 **"Population estimates of the platypus: An inexact science"** O estilo de oração requer iniciais maiúsculas no início do título e do subtítulo. O termo *platypus* não é o nome de um gênero (uma categoria científica), então é escrito em minúscula.

40 ***For the Love of a Duck: A Sentimental Memoir*** O estilo de cabeçalho determina iniciais minúsculas para artigos (*the*, *a*) e preposições (*of*). A primeira palavra do título e do subtítulo, mesmo que seja um artigo ou preposição, merecem iniciais maiúsculas.

41 **illus**

42 **BCE** (A expressão em latim *Anno Domini* — abreviada como *AD* — significa "no ano de nosso Senhor" e é usada com datas que não sejam *BC*, ou *before Christ*. Para tornar este termo mais universal, historiadores costumam substituir *CE* ou *Common Era* por *AD* e *BCE* ou *Before the Common Era* por *BC*.)

43 **Mr. Burns**

44 **U.S. Pres.**

45 **NHL** (um acrônimo)

46 **Rev. Smith**

47 **NY** (abreviação postal) ou **N.Y.** (forma tradicional)

48 **Adams Blvd.**

49 **irreg.**

50 **Inc.**

51

*Moby, the Life ~~O~~**of** a Duck:* A Book Report

52 If you are ever given a book about ~~D~~**ducks**, take my advice and burn it.

53 When ~~i~~**I** had to read *Moby Duck*, the ~~T~~**teacher** promised me that it was 54

55 good. She said that "~~E~~**excitement** was on every page." I don't think so! A

duckling with spe~~cial~~ powers is raised by his ~~G~~**grandpa**. Moby actually goes 56

57 to school and earns a ~~D~~**doctorate** in bird ~~S~~**science**! After a really boring 58

59 account of Moby's ~~F~~**freshman** year, the book turns to his career as a

60 ~~F~~**flight** ~~I~~**instructor**. I was very happy to see him fly away at the end of the book.

51 No título em estilo cabeçalho, as preposições não recebem iniciais maiúsculas.

52 Um termo comum para animais, neste caso, *ducks*, é escrito com inicial minúscula.

53 O pronome pessoal *I* sempre é escrito em maiúscula.

54 O nome do professor não é fornecido, apenas o termo *teacher*, que deve estar com inicial minúscula.

55 Quando uma citação é escrita sem o dicendi, a primeira palavra não é escrita com inicial maiúscula.

56 Relações familiares devem ser grafadas em maiúsculas apenas quando substituem o nome.

57 A maioria dos títulos acadêmicos usam letras minúsculas.

58 A maioria das disciplinas acadêmicas devem ser escritas em minúsculas. (Devo ressaltar que *English* requer letra maiúscula porque é muito importante. Está bem, é mentira. É porque é o nome do idioma.)

59 Anos letivos devem vir em minúscula também.

60 Títulos de função, quando não estão acompanhados de um nome, são escritos com iniciais minúsculas.

Parte III

Usando a Gramática Correta em Situações Complicadas

A 5ª Onda Por Rich Tennant

"Eles só vão me deixar passar quando eu remover os bullets da minha apresentação de PowerPoint."

Nesta parte...

Quando foi a última vez em que você conversou com um professor de gramática? Nunca? Não estou surpresa. Quando as pessoas descobrem que alguém se importa com o inglês adequado, preferem o silêncio a correr o risco de cometer erros. Entretanto, a maioria das questões que atormentam as pessoas são, na verdade, bastante simples. Pegue *who* e *whom*, por exemplo. Decidir qual é apropriado não é um bicho de sete cabeças, apenas uma questão de pronomes, que você pode praticar no Capítulo 9. O mesmo capítulo explica porque *everyone has to bring his* ou *her*, e não *their*, *lunch* — uma questão de pronomes singulares e plurais. O Capítulo 10 trata dos tempos verbais em orações complexas, como aquelas que contêm diversas ações no passado. O Capítulo 11 explica como determinar o modo verbal (não bons ou maus modos, mas sim indicativo, imperativo ou subjuntivo) e mostra situações em que o modo é importante. No Capítulo 12, caminhamos pelo fantástico mundo da comunicação eletrônica, para que você possa escrever tuítes, textos, e-mails, blogs e criar apresentações tipo PowerPoint sem o risco de cometer um delito gramatical.

Capítulo 9

Escolhendo o Melhor Pronome: Casos, Número e Clareza

Neste Capítulo

- Distinguindo pronomes sujeitos e pronomes objeto
- Escolhendo entre *who* ou *whom*, *he* ou *him* e *I* ou *me*
- Usando pronomes singulares, plurais e possessivos corretamente
- Concordando *who*, *which* e *that* com verbos
- Evitando referências vagas a pronomes

Você já se deu conta de que os pronomes são a classe gramatical mais irritante de todo o universo? Pronomes são as palavras que mais substituem os nomes — palavras que dão nome a pessoas, lugares, coisas e ideias. Ainda mais irritante é o fato de que os pronomes, às vezes, substituem outros pronomes. Em outras palavras, quando se trata de potencial de erro, os pronomes são um campo minado esperando para destruir sua comunicação oral ou escrita.

O Capítulo 3 trata do básico no uso dos pronomes. Este capítulo cuida dos tópicos mais avançados como caso (a diferença entre *they*, *their* e *them*) e número (singular ou plural) em sentenças complexas. Ainda mostro como se certificar de que o pronome expresse claramente seu significado. Para facilitar sua vida, divido estes tópicos em pequenas partes, para que você se torne um especialista na hora de escolher o pronome, um passinho de cada vez.

CAI NO TESTE

Pronomes são muito populares nos testes de proficiência e avaliação, então se pretende encarar um teste em breve, tome cuidado extra na hora de fazer os exercícios deste capítulo.

Conhecendo o Sujeito ao Lado e o Objeto de Minha Afeição

Os sujeitos e objetos têm funções opostas em uma oração. Resumidamente, o sujeito é quem pratica a ação ou que está no estado descrito na sentença. Quando dizemos: "He and I are going to the mall", usamos os pronomes *he* e *I*. Os objetos recebem, ao invés de agir, eles sofrem a ação. Se você repreender *him* e *me*, estes dois pronomes magoados sofrem a repreensão e portanto agem como objetos. Os verbos têm objetos, e assim como outros elementos gramaticais, como as preposições (cuido das preposições mais adiante, neste capítulo). Veja agora o que são os pronomes sujeitos ou pronomes objetos:

- **Pronomes sujeitos** (chamados na língua portuguesa de pronomes pessoais do caso reto) incluem *I, you, he, she, it, we, they, who* e *whoever*.
- **Pronomes objetos** (chamados na língua portuguesa de pronomes pessoais do caso oblíquo) são *me, you, him, her, it, us, them, whom* e *whomever*.

Alguns pronomes, como *you* e *it*, aparecem em ambas as listas. Eles exercem dupla função como pronome sujeito e objeto. Não se preocupe com eles, estão corretos em todas as situações. Outros casos de pronomes multiuso são *either, most, other, which* e *that*. Outro tipo de pronome é o reflexivo, ou pronome *–self* (*myself, himself, ourselves* e assim por diante). Use estes pronomes apenas quando a ação retorna ao sujeito. ("They washed themselves 50 times during the deodorant shortage.") Esses pronomes também podem ser usados para dar ênfase. ("She herself baked the cake.") Não use os pronomes *–self* por qualquer outro motivo. A oração "The cake she gave myself was good" está errada. Opte por "The cake she gave me."

CUIDADO!

Não junte na mesma oração, sem necessidade, o pronome e o substantivo que ele substitui. A oração "My brother he goes swimming" pode estar correta em diversos idiomas, mas em inglês está errada, pois o pronome (*he*) deve substituir o substantivo (*brother*). "My brother goes swimming" ou "He goes swimming" estão ambas corretas.

PRATIQUE

Nas frases seguintes, escolha o pronome correto entre parênteses, se — e apenas se — o pronome for necessário na oração. Caso não seja necessário, escreva apenas "sem pronome". Cuidado para não colocar um pronome sujeito para fazer o trabalho de um pronome objeto e vice-versa.

P. Peyton took the precious parchment and gave (she/her) a cheap imitation instead.

R. **her.** Nesta oração, Peyton é quem pratica as ações (took and gave). O pronome *her* é usado como receptor da ação, porque Peyton gave the imitation to her. Her é um pronome objeto.

1. Maria, Peyton, and (I/me/myself/no pronoun) found a valuable item.

2. The parchment, which Peyton (he/him/no pronoun) discovered in the back pocket of a pair of jeans, is covered with strange symbols.
3. George Morse of Codebusters (he/him/no pronoun) is an expert at decoding ancient parchments.
4. Codebusters may contact Matt first, or the company may wait until Matt realizes that (he/him/himself/no pronoun) needs help.
5. Arthur, the president of Codebusters, knows that Maria (she/her/herself/no pronoun) is good at figuring out obscure symbols.
6. Peyton won't tell (I/me/myself/no pronoun) a thing about the parchment, but Maria (she/her/herself/no pronoun) did nod quietly when I mentioned Martians.
7. Peyton's friends — Lucy and (she/her/herself/no pronoun) — are obsessed with Martians and tend to see Little Green Men everywhere.
8. If the Martians and (she/her/herself/no pronoun) have a message for the world, (they/ them/themselves/no pronoun) will make sure it gets maximum publicity.
9. Elizabeth and (I/me/myself/no pronoun) will glue (we/us/ourselves/no pronoun) to the all-news channel just in case Peyton (he/him/himself/no pronoun) decides to talk.
10. Sure enough, Peyton just contacted the authorities, Dan Moore and (he/him/himself/no pronoun), to arrange an interview.
11. Elizabeth (she/her/herself/no pronoun) favors sending NASA and (we/us/ourselves/no pronoun) the parchment.
12. I pointed out that NASA's scientists (they/them/themselves/no pronoun) know a lot about space, but nothing about ancient parchments.
13. Matt checked the Internet, but it had little to offer (he/him/himself/no pronoun) except the number for Codebusters.
14. (I/me/I myself/no pronoun) think that the parchment is a fake.
15. Matt told Maria and (I/me/myself/no pronoun) that he would call Codebusters.
16. Yesterday, Elizabeth (she/her/herself/no pronoun) showed Matt and (I/me/myself/no pronoun) some parchment scraps from Peyton's room.

To "Who" ou To "Whom"? Eis a Questão

Por que os pronomes *who* e *whom* são tão chatos? Provavelmente, porque eles tendem a ocorrer em sentenças complicadas. Mas se você desmembrar a oração e conseguir entender quem está fazendo o que para quem, não terá problemas. O segredo é o seguinte: se você precisa de um sujeito (alguém praticando uma ação ou alguém em determinado estado ou condição na oração), *who* é o pronome certo para o trabalho. Se precisa de um objeto (um receptor para a ação), use *whom*.

DICA

Uma boa dica é verificar se é possível substituir as palavras *he*, *she* ou *they*. Em caso positivo, use o *who*. Se *him*, *her* ou *them* se encaixarem melhor, opte por *whom*.

PRATIQUE

Pegue uma carona no trem *who/whom* e selecione o pronome apropriado dentre os mostrados entre parênteses nas seguintes frases:

P. (Who/Whom) can decode the message? Codebusters!

R. **Who.** O verbo *can decode* precisa de um sujeito, alguém para fazer aquela ação. *Who* é para sujeitos, *whom* para objetos.

17. Does Peyton know (who/whom) should get the information after Maria has decoded it?

18. Matt will discuss the parchment with (whoever/whomever) the buyer sends.

19. (Who/Whom) is his buyer?

20. His buyer is (whoever/whomever) believes Matt's sales pitch.

21. Also, Matt will sell the parchment to (whoever/whomever) is willing to pay.

22. I don't think NASA is interested, despite Matt's claim that an expert from NASA, (who/ whom) isn't saying much, was seen checking "Mars" and "Alien Life Forms" on the Internet.

23. Do you know (who/whom) the expert consulted?

24. No one seems to know (who/whom) Matt saw.

25. Peyton remains capable of conspiring with NASA, Codebusters, and (whoever/whomever) else is able to sell a fraudulent document.

26. Matt, (who/whom) I do not trust, has the most sincere face you can imagine.

27. Peyton, (who/whom) Matt once scolded for cutting class, has a reputation for sincerity.

28. I once heard Peyton explain that those (who/whom) have an honest face can get away with anything.

29. "If you are one of those people (who/whom) can fake sincerity," he said, "you can accomplish anything."

30. Peyton states this theory to (whoever/whomever) is willing to listen.

Ligando tudo com Pronomes em Frases com o verbo "To Be"

A maior parte dos verbos expressam ação, mas misturadas neste grupo estão as formas do verbo "to be" (*am*, *is*, *are*, *was*, *were*, *has been*, *will be* e similares). Estes verbos são como grandes sinais de igualdade ligando dois itens equivalentes, e por esta razão são chamados, algumas vezes, de *verbos de ligação*. "Jeremy is the president" é o mesmo que "Jeremy = president". Se você estudou álgebra, ou mesmo que não tenha estudado, sabe que essas declarações significam a mesma coisa, mesmo quando invertidas. ("The president is Jeremy.")

Esta explicação incrivelmente chata nos leva a um fato importante sobre os pronomes: um pronome sujeito serve como sujeito de um verbo de ligação e para preservar a reversibilidade, os pronomes sujeitos também seguem os verbos de ligação, no mesmo lugar onde geralmente ficam os objetos. Portanto, a resposta para "Who´s there?" é "It is she" e não "It is her", pois a primeira oração ("She is it") pode ser invertida e a segunda ("Her is it"), não.

DICA

Ao escolher um pronome para uma oração com verbo de ligação, saiba que às vezes o verbo muda, então para que pareça correta, a oração reversível pode precisar de uma adequação do verbo de singular para plural ou vice-versa. "It is they" é reversível, ao menos na teoria, porque *they* é um pronome sujeito, apesar de "they is" soar errado aos nossos ouvidos e só parecer adequada quando trocamos o verbo para *are*.

PRATIQUE

Você é capaz de escolher o pronome apropriado dentre aqueles em parênteses? Faça um teste no exemplo e nos exercícios a seguir. Só para deixar sua vida mais interessante, salpiquei alguns verbos de ação na mistura — para mais informações sobre pronomes com verbos de ação, veja a seção anterior, "Conhecendo o Sujeito ao Lado e o Objeto de Minha Afeição".

P. Miley knows that the true culprit is (he/him).

R. **he.** Quem é ele (*he*)? Apenas os colunistas de fofoca sabem ao certo. Os gramáticos, por outro lado, têm certeza de que um pronome sujeito é o que você precisa depois do verbo de ligação *is*. Reverta essa parte da oração para ver por si mesmo: *Him is the culprit?* Acho que não funciona. *He is the culprit?* Bingo.

31. The FBI recently announced that the criminals responsible for the theft of an ancient parchment are (they/them).

32. I met with three FBI agents and promised (they/them) that the parchment would be returned to the rightful owner.

33. The "rightful owner," according to Maria, is (she/her), because Maria herself purchased the jeans in which the document was discovered.

34. "I can't read the code," added Maria, "but I know a good pair of jeans when I see one, and besides, the lawful purchaser of both the jeans and the parchment is (I/me)."

35. Matt isn't so sure; it is (he/him) who will have to go to jail if the FBI decides not to buy Maria's story that "the seller said the document was included in the price."

36. The FBI agent told (they/them) that the document is vital to national security.

You Talkin' to Me or I? Pronomes como Objetos de Preposições

As preposições, não confundir com *proposições* (como: Você está livre hoje à noite?) são palavras que expressam relações. (Pensando bem, *propostas* também expressam relações.) As preposições comuns incluem *by*, *for*, *from*, *in*, *on*, *of*, *about*, *after* e *before*. As preposições sempre têm objetos e algumas vezes esses objetos são pronomes. Verifique os objetos em itálico das preposições nestes exemplos:

> Give that umbrella to *me*, or I'll break it over your *head*.

> The embroidery on the *umbrella* was done by *me* alone.

No primeiro exemplo, *me* e *head* são objetos das preposições *to* e *over*. Na segunda, *umbrella* e *me* são objetos de *on* e *by*. Por sorte, você não precisa se preocupar com *umbrella* e *head*. Eles são substantivos, e não mudam, não importa onde apareçam na oração. Porém, o pronome muda, dependendo de sua função na oração. E se a sua função for a de um objeto da preposição, ele deve ser um pronome objeto. Você não pode dar o guarda-chuva para *I*, nem a renda foi feita por *I alone*. Bom, pelo menos não neste universo gramatical.

DICA

Os pronomes com *–self* (*myself*, *himself*, *ourselves*, *themselves* e similares) podem servir como objetos de preposições, mas apenas se a ação na oração recair sobre o sujeito, como em "I talk to myself all the time". Neste exemplo, *myself* é o objeto da preposição *to*.

PRATIQUE

Dê uma olhada nas frases seguintes e escolha o pronome adequado dentre os mostrados nos parênteses. Com muita perspicácia (e modéstia), espalhei alguns sujeitos pelo exercício.

P. I won't accept any packages from (he/him) because last week he sent a quart of pickled cabbage to (I/me), and my mailbox was sticky for days.

R. **him, me.** A preposição *from* precisa de um objeto, então sua primeira resposta tem de ser *him*. *To* também é uma preposição e deve ser seguida pelo pronome objeto *me*.

37. Jessica sang songs to Mom and (he/him/himself) whenever the moon was full.

38. Her latest CD is titled Of Mom, (I/Me/Myself), and the Moon.

39. I'm going to download some songs, although a lot of issues remain between Jessica and (I/me/myself).

40. Once, she stole my dog Spike and asked for a reward when she returned Spike to (I/me/ myself).

41. Spike ran after (she/her) and took a large bite out of her nose, and (I/ me) applauded.

42. Aggressive though Spike may be, you can't put much past (he/him), and for that reason (he/him) is a great watchdog.

43. Spike likes to walk behind (we/us) when we approach the house; he growls at (whoever/ whomever) comes too close.

44. "At (who/whom) is this dog snarling?" asked Jessica, as she snarled back at (he/him/ himself).

45. "(He/Him/Himself) thinks the letter carrier wants to rob us, so Spike tries to keep an eye on (he/him)," I replied as (I/me/myself) pieced together a ripped catalogue.

46. "You have to run around (they/them)," I said to (she/her/herself), speaking of Spike and my mother.

47. Carefully separating the letters addressed to "Spike" from the letters meant for Jessica or (I/me/myself), the letter carrier told (he/him/ himself) that even dogs deserved good service.

48. Spike's pen pals generally include a dog biscuit when writing to (he/him/ himself), but no one ever sends presents to (I/me/myself).

49. Spike's letters sometimes contain meaty bones from (whoever/ whomever) really wants to catch his attention.

50. Jessica and (I/me/myself) are as fond of meaty bones as (he/him) is, but (we/us/ourselves) seldom chew any in public.

Concordando Pronomes Possessivos com Substantivos Terminados em "–ing"

Trapaceei um pouco no título desta seção. Quando digo substantivo terminado em *–ing*, estou falando de um substantivo construído a partir da forma *–ing* de um verbo (*swimming*, *smiling*, *puttering* e palavras semelhantes). Não estou falando de substantivos que simplesmente contêm essas três letras, como king, *wingding* e *pudding*, entre outras. Nem estou falando sobre formas verbais *–ing* utilizadas como verbos ou descrições de outros substantivos. Para aqueles que apreciam os termos gramaticais, o substantivo *–ing* gerado a partir de uma forma verbal chama-se, na verdade, gerúndio.

O problema com o uso de pronomes e substantivos terminados em *–ing* é que você deve usar uma forma possessiva na frente desses pronomes. Por que? Porque a forma possessiva mantém o foco da oração no lugar certo. Veja essa oração:

> Carrie hates (me/my) auditioning for the new reality show, *Nut Search*.

Colocando a cabeça para funcionar você pode ver que a Carrie não odeia *me*. Ao invés disso, Carrie odeia todo o projeto de reality show. O pronome possessivo *my* é a melhor escolha pois ele muda o foco da atenção do leitor para *auditioning*, onde deve ser, porque *auditioning* é o que Carrie odeia.

A forma possessiva de um substantivo deve ainda ser a escolha para preceder um substantivo terminado em *–ing*. No exemplo anterior, a forma correta é "Carrie hates Rick´s auditioning".

Se você vai enfrentar uma avaliação ou teste de proficiência, não cochile durante estes exercícios. O ENEM ou outros testes costumam incluir este tópico.

Experimente fazer o exemplo e os exercícios a seguir. Circule os pronomes que você ama e ignore os que você odeia. Para mantê-lo atento, inseri algumas frases que não precisam de pronomes possessivos. Então, fique de olhos abertos!

P. Although I'm not a literary critic, I think that (he/him/his) writing a novel on his phone is a bad idea.

R. **his.** *The bad idea* é o *writing*, e não *he* ou *him*. O pronome possessivo direciona a atenção para a tarefa, que é o foco da oração.

51. St. John Lincoln of the Times needs help with (he/him/his) editing and must hire assistants; Lincoln looks forward to (they/them/their) correcting his grammar.

52. Lincoln said that he loved everything the employment agency did last week except (they/them/their) sending him too many pronoun-obsessed writers.

53. When Lori went for an interview, she saw (he/him/his) reading a review of The Pronoun Diet; (she/her) saying that the book was "trash" bothered Lincoln.

54. "I object to (she/her) insisting on one pronoun per paragraph," he muttered, as he eyed (she/her) ring, which sparkled intensely.

55. When I applied, Lincoln looked favorably upon (I/me/my) editing, but he hated (I/me/ my) pronouncing his first name incorrectly.

Desaparecido em Ação: Escolhendo Pronomes para Comparações Implícitas

Às vezes, o que não dizemos é mais importante do que o que dizemos, especialmente quando se trata de pronomes. Em uma oração com uma comparação implícita, não declarada, muitas vezes precisamos acrescentar as palavras que faltam antes de conseguir decidir qual o pronome adequado. Veja este exemplo:

George has more cauliflower than (I/me).

Antes de sublinhar qualquer coisa, acrescente as palavras que faltam.

George has more cauliflower than (I/me) do.

Claramente *I* é o pronome que você precisa, pois *me* não pode agir como sujeito do verbo *do*. Para resumir: em uma comparação implícita, use as palavras que faltam e descubra se um sujeito ou um pronome objeto é necessário.

PRATIQUE

Vamos lá! Escolha e circule o pronome adequado. Lembre-se de acrescentar as palavras que faltam (mentalmente) antes de responder.

P. Grandpa always gives Oscar more vegetables than (I/me).

R. **I** ou **me.** Não, eu não enlouqueci. A resposta aqui depende do significado que quiser expressar. Se quiser dizer "Grandpa gives Oscar more vegetables than I give Oscar", escolha *I*. Se o significado for "Grandpa gives Oscar more vegetables than Grandpa gives to me", a resposta é *me*.

56. Oscar is as careful as (she/her) when he's weeding, but somehow he pulls out more plants than (she/her).

57. The chipmunks consider Oscar their friend because he breaks as much garden fence as (they/them).

58. With the fence down, the chipmunks munch more vegetables than (we/us).

59. Oscar has planted fewer tomato plants than (I/me).

60. Oscar gives more zucchini to the chipmunks than (I/me), because I hate the taste of zucchini.

61. The chipmunks seem to enjoy their vegetables as much as (he/him).

62. Sometimes we take the chipmunks to the wilderness, which Oscar seems to enjoy more than (they/them); the chipmunks prefer our suburban garden.

63. Because she took a course in "Wild Food," Oscar's sister believes that the little animals have fewer chances to find food in the wilderness than (she/her).

Concordância de Pronomes

Os pronomes substituem os substantivos, mas em um verdadeiro esforço para arruinar sua vida, eles também devem concordar com outros pronomes. Algumas concordâncias são muito simples e diretas:

> When Charlie yelled at me, I smacked him and poured glue on his homework.

No exemplo anterior, o pronome *his* se refere ao pronome *him*, que substitui o substantivo *Charlie*. Mas alguns pronomes ou combinações de pronomes são diabólicos:

> Everybody eats lunch.

A frase não parece estar no plural? Mas *everybody* é um pronome singular e concorda com o verbo no singular *eats*. Outros pronomes singulares incluem: *someone*, *anyone*, *no one*, *somebody*, *anybody*, *nobody*, *everything*, *something*, *anything*, *nothing*, *each*, *either* e *neither*.

Um jeito fácil de não esquecer isso é lembrar que temos apenas um corpo (*one body*), sendo assim, sempre que aparecer *–one* ou *–body* em um pronome, ele é singular.

Se ampliarmos a lógica para concordar outros pronomes — como um possessivo — com estes pronomes singulares, precisamos de uma forma singular. Já ouvi muito orações como: "Everyone needs their lunch pass" — um crime gramatical, pois *everyone* é singular e não concorda com o plural *their*. E no mundo da gramática, concordância (a combinação de formas plurais com outras formas plurais e singulares com outras singulares) é um Ponto Muito Importante. Para se livrar da prisão gramatical, substitua *their* por *his* or *her*: "Everyone needs his ou her lunch pass". É claro que nem todo pronome é singular. *Both*, *several*, *few* e *many* são plurais e podem ser usados com *their* ou outras palavras plurais.

Ao escolher que pronome usar, não esqueça o gênero. Se estiver falando de um substantivo feminino singular, use *she*, *her* ou *hers*. Se estiver falando de um substantivo masculino singular, opte por *he*, *him* ou *his*. Se não sabe o gênero, *his* ou *her,* ou *he* ou *she* são opções seguras.

Nos testes, os avaliadores querem saber se você consegue fazer a concordância correta entre pronomes. Ao empunhar seu lápis, lembre-se de que singular concorda com singular e plural com plural.

Leia com atenção as orações a seguir e escolha um pronome que faça sentido nas lacunas.

P. Neither of my aunts has a wart on ________________ nose.

R. **her.** O pronome singular *neither* deve concordar com outro pronome singular. É verdade que a oração faz referência a *aunts*, que é plural. Mas a palavra *neither* nos diz que estamos falando dos tios de forma individual, então a escolha correta é um pronome singular. Já que *aunts* é feminino, *her* é a palavra que você precisa.

64. My cousins are easily located in a crowd because both have warts on ________________ noses.

65. My cousin Amy opted for surgery; relieved that the procedure went well, everybody sent ________________ best wishes.

66. Many of the get-well cards sported miniature warts on ________________ envelopes.

67. A few even had little handwritten messages tucked into ________________ illustrations.

68. Because Amy is pleased with the result of her surgery, I'm sure that someone else in her family is going to get ____________ nose done also.

69. "Doesn't everyone need more warts on ________________ nose?" reasoned Amy.

70. Anybody who disagreed with Amy kept quiet, knowing that ________________ opinion wouldn't be accepted anyway.

71. Each of the implanted warts has _______________ own unique shape.

72. Several of Amy's new warts model _______________ appearance on a facial feature of a famous movie star.

73. Although someone said that _______________ didn't like the new warts, the crowd reaction was generally positive.

74. Neither of the surgeons who worked on Amy's nose has opted for a similar procedure on _______________ own schnoz.

75. I assume that nothing I say will change your mind about the nose-wart question; _______________ will "go in one ear and out the other," as my mother used to say.

76. Aftercare is quite extensive; not one of the warts will continue to look good unless Amy gives _______________ a lot of attention.

77. Both Amy and her sister Emily look forward to having _______________ portraits painted, warts and all.

Pronomes Multiuso: "Who", "That" e "Which"

A maioria dos pronomes é singular ou plural, masculino, feminino ou neutro, popular ou impopular, bom em matemática ou passa raspando em aritmética. Tudo bem, fui longe demais na descrição, mas você entendeu a ideia. As características da maioria dos pronomes são fixas. No entanto, alguns deles podem ser usados no singular ou no plural e no masculino ou no feminino, sem qualquer mudança. *Who*, *which* e *that* recebem seu significado das orações em que aparecem. Veja o que quero dizer:

> May, who was born in April, wants to change her name. (Aqui, *who* é feminino e singular, pois substitui *May*, feminino e singular).
>
> Her sisters, who were named after their birth months of June and August, support May's changes. (Aqui, *who* é feminino e plural porque substitui *sisters*).

Uma mudança no significado de *who*, *which* ou *that* seria um fato interessante, mas inútil, exceto por uma questão. O fato de um pronome sujeito ser singular ou plural afeta que tipo de verbo (singular ou plural) ele deve concordar. No exemplo anterior, *who* concorda com *was* quando *who* está representando *May*, e com *were* quando o *who* representa *sisters*.

Resolver questões envolvendo a escolha do singular ou plural de um verbo é particularmente difícil algumas vezes:

> She is one of the few quarterbacks who (is/are) ready for prime time.
>
> She is the only quarterback who (is/are) negotiating with the Jets.

A chave desta oração é decidir o que o pronome está representando. Se *who* significar *she*, claro, devemos optar por um verbo no singular, pois *she* é um pronome singular. Mas se *who* se refere à palavra *quarterbacks*, o verbo deve estar no plural, pois *quarterbacks* é plural. A lógica é que determina a resposta:

> She is one of the few quarterbacks who are ready for prime time.

> She is the only quarterback who is negotiating with the Jets.

Quantos zagueiros estão prontos para a estreia? Alguns estão — os fãs de football americano podem fazer uma lista — e ela é uma delas. O *who* no primeiro exemplo claramente se refere aos *quarterbacks*, um plural. No segundo exemplo, apenas uma pessoa está negociando — *she*. Portanto, *who* é singular, assim como o verbo que concorda com ele.

Os exemplos anteriores envolvem *who*, mas *that* e *which* se comportam da mesma maneira quando aparecem em orações semelhantes. Siga a mesma lógica e escolherá o verbo correto para estes pronomes sujeitos.

CAI NO TESTE

Os avaliadores de testes padronizados gostam de colocar estes pronomes de múltipla função nos testes para ver se você consegue descobrir seu significado e fazer a concordância com os verbos adequados.

PRATIQUE

Escolha corretamente o verbo para o exemplo e os exercícios. Prometo que pelo menos um dos verbos entre parênteses é o adequado.

P. Kristin is one of the many lawyers on the fishing boat who (want/wants) to catch a shark.

R. **want.** Quantos advogados querem fisgar um tubarão, de acordo com a oração? Um ou mais de um? A sentença diz que many lawyers se incluem nesta categoria, então *who* está se referindo ao grupo de advogados. Gol! O verbo no plural é o correto.

78. The shark that Kristin caught was the only one that (was/were) hungry enough to take the bait that Kristin offered.

79. The bait that (was/were) on sale at the market was extremely cheap.

80. "I know that there is at least one shark that (likes/like) peanut butter," reasoned Kristin.

81. Kristin's fellow shark fans, who (sails/sail) even in the winter, read a lot about these animals on the Internet.

82. The only one of the shark sites that (doesn't/don't) appeal to Kristin is the one sponsored by the Stop Fishing Society.

83. Could it be that Kristin is one of the shark fans who (believes/believe) the Great White is a misunderstood, gentle giant?

84. Why did Kristin choose a bait that (is/are) completely unappetizing when dunked in salt water?

85. One of the many experienced sailors who (was/were) laughing at Kristin's bait exclaimed, "Peanut butter can't catch anything!"

86. I'm going to take Kristin's shark to the only taxidermist that (is/are) willing to stuff such a catch.

87. In the mouth of the shark he is planning to mount a jar of one of the many brands of peanut butter that (is/are) shark-friendly.

88. The taxidermist has a contract with several peanut butter manufacturers, which (advertises/advertise) in unusual spots.

89. Recently, one of the manufacturers that (is/are) particularly interested in social networking launched a new brand, which (is/are) called "FaceNut."

90. FaceNut is the only one of this company's new products that (spreads/spread) as quickly as a rumor on the Internet.

91. I personally have tasted FaceNut's peanut butter, which (goes/go) nicely with grape jelly.

92. When I tried it on one of the fishcakes that (contains/contain) shark meat, however, FaceNut tasted terrible.

Pronomes Restritivos para Referências Específicas

As regras de pronomes são muito mais rígidas do que as do sistema tributário. O princípio fundamental, de que um pronome pode substituir um e apenas um substantivo, faz apenas uma pequena concessão permitindo que *they*, por exemplo, substitua mais de um nome (*Ida*, *Mary* e *Joan*, por exemplo, podem ser substituídas por *they*). Em um discurso ou texto informal, os pronomes, às vezes, são usados em outras funções. Mas se quer usar o inglês formal e correto — e em testes é assim que deve ser — não peça ao pronome para violar as regras.

Um erro comum é usar um pronome para substituir uma ideia expressa por uma frase ou parágrafo todo. Pronomes não podem substituir verbos ou combinações de verbo e substantivo. Os pronomes *that*, *which* e *this* são frequentemente mal empregados dessa forma. Portanto, não se pode dizer "Jefrey janded in a late, error-filled report, which annoyed his boss", pois *which* refere-se à ideia toda. A oração correta seria, "Jefrey´s report, which annoyed his boss, was late and error-filled", onde *which* refere-se apenas ao substantivo *report*.

DICA

Às vezes, a melhor forma de consertar uma oração é eliminar completamente o pronome: "The fact that Jeffrey´s report was late and error-filled annoyed his boss."

Outro erro comum é usar um pronome que se aproxima, mas não combina com o substantivo que está substituindo, como em "Jeffrey´s sports marketing course sounds interesting, but I don´t want to be one." Um o quê? *Sports marketing course?* Acho que não. O *one* está substituindo *sports marketer* (ou *sports marketing executive*), mas a oração não tem um substantivo que faça par com *one*. Uma oração melhor seria "Jeffrey´s sport marketing course sounds interesting, but I don´t want to enroll in it". Agora *it* está no lugar de *sports marketing* — uma combinação muito melhor.

Conserte o pronome com problema no exemplo e nos exercícios práticos. Alguns já estão corretos. Neste caso, basta escrever "correto" na lacuna. Reescreva os inadequados de forma que cada pronome se refira ao substantivo apropriado. Lembre-se de que, às vezes, é preciso retirar o pronome para corrigir o erro. Observação: as orações incorretas têm mais de uma resposta, no exemplo a seguir, mostro duas possibilidades, mas nas respostas deste capítulo dou apenas uma resposta possível.

P. Jeffrey's dream job features a corner office, three-hour lunches, and frequent "research" junkets to Tahiti, which is unlikely given that he has no skill whatsoever.

R. **Given that he has no skill whatsoever, Jeffrey is unlikely to get his dream job, which features a corner office, three-hour lunches, and frequent "research" junkets to Tahiti.** A oração anterior é apenas uma das soluções possíveis, na qual o pronome *which* toma o lugar de *job*. Aqui está outra: **The fact that Jeffrey has no skill whatsoever makes his dream job, which features a corner office, three-hour lunches, and frequent "research" junkets to Tahiti, unlikely.** Qualquer oração que permita remover um substantivo e colocar um pronome no lugar está correta. A original não funciona porque *which* substitui uma oração completa, *Jeffrey's dream job features a corner office, three-hour lunches, and frequent "research" junkets to Tahiti.*

93. Jeffrey jogged for an hour in an effort to work off the pounds he had gained during his last three-hour lunch, but this didn't help.

94. He's always admired the superhero's flat-ab look, but no matter how hard he tries, he can't be one.

95. The 15 sit-ups that were prescribed by his exercise coach didn't help at all.

96. Jeffrey's next fitness effort ended in disaster; that did not discourage him.

____

____

97. He simply ignored the arrest warrant and continued to run; this was only a temporary solution.

____

____

98. Next, Jeffrey joined a gym, where he recites Shakespeare's sonnets, which help him to stay focused.

____

____

99. The great poet inspired Jeffrey to study it also.

____

____

100. "No, I did not see the car when I directed my bicycle into the street," testified Jeffrey, "but that wasn't the cause of the accident."

____

____

101. "The driver was distracted by his cellphone, which rang at the exact moment I started to ride," explained Jeffrey.

____

____

102. The judge was not impressed by Jeffrey's testimony and fined him, and Jeffrey paid it.

____

____

103. When Jeffrey paid the fine, the court clerk quoted Shakespeare, which impressed Jeffrey very much.

____

____

104. "I see you are a sonneteer," commented Jeffrey as he smiled and gave the clerk a romantic look; she wasn't impressed by this at all.

____

____

Chamando Todos os Conquistadores: Prática Extra com Situações Complicadas com Pronomes

PRATIQUE

Aqui está um relatório de uma saída a campo (veja a Figura 9-1), escrito por um professor cansado da labuta após um dia particularmente ruim. Você consegue encontrar dez erros de pronomes implorando por correção? Circule os erros e pense em como pode corrigi-los.

Three chaperones and myself left school at 10:03 a.m. with 45 freshmen, all of who were excited about our visit to Adventure Land. The day it passed without incident, which was a great relief to me. My friend Jim and me sat in the Adventure Land Bar and Grille for five hours while the youngsters visited Space Camp, Pirates' Mountain, and other attractions that is overpriced but popular. Each of the students at my table (Alex and another boy) objected to me eating such good food and said they wanted one too. The bus driver and myself explained that everyone was supposed to eat their school-issued lunch. This was a disappointment, and the two students — Alex and him — threw them at me. We got on one of the vans that was overdue for maintenance. The motor whirred loudly, and it scared whomever heard the noise. We drove to Makoski Brake and Wheel Repairs because the driver said their expertise was what we ourselves needed. Makoski is also the only one of the many repair shops on Route 9 that take credit cards, which was helpful because I had spent all my money in the Adventure Land Bar and Grille.

Figura 9-1: Relatório de uma saída a campo escrito por um professor que não usa corretamente os pronome. (Que vergonha!)

Respostas para os Problemas Avançados de Pronomes

Espero que todos esses problemas envolvendo pronomes não tenham lhe causado muitos problemas. Veja como se saiu. Confira as respostas e explicações.

1 **I.** O pronome *I* é um dos sujeitos do verbo *found*. *Me* é para objetos. *Myself* é apenas para dar ênfase (*I myself*) ou para ações que recaiam sobre o sujeito. ("I told myself not to stand under a tree during a thunderstorm!")

2 **Sem pronome.** O substantivo *Peyton* está presente na oração, não é necessário pronome para substituí-lo.

3 **Sem pronome.** *George Morse* atua como sujeito, você não precisa de pronome para agir como sujeito.

4 **he.** O verbo precisa ter um sujeito, e o pronome sujeito *he* dá conta do recado.

5 **Sem pronome.** *Maria* é o sujeito do verbo *is*, então você não precisa duplicar o sujeito com um pronome depois de *Maria*.

6 **me, sem pronome.** Na primeira parte da oração, o pronome recebe a ação (*Peyton won´t tell whom? Me.*) Na segunda, a frase já tem sujeito, *Maria*, então não é preciso usar pronome.

7 **she.** A parte mais complicada nesta oração é que a escolha do pronome está camuflada por outras palavras (*Peyton´s friends and Lucy*). Se isolarmos o pronome, porém, vemos que quem é *obsessed* com Marcianos é *she*. Precisamos de um pronome sujeito. Para acrescentar uma explicação gramatical — pare de ler agora antes de morrer de tédio! — o sujeito é *Peyton´s friend*, e a expressão *Lucy and she* formam um apositivo ao sujeito. Um apositivo deve estar sempre no mesmo caso das palavras que acompanha.

8 **she, they.** Dois parênteses, dois sujeitos. Os verbos *have* e *will make* precisam de sujeitos; *she* e *they* são os escolhidos.

9 **I, ourselves, sem pronome.** Na primeira parte da oração, você precisa de um sujeito para *will glue*. É possível descartar *me*, pois *me* é um pronome objeto. O pronome *myself* funciona apenas para dar ênfase, e neste caso, a oração seria *Elizabeth and I myself*. (*Elizabeth and myself* nunca é correto, pois os pronomes *–self* não substituem pronomes sujeitos.) No segundo parênteses, estamos procurando por um objeto para o verbo *will glue*. O pronome *we* é logo descartado porque é apenas para sujeitos. A próxima opção, *us*, é tentadora, mas tendo em vista que o agente e o receptor da ação são a mesma pessoa, *ourselves*, é melhor. Finalmente, o substantivo *Peyton* é o sujeito do verbo *decides*, então você pode imediatamente eliminar *he* (pronome sujeito) e *him* (pronome objeto). Não vejo necessidade para ênfase, então *himself* também está descartado.

10 **him.** Assim como a oração 7, aqui há muita camuflagem. Analise tudo entre *contacted* e a escolha de pronomes. O que sobra? *Peyton just contacted he/him/himself.* Você consegue identificar a resposta correta só de ouvir? *Peyton contacted he?* Acho que não! Você precisa do pronome objeto *him*. Não dá para

usar *himself* porque a ação não está recaindo sobre o sujeito (como em "He told himself not to worry"). Se você realmente quer uma explicação gramatical, pois certamente tem coisas melhores para fazer com seu tempo, *authorities* é o objeto do verbo *contacted*, e *Dan More and him* formam um apositivo. Um apositivo deve sempre estar no mesmo caso que seu equivalente.

11 **Sem pronome, us.** *Elizabeth* está praticando a ação, então você não tem motivo para acrescentar um pronome depois do nome dela. No segundo parênteses, vemos que o pronome está do lado receptor do verbo *will glue*. Não dá para conectar com *we*, porque *we* é para sujeitos, e receptores são objetos. *Ourselves* não se encaixa porque os pronomes *–self* são apenas para dar ênfase (*we ourselves will go...*) ou para situações em que o agente e o receptor são os mesmos (*I told myself...*).

12 **Sem pronome.** Um sujeito para o verbo *know* (*NASA ´S scientists*) já estão na oração. Não coloque um pronome a mais!

13 **him.** O verbo *offer*, mesmo na forma infinitiva (*to offer*), precisa do pronome objeto *him*.

14 **I** ou **I myself.** A primeira escolha é um pronome sujeito comum; a segunda é enfática. Você quer gritar ou simplesmente falar? Você escolhe.

15 **me.** *Matt told* é um par sujeito/verbo, então precisa de um pronome objeto (*me*) para receber a ação.

16 **Sem pronome, me.** *Elizabeth* é o sujeito do verbo *showed*, e duplicá-lo não faz sentido. No segundo parênteses, o pronome objeto *me* recebe a ação do verbo *told*. Você provavelmente pode "escutar" a resposta correta se utilizar seu dedão para cobrir as palavras *Matt and*. Isolando o pronome, pode rapidamente determinar que *Elizabeth showed I* não funciona. *Elizabeth showed me* soa bem — e está correto.

17 **who.** Foque na parte da oração que contém a dúvida *who/whom*: *who/whom should get the information*. O verbo *should get* precisa de um sujeito, então *who* é a escolha adequada.

18 **whomever.** O comprador está enviando para alguém, então o pronome que você insere recebe a ação de *sending*. Os receptores sempre são pronomes objetos, então *whomever* vence o prêmio.

19 **Who.** O verbo *is* precisa de um sujeito, e *who* é um pronome sujeito — uma combinação perfeita.

20 **whoever.** O verbo *believes* precisa de um sujeito. *Whoever* é um pronome sujeito.

21 **whoever.** Esta é complicada. Quando você escuta a palavra *to* (uma preposição), pode querer pular para o pronome objeto, pois *preposições* são completadas por pronomes objetos como *whomever*. Mas nesta oração, o verbo *is* precisa de um sujeito, e *whoever* preenche este papel. Para aqueles apaixonados por gramática (se você treme com a palavra, não leia esta parte), o objeto da preposição *to* é toda a cláusula, *whoever is willing to pay*.

22 **who.** Alguém *isn't saying*, então você precisa de um pronome sujeito. *Who* cumpre o papel.

23 **whom.** Esta oração é mais fácil de resolver se você isolar a parte da oração contendo a escolha de *who/whom*: *who/whom the expert consulted.* Agora, reorganize as palavras na ordem normal de sujeito e verbo: *the expert consulted whom. Whom* é o objeto do verbo *consulted.*

24 **whom.** Assim como na oração anterior, isolar e reorganizar é útil: *who/whom Matt saw, Matt saw whom.* O pronome *whom* serve de objeto para o verbo *saw.*

25 **whoever.** O verbo *is* precisa de um sujeito, então *whoever* é a opção certa para o trabalho.

26 **whom.** Concentre-se na parte da oração entre as vírgulas. Reorganize as palavras na ordem normal de sujeito e verbo: *I do not trust who/whom.* Agora você percebe que tem de ser *whom*? O pronome *I* é o sujeito, e *whom* é sobre quem se age, não o agente.

27 **whom.** A ação do verbo *scolded* precisa de um objeto e o pronome objeto *whom* faz o serviço.

28 **who.** O verbo *have* simplesmente precisa ter um sujeito (verbos são exigentes mesmo), então você precisa de *who.*

29 **who.** O verbo *can fake* concorda com o pronome sujeito *who* nesta oração.

30 **whoever.** Enganei você nesta? A preposição *to* precisa de um objeto, então à primeira vista *whomever* parece a melhor opção. Entretanto, o verbo *willing* exige um sujeito, e este sujeito é *whoever.* E sobre a preposição? Não se preocupe: o objeto da preposição é toda a declaração (ou oração, em termos gramaticais) *whoever is willing to listen.*

31 **they.** Certo, eu sei que não soa correto, mas você pode inverter "the criminals are they" para obter "they are the criminals". Para colocar de outro modo: *they* é um pronome sujeito e deve estar após o verbo de ligação *are.*

32 **them.** *To promise* não é um verbo de ligação; ele expressa ação. Após um verbo de ação, você precisa de um pronome objeto, e *them* encaixa com a descrição.

33 **she.** O *rightful owner* é *she*, e *she* é o *rightful owner.* Viu como ficou nítido invertido?

34 **I.** O pronome sujeito *I* deve estar após o verbo de ligação *is.*

35 **he.** *It is he* e *he is it...* De mais de uma maneira! Se o FBI for atrás de Matt, ele certamente é *it*, ao menos no que compete aos seus crimes. Falando gramaticalmente, devo apontar que *he* é um pronome sujeito e deve aparecer após o verbo de ligação *is.*

36 **them.** *Telling* é uma ação, então você precisa de um pronome objeto aqui, e *them* é um pronome objeto.

37 **him.** A preposição *to* precisa de um objeto. Na oração, ela tem dois — *Mom and him.* O pronome *him* funciona como objeto.

38 **Me.** A preposição *of* tem três objetos, incluindo *me.*

39 **me.** A preposição *between* pede dois objetos. Nesta oração, *Jessica* é um e *me* é o outro. Não caia na armadilha *between-and-I*; *between* pede por objetos, não sujeitos. E também, fique longe de myself. Os pronomes *–self* são apropriados apenas quando a ação recai sobre o sujeito ("I told myself") ou para dar ênfase ("I myself will cook the meal").

40 **me.** A preposição *to* requer o pronome objeto *me*.

41 **her, I.** A preposição *after* precisa de um objeto, e *her* assume este papel. No segundo parênteses, estamos procurando por um sujeito para o verbo *applauded* e *I* é a opção correta.

42 **him, he.** Você sabia que *past* pode às vezes ser uma preposição? O pronome objeto *him* funciona bem aqui. Na segunda parte da oração, opte por *he* porque o verbo *is* requer um sujeito e *he* é um pronome sujeito.

43 **us, whoever.** Esta é uma difícil; se acertou, merece um sundae de creme. O pronome *us* é melhor como um objeto da preposição *behind*. Mas a preposição *at* não é completada pelo pronome *whomever*. Ao invés disso, *whoever* funciona como sujeito do verbo *comes*. A coisa toda — *whoever comes too close* — é o objeto da preposição *at*.

44 **whom, him.** Mude a primeira parte da pergunta para uma afirmação e você acertará bem rápido: *This dog is snarling at whom*. A preposição *at* é completada pelo objeto *whom*. A segunda preposição, também *at*, precisa de um objeto, que é o pronome objeto *him*.

45 **He, him, I.** O verbo *thinks* precisa do pronome sujeito *he*. A preposição *on* precisa de um objeto, e *him* faz o trabalho. Finalmente, *I* é o pronome sujeito que deve concordar com o verbo *ripped*.

46 **them, her.** *Around* é uma preposição na oração, então precisa do objeto *them*. O pronome objeto *her* é o objeto da preposição *to*.

47 **me, himself.** A preposição *to* precisa de um objeto, então escolha *me*. Na segunda parte da oração, *letter carrier* está falando com *himself*. A ação retorna para o sujeito, então um pronome *–self* é o adequado.

48 **him, me.** Não se pode escrever *to he* ou *I*, pois *he* e *I* são pronomes sujeitos e a preposição *to* não pode ficar sem um pronome objeto.

49 **whoever.** A preposição *from* precisa de um objeto, mas nesta oração complicada, toda a expressão *whoever really wants to catch his attention* é o objeto, não apenas a primeira palavra. O pronome *whoever* funciona como sujeito do verbo *wants*.

50 **I, he, we.** Primeiro, você precisa de um pronome sujeito (*I*) para o verbo *are*. Depois, precisa de outro sujeito (*he*) para o verbo *is*. Por último, precisa de um pronome sujeito *we* para concordar com o verbo *chew*.

51 **his, their.** *Lincoln* não precisa de ajuda com uma pessoa, e sim com uma tarefa (*editing*). De quem é essa edição? *His*. Seguindo em frente, *Lincoln* não está ansiosa por uma pessoa e sim por uma ação (*correcting*). De quem é a correção? *Their correcting*.

52 **their.** *Lincoln* não odeia o pessoal da agência, mas ele não ama *their sending pronoun-lovers*. O pronome possessivo altera o foco da ação para onde ele deve estar.

53 **him, her.** Inseri esta para ver se você estava ligado. *Lori saw him*. O que ele estava fazendo? *Reading*, mas o *reading* é uma descrição inserida na ideia principal, que é o fato de que *she saw him*. Um possessivo não é solicitado nesta oração.

54 **her, her.** A objeção não é a uma pessoa (*she*), mas a uma ação (*insisting*). Coloquei um pronome possessivo regular no final da oração, para ver se você estava prestando atenção. Aqui, o anel pertence a ela.

55 **my, my.** O ponto desta oração é a reação de *Lincoln* à *editing* e à *pronouncing*. O pronome possessivo *my* mantém a atenção do leitor em *editing* e *pronouncing*, não em *me*.

56 **she, she.** Nestas comparações implícitas, acrescente as palavras que faltam. *Oscar is a careful as she is* e *he pulls out more plants than she does*.

57 **they.** Acrescente o verbo implícito (*do*) e ouvirá a resposta imediatamente: *as they do*. O pronome *they* é o sujeito do verbo *do*.

58 **we.** Os *chipmunks munch more than us munch*? Acho que não! Eles *munch more than we munch*.

59 **I.** Coloque as palavras que faltam no final da oração, e conseguirá ouvir a resposta: *than I have planted*. Você precisa de um sujeito (*I*) para o verbo implícito *have planted*.

60 **me.** As palavras que faltam estão no meio da oração. *Oscar gives more zucchini to the chipmunks than he gives to me*. O pronome objeto *me* é necessário aqui.

61 **he.** Quanto eles gostam de vegetais? *As much as he does*. O pronome sujeito *he* é o que você precisa aqui.

62 **they.** *Than* inicia a comparação e *they do* termina. O verbo *do* está implícito aqui.

63 **she.** Novamente, *than* sinaliza comparação. O verbo implícito é *does*, e *she* é o sujeito.

64 **their.** O pronome plural *both* combina com o pronome possessivo plural *their*.

65 **his or her.** Tecnicamente você pode responder "his best wishes" e pode estar gramaticalmente correto, mas sempre prefiro um termo mais inclusivo *his or her*. Não concorde o plural *their* com o singular *everyone*.

66 **their.** O pronome plural *many* é um bom par para o possessivo plural *their*.

67 **their.** O pronome *few* é plural, assim como é *their*. Um belo par!

68 **his or her.** O possessivo singular *his or her* conecta-se corretamente ao singular *someone*.

69 **his or her.** Novamente você está concordando um possessivo com o pronome singular *everyone*.

70 **his or her.** O pronome singular *anybody* deve concordar com um pronome possessivo singular (ou dois, para ser justo com os gêneros), então vá com *his or her*.

71 **its.** Sim, esta oração refere-se às verrugas, mas o *each* indica que você está falando sobre uma verruga por vez. O singular *each* concorda com o pronome possessivo singular *its*.

Não confunda o pronome possessivo *its* com a forma abreviada de *it is* (*it's*). O possessivo não tem apóstrofo.

72 **their.** O pronome *several* leva você para o território plural, onde *their* manda.

73 **he or she.** O pronome *someone* é singular (percebe o *one* dentro da palavra?) e deve concordar com o singular *he or she*.

74 **his or her.** Se souber que ambos os cirurgiões são homens (ou ambas mulheres), utilize um dos pronomes singulares (*his* ou *her*). Caso não conheça o gênero, vá com o inclusivo *his or her* (escrevendo ambos os pronomes no singular). Não importa o que aconteça, não opte pelo plural *their*, porque *neither* é singular.

75 **it.** O singular *nothing* concorda com o pronome singular *it* nesta oração.

76 **it.** O singular *not one* precisa do singular *it*.

77 **their.** O pronome plural *both* diz a você que as garotas estão ansiosas por dois retratos. Isto também diz que precisa do pronome plural *their*.

78 **was.** A dica aqui *the only one*. Nem todos, nem alguns, tubarões vão pegar a isca incomum de Kristin. *Only one was hungry enough*. O pronome *that* é singular.

79 **was.** O pronome *that substitue bait*, uma palavra no singular que deve concordar com o verbo no singular *was*.

80 **likes.** Agora, Kristin está falando sobre *one shark* e o pronome *that* é singular.

81 **sail.** O pronome *who* se refere a *fans*, então o *who* é plural e requer um verbo no plural, *sail*.

82 **doesn´t.** O *only* nos diz que o pronome *that* é singular e, portanto, desesperado por um verbo no singular, *doesn´t*. Está bem, ele não está desesperado, mas você captou a ideia.

83 **believe.** Ela não é a única, é uma dentro de um grupo. A pessoa em um grupo *believe*.

84 **is.** O pronome *that* representa *bait*, então *that* é singular e requer o verbo no singular *is*.

85 **were.** Quantas pessoas estão rindo? Não apenas uma. (Conhecendo Kristin, acho que centenas.) O *who* é plural, assim como o verbo *were*.

86 **is.** Apenas um taxidermista, então o singular é a melhor opção.

87 **are.** Por mais que possa parecer estranho, mais de uma marca de manteiga de amendoim é apetitosa para os tubarões. (Nenhum tubarão ficou ferido no processo.) Bingo! Você precisa de um plural.

88 **advertise.** O pronome *which* representa *manufacturers*, um substantivo plural que concorda com o verbo no plural, *advertise*.

89 **are, is.** Para o primeiro parênteses, pergunte-se quantos *manufacturers* estão interessados. Um? Mais de um? Porque a resposta é mais de um. Logo, você precisa de um verbo no plural. A segunda opção está no significado de *which*. Aqui o pronome se refere a *brand*, um substantivo singular, então *which* é singular, assim como o verbo que deve concordar com *which*.

90 **spreads.** Porque *FaceNut is the only one*, você precisa do verbo no singular, *spreads*, para concordar com o pronome singular, *that*.

91 **goes.** Na oração, o pronome *which* se refere a *peanut butter*, um substantivo singular, então *which* é singular e requer um verbo no singular, *goes*.

92 **contain.** Quantos *fishcakes* contêm carne de tubarão? Mais de um, então o pronome *that* é plural e concorda com o verbo no plural *contain*.

93 **Jeffrey jogged for an hour in an effort to work off the pounds he had gained during his last three-hour lunch, without success.** A forma mais fácil de corrigir o problema do pronome (na oração original, *this* referia-se incorretamente à oração inteira, não a um único substantivo) é eliminar o *this*. Você pode excluir o *this* em um grande número de opções, incluindo a citada aqui.

94 **He's always admired the superhero with flat abs, but no matter how hard he tries, he can't be one.** Agora, o pronome *one* refere-se à *superhero*. No original, o substantivo *superhero* não aparece, apenas o possessivo *superhero's*, que não concorda com o pronome não-possessivo *one*.

95 **Correto.** O pronome *that* substitui uma palavra: *sit-ups*.

96 **The fact that Jeffrey's next fitness effort ended in disaster did not discourage him.** Elimine o pronome e você elimina o problema, que é o pronome *that*. *That* não pode se referir, como faz na oração original, a toda uma oração (*Jeffrey's next fitness effort ended in disaster*).

97 **As a temporary solution, he simply ignored the arrest warrant and continued to run.** O pronome *this* precisa da referência de uma palavra, mas no original, *this* substitui tudo que aparece antes do ponto e vírgula. Como sempre, uma correção simples é reescrever sem um pronome.

98 **Correto.** Surpreso? O pronome *which* refere-se à *sonnets*. Uma palavra sai e a outra entra. Tudo certo.

99 **The great poet inspired Jeffrey to study poetry also.** No original, ninguém pode descobrir o que *it* significa. A solução é inserir um substantivo (*poetry*) e excluir o pronome.

100 **"No, I did not see the car when I directed my bicycle into the street," testified Jeffrey, "but my distraction wasn't the cause of the accident."**

Uma solução possível é cortar *that* e inserir algo específico. Eu escolhi *distraction*, mas você pode optar por *blindness*, *lack of awareness* ou algo similar.

101 **Correto.** O pronome *which* refere-se a *phone*, um uso permitido.

102 **The judge was not impressed by Jeffrey's testimony and fined him, and Jeffrey paid the $500.** Certo, escolha a quantia que quiser, desde que exclua o *it*. Porque o *it* está incorreto? A oração original não tem *fine*, apenas o verbo *fined*. Um pronome substitui um substantivo, não um verbo.

103 **When Jeffrey paid the fine, he was impressed by the court clerk, who quoted Shakespeare.** O problema aqui está no pronome *which*. Na oração original, o *which* refere-se ao fato de que a funcionária da corte declamou sonetos enquanto Jeffrey contava seu dinheiro. Em minha sugestão de reescrita, excluo o *which*.

104 **"I see you are a sonneteer," commented Jeffrey as he smiled and gave the clerk a romantic look; she was not impressed by Jeffrey's efforts at all.** A oração original contém um pronome vago (*this*). Você pode eliminar isso de formas diferentes; simplesmente escreva um substantivo no lugar de *this* e está pronto.

105 Three chaperones and ~~myself~~ **I** left school at 10:03 a.m. with 45 freshmen, all
106 of ~~who~~ **whom** were excited about our visit to Adventure Land. The day ~~it~~ 107
108 passed without incident, which was a great relief to me. My friend Jim and
109 ~~me~~ **I** sat in the Adventure Land Bar and Grille for five hours while the
youngsters visited Space Camp, Pirates' Mountain, and other attractions that
110 ~~is~~ **are** overpriced but popular. Each of the students at my table (Alex and
111 another boy) objected to ~~me~~ **my** eating such good food and said they wanted
112 ~~one~~ **some** too. The bus driver and ~~myself~~ **I** explained that everyone was 113
114 supposed to eat ~~their~~ **his or her** school-issued lunch. This was a 115
116 disappointment, and the two students — Alex and ~~him~~ **he** — threw them at 117
me. We got on one of the vans that ~~was~~ **were** overdue for maintenance. The 118
119 motor whirred loudly, and it scared ~~whomever~~ **whoever** heard the noise. We 120
drove to Makoski Brake and Wheel Repairs because the driver said ~~their~~ **its** 121
122 expertise was what we ~~ourselves~~ needed. Makoski is also the only one of the
123 many repair shops on Route 9 that ~~take~~ **takes** credit cards, which was helpful 124
because I had spent all my money in the Adventure Land Bar and Grille.

105 Os pronomes *–self* são para ações que recaiam sobre o sujeito ou para dar ênfase — e não é o caso aqui — então substitua *myself* por *I*.

106 A preposição *of* precisa de um objeto, não de um sujeito (como *who*). *Whom* é um pronome objeto.

107 O substantivo *day* faz todo o trabalho aqui e a oração não precisa de um pronome extra. Remova *it*.

108 O pronome *which* não pode se referir a uma oração inteira, como faz no original. Veja uma opção melhor: "I was relieved that the day passed without incident."

109 O pronome *I* é para sujeitos e *me* para objetos.

110 O pronome *that* se refere a todas as atrações caras demais, então o pronome é plural e requer um verbo no plural, *are*.

111 Os garotos não estão fazendo objeção a *me*, mas ao *teacher´s eating*. O pronome possessivo *my* coloca a ênfase no local adequado.

112 O pronome *one* deve se referir a um item específico de comida — um sanduíche, uma refeição ou algo semelhante. *Some*, por outro lado, pode se referir à *such good food*. Pense na oração da seguinte forma: O professor está *eating some good food*, mas não *one good food*.

113 O pronome *I* é um sujeito. *Myself* pode receber a ação ou acompanhar outro pronome para dar ênfase. Nesta oração, *myself* não está fazendo nenhum destes papéis, então está incorreto.

114 O pronome *everyone* é sigular, e no original está concordando com *their*, um plural. Faça a concordância entre *everyone* com um pronome singular, *his or her*.

115 O que foi uma decepção? A ideia toda — que os alunos deveriam comer uma carne misteriosa. Mas nenhum pronome pode substituir o par sujeito/verbo, então a oração não funciona. Um opção melhor deveria começar com: "They were disappointed".

116 *Alex and he* são apositivos (equivalentes) de *the two students*, que é o sujeito da oração. Um apositivo deve estar no mesmo caso que as palavras a que se refere.

117 O pronome *them* pode significar apenas os almoços dos garotos, mas *lunch* é o que está mais próximo e não *lunches*. Para corrigir este erro, reescreva a oração eliminando o pronome (que está muito longe de lunch): "...and threw food at me".

118 Mais de uma van precisa de manutenção, então *that* é plural e também o verbo (*were*) que concorda com ele.

119 Certo, *it* pode ser o motor, mas o significado mais provável desta oração é que o barulho era tão assustador, não o motor. Portanto, *it* refere-se à *the motor whirred loudly*. Pênalti! Um pronome não pode substituir um par de sujeito e verbo.

120 O verbo *heard* precisa de um sujeito e *whoever* é um pronome sujeito.

121 *Repair shop* é singular, mas *their*, o pronome que se refere a ela, é plural. Substitua *their* por *its*.

122 A oração não justifica ênfase, então *ourselves* é desnecessário.

123 Se *only one* está na oração, você sabe que se trata de singular. O pronome *that* é singular e precisa de um verbo no singular, *takes*.

124 Reescreva a oração para eliminar o pronome, porque *which* não pode se referir a um par sujeito/verbo. Uma melhor versão seria: "Because I had spent all my money, I was pleased that the garage accepted credit cards."

Capítulo 10

Viajando no Tempo: Escolhendo o Verbo Correto para Orações Traiçoeiras

Neste Capítulo

- Escolhendo o tempo apropriado para resumir o discurso e fazer afirmações
- Escrevendo sobre arte e literatura no tempo correto
- Indicando tempo com as locuções verbais

Did Arthur say that he *has* or *had* a cold? *Is* or *was* Mars a planet? *Did* or *does* Hamlet talk too much? Que efeito as locuções verbais — formas híbridas que são meio verbo meio outro tipo de classe gramatical — têm na determinação do tempo dos eventos em uma oração? Se você já conhece todas essas questões, largue o livro e vá pescar. Se não tem tanta certeza, teste suas habilidades nos exercícios sobre tempo verbal deste capítulo.

Falando do Passado e de Coisas que Nunca Mudam

Os humanos adoram fofocar, então aposto que agora mesmo você tem uma história para contar. Por estar contando (na verdade, recontando) algo que já aconteceu, sua base de operações é o tempo pretérito. Observe os verbos do tempo pretérito em itálico:

> She *caught* Arthur with Stella, but he *told* her that he *was* only tying Stella's bow tie and not nibbling her neck. Then she *said* that Arthur *brought* her a box of candy with a note saying that no one else *had* eyes like hers.

Os tempos verbais estão todos no passado porque é nele que geralmente está o discurso indireto. Então, mesmo que Stella ainda *has incomparable eyes*, neste parágrafo, o verbo *had* é a melhor opção. Entretanto, se você está falando sobre algo que nunca vai mudar, que para sempre será verdade, o tempo presente é o único que faz sentido, não importa o que mais está acontecendo na oração. Veja este exemplo:

> **Errado:** "Marty told me that the earth was a planet."
>
> **Por que está errado:** O que a Terra é agora, uma rosca? O fato imutável, que a Terra é um planeta, deve ser expresso no presente, independentemente do fato de que todo o restante do discurso indireto deva estar no pretérito.
>
> **Certo:** "Marty told me that the earth is a planet."

DICA

Outra exceção importante da regra de manter o discurso indireto no tempo pretérito surge quando estamos escrevendo sobre obras de arte ou literatura. Veja a seção, neste capítulo, "Romeu está vivo! Escrevendo sobre Literatura e Arte no Tempo Presente" para saber mais.

CUIDADO!

Um erro comum é trocar um tempo por outro sem motivo válido. Costumo ouvir pessoas dizendo algo como "He finally texted me. He says that the big dance is a waste of time!" O autor começa no tempo pretérito (*texted*), mas os dois verbos seguintes (*says*, *is*) estão no presente. Bola fora! Se você iniciar no tempo pretérito, continue nele, ao menos que o conteúdo requeira uma mudança. A forma correta de explicar algo que aconteceu é dizer "He finally texted me. He said the big dance was a waste of time."

PRATIQUE

Circule os verbos corretos entre as opções nos parênteses. Só para garantir que está prestando atenção, inseri alguns verbos que não resumem o discurso, bem como outras afirmações que nunca vão mudar.

P. At yesterday's tryouts for the reality show Grammarian Idol, Roberta (tells/told/will tell) the producer that she (likes/liked/will like) selecting pronouns while dangling 20 feet above the ground.

R. **told, liked.** A primeira resposta é fácil. Se os testes fossem ontem, o fato de que Roberta mentiu para o produtor (ela na verdade odeia pronomes) tem que estar no tempo pretérito. *Told* é passado. A segunda parte é mais traiçoeira. Roberta pode continuar gostando de escolher os pronomes corretos, mas o tempo pretérito é o caminho a ser seguido, pois os sentimentos de uma pessoa sempre mudam.

1. The director of Grammarian Idol explained to the candidates that he (has/had/will have) to select a maximum of 30 contestants.

2. Most of the contestants eagerly replied that they (want/wanted/would want) to make the final 30.

3. Those selected were set to compete against 14 other candidates, because the producers made two separate groups, and 15 (equals/equaled) half of 30.

4. Roberta, who (likes/like/had liked) to play hard to get, screamed at the director that he (doesn't/didn't) have the faintest idea how to select the best applicants.

5. One contestant who didn't make the cut, Michael Hooper, told me that Roberta (is/was/had been) the clear winner of the first two challenges — the noun toss and the pronoun shuffle.

6. For the first challenge, a noun, which (is/was) a word naming a person, place, thing, or idea, (is/was) thrown into a container resembling a basketball hoop.

7. During the second contest, the pronoun I, which (is/was) capitalized, (is/was) moved around the racetrack by contestants who (wear/wore) blindfolds.

8. Michael whispered something surprising: Roberta (fails/failed/had failed) the psychological test.

9. The test comes from Austria, which (is/was) in Europe.

10. A month ago, when the psychologist (asks/asked) Roberta her feelings about various parts of parts of speech, Roberta said that the linking verbs (do/did) present a problem.

11. "Why (don't/didn't) you like linking verbs?" (continues/continued) the psychologist.

12. Roberta explained that any form of the verb to be (annoys/annoyed) her; she also said she hated any verb she (encounters/encountered) in science class.

13. Her science teacher (is/was) not Roberta's favorite, she explained, although she (admires/admired) his vegetarian philosophy.

14. Vegetarians (don't/didn't) eat meat.

15. "I (try/tried) to avoid sentences about science," said Roberta in her interview.

16. She went on to say that adjectives (are/were/had been) her favorite part of speech.

17. The psychologist later reported that he (is/was/had been) worried about Roberta's reaction to punctuation.

18. Roberta apparently said that commas (are/were/had been) "out to get her."

19. She remarked that exclamation points (threaten/threatened/had threatened) her also.

20. An exclamation point (is/was) formed by placing a dot under a vertical line; vertical lines (run/ran) up and down, not side to side.

21. Roberta related well to the psychologist, who complained that quotation marks (hem/hemmed) him in and (make/made) him feel trapped.

22. Roberta and the psychologist disagreed, however, when Roberta said that the semicolon (is/was) the best punctuation mark.

23. The director said that he (doesn't/didn't) know what to make of Roberta's punctuation obsession.

24. He declared that she (is/was) too unstable for a show that relies heavily on question marks.

25. The assistant director, on the other hand, whispered that Roberta (is/was) faking a punctuation phobia just to attract attention.

26. "She answered only half of the questions correctly," he continued; because half of 100 (is/was) 50, Roberta (fails/failed).

27. Marty, rejected by Grammarian Idol, probably won't be hired as a science teacher because he told the interviewer that each molecule of water (has/had) three oxygen atoms.

28. Science has never been Marty's best subject, as I realized when he explained that water (covers/covered) nine tenths of the planet.

29. In fact, land (makes/made) up about a quarter of the earth's surface.

30. Marty sniffed and said that he (has/had) a cold and couldn't think about the earth anyway.

Romeu Vive! Escrevendo sobre Literatura e Arte no Tempo Presente

No final de Romeu e Julieta de Shakespeare (alerta de spoiler!), os personagens principais morrem. No entanto, toda vez que você abre o livro ou assiste a peça, eles revivem. Os eventos nos livros ou nas peças estão sempre acontecendo, assim, o tempo presente é geralmente a melhor opção quando se trata de literatura. Nem sempre, é claro. Às vezes, queremos explicar que um evento na história ocorreu antes de outro. Nessa situação, o tempo pretérito pode ser a única opção para falar do evento anterior. Outros tipos de arte também recorrem ao tempo presente. No famoso retrato de Gertrude Stein, de Picasso, por exemplo, sua figura carrancuda *looks (parece)* — e não *looked* — como um monumento entalhado em um bloco de pedra.

DICA

Ao escrever sobre o ato de criar arte, o tempo pretérito é o melhor, como "Picasso painted Gertrude Stein´s portrait." (*Painted* é o pretérito do verbo).

Hora de gastar um pouco de tempo. Nas lacunas, escreva a forma correta dos verbos (na verdade, os infinitivos, a forma original de cada família de verbo) que aparecem entre parênteses no final da oração. Para mantê-lo atento, misturo orações sobre obras de arte (onde o presente é, em geral, preferível) com orações sobre o processo artístico ou sobre o artista (geralmente, no passado). Depois do exemplo, criei frases sobre obras de arte que não existem. Divirta-se.

P. In Jane Austen's Sense and Sensibility, Marianne ________________ her ankle. (to sprain)

R. **sprains.** Para escrever sobre este evento no romance de Jane Austen, o presente é a melhor opção.

31. The horizontal bands in Lola's paintings ________________ random, but she ________________ the width of each band using a complex formula involving horses at her local racetrack. (to appear, to calculate)

32. Lola, who also ________________ a mystery novel, ________________ a character who ________________ his lunch money every day and often ________________. (to write, to create, to bet, to win)

33. The character's name ________________ William, and in every scene he ________________ a hat. (to be, to wear)

34. William ________________ the murder of a veterinarian; in one scene a parrot ________________ a vital clue, but William ________________ the bird perhaps because earlier the parrot ________________ William. (to investigate, to provide, to ignore, to bite)

35. When asked about her writing, Lola ________________ that William ________________ loyalty, honor, and the need for a reliable birdseed provider. (to maintain, to represent)

36. Followers of Lola's blog ______________ for years on William's fear of parrots, which they ______________ "parrot-noia"; in fact, today someone ______________ about that topic. (to comment, to call, to write)

37. The parrot ________________ a poet; he ________________ sonnets and sometimes ________________ them loudly. (to be, to favor, to recite)

38. As of today Lola ________________ 17 copies of her novel, which ________________ place in New York City. (to sell, to take)

Ordenando os Fatos com as Locuções Verbais

No Capítulo 1, explico os tempos simples e perfeitos dos verbos (pretérito, presente, futuro, pretérito perfeito, presente perfeito e futuro perfeito). Aqui, você mergulha no caldeirão borbulhante da gramática para saber como escolher o melhor tempo para aqueles elementos complicados chamados locuções verbais. Assim como o nome sugere, locuções verbais trazem uma ligação com os verbos, mas também carregam uma ligação com outras classes gramaticais (substantivos, adjetivos e advérbios). Elas nunca agem como verbo na oração, mas podem influenciar o sentido de tempo transmitido pela oração. Mantenha os olhos abertos para os infinitivos, particípios e gerúndios — os três tipos de locução verbal.

- **Infinitivos** são os verbos acrescidos de "to". Eles podem funcionar como substantivo ou atuar como descritor. ("To be safe, Alice packed a few hundred rolls of breath mints". Nesta oração, *to be* é um infinitivo.)

- **Particípios** são as formas verbais terminadas em *–ing*, *–ed*, ou *–en*, mais alguns irregulares. Eles também são a forma verbal que se junta com *has*, *have* ou *had*. O particípio descreve, geralmente explicando que ação alguém está praticando. ("Inhaling sharply, Elaine stepped away from the blast of peppermint that escaped from Alice´s mouth." Nesta oração, *inhaling* é um particípio que traz uma informação sobre Elaine. O verbo é *stepped*.)
- **Gerúndios** são as formas verbais terminadas em *–ing*, usadas como substantivos. ("Going to the beach is fun." *Going* é um gerúndio. O verbo é *is*.)

As locuções verbais dão informação temporal. Uma forma simples (sem *has*, *have*, *having* ou *had*) mostra que a ação está acontecendo ao mesmo tempo que a ação expressa pelo verbo principal da oração. A forma perfeita (com *has*, *have*, *having* ou *had*) coloca a ação expressa pela locução verbal antes da ação do verbo principal.

A parte complicada sobre escolher entre a forma simples e a perfeita é decidir se os eventos são realmente simultâneos, ao menos no sentido gramatical. Primeiro, descubra qual a importância da linha do tempo. Se os eventos ocorrem tão próximos que é indiferente saber o que ocorreu primeiro, use a simples. Se for importante para o leitor/ouvinte saber que um evento aconteceu ou acontecerá após outro, use a forma perfeita.

Sequências temporais — a combinação de verbos e locuções verbais para expressar a ordem dos eventos — é figura carimbada em vestibulares e provas do ENEM.

No exemplo e nos exercícios seguintes, saia de sua máquina do tempo e leia sobre um clareador dental fictício chamado "GreenTeeth". O conteúdo é estranho, mas tudo que você precisa se preocupar é em localizar e circular a forma verbal correta.

P. (Perfecting/Having perfected) the new product, the chemists asked the boss to conduct some market research.

R. **Having perfected.** Os dois eventos ocorreram no passado, com a solicitação dos químicos mais próxima do momento presente. O evento expresso pela locução verbal (um particípio, se você realmente precisa saber) atribui outra ação aos químicos. A forma perfeita (criada com o *having*) coloca a ação de *perfecting* antes da ação expressa pelo verbo principal da oração, *asked*.

39. (Peering/Having peered) at each interview subject, the researchers checked for discoloration.

40. One interview subject shrieked upon (hearing/having heard) the interviewer's comment about "teeth as yellow as sunflowers."

41. (Refusing/Having refused) to open her mouth, she glared silently at the interviewer.

42. With the market research on GreenTeeth (completed/having been completed), the team tabulated the results.

43. The tooth whitener (going/having gone) into production, no further market research is scheduled.

44. The researchers actually wanted (to interview/to have interviewed) 50 percent more subjects after GreenTeeth's debut, but the legal department objected.

45. Additional interviews will be scheduled if the legal department succeeds in (getting/having gotten) participants to sign a "will not sue" pledge.

46. "(Sending/Having sent) GreenTeeth to the stores means that I am sure it works," said the CEO.

47. (Deceived/Having been deceived) by this CEO several times, reporters were skeptical.

48. (Interviewing/Having interviewed) dissatisfied customers, one reporter was already planning an exposé.

49. (Weeping/Having wept), the marketing team applauded the boss's comment.

50. Next year's Product Placement Awards (being/having been) announced, the GreenTeeth team is celebrating its six nominations and looking for future dental discoveries.

Chamando Todos os Conquistadores: Prática Extra com Tempos Verbais

PRATIQUE

Você precisa saber como resumir discursos, afirmar fatos imutáveis, fazer referências literárias e criar uma linha de tempo com locuções verbais para editar este relatório de acidente. Verifique o relatório na Figura 10-1 e circule os verbos e locuções verbais apropriados entre parênteses.

GMT Industries Incident Report

Date: 8/29/10 Time: 1:10 a.m. Place: Loading dock

(Proceeding, Having proceeded) from the locker room, I noticed smoke (coming, having come) from a doorway that leads to the loading dock. (Knowing, Having known) that no deliveries were scheduled, I immediately became suspicious. I radioed the other guard on duty, Faulkner. Faulkner, not (turning, having turned) off the television, couldn't hear me. (Screaming, Having screamed) into the radio that I needed him right away, I crept up to the door. I was so scared that I (understand, understood, had understood) how Hamlet feels when he (meets, met, had met) the ghost.

As I waited, (touching, having touched) the door to see whether it was getting hot, I sincerely wished (to find, to have found) Faulkner and (to strangle, to have strangled) him for not (replying, having replied) when I called. (Arriving, Having arrived), Faulkner apologized and explained that the show (is, was, had been) his favorite. He also said that he (has, had) a clogged ear that he (has, had) not been able to clean out, no matter how many toothpicks he (uses, used).

"(Speaking, Had spoken) of heating up," I remarked, "the door is cool." I reminded him that fire (is, was) hot, and where there's smoke (there is, there was) fire. Then Faulkner and I, (hearing, having heard) a buzz from the other side of the door, ran. I told Faulkner that the buzz (is, was) not from a bomb, but neither of us (being, having been) in the mood to take chances, we headed for the locker room. We did not put the television on again, Faulkner's show (being, having been) over for more than ten minutes. We waited for the police to arrive, (calling, having called) them some time before. We didn't hear the director yell, "Cut!" In no way did we intend (to disrupt, to have disrupted) the film crew's work or (to ruin, to have ruined) the dry ice that caused the "smoke." (Respecting, Having respected) Hollywood for many years, Faulkner and I wish Mr. Scorsese only the best with his next film.

Figura 10-1: Exemplo de relatório de acidente.

Respostas para os Problemas Avançados de Tempo Verbal

Agora que você já viu como os verbos podem ser traiçoeiros, use esta seção para conferir suas respostas para os exercícios.

1 **had.** A dica está no verbo *explained*, que diz que você está resumindo um discurso. Vá com o tempo pretérito, *had*.

2 **wanted.** *Replied* é uma pista de que você está resumindo um discurso, então *wanted*, o tempo pretérito, é melhor. A última opção, aliás, impõe uma condição (*he would do something under certain circumstances*). Já que a oração não impõe uma condição, aquela opção não é apropriada.

3 **equals.** A matemática não muda, então o verbo deve estar no tempo presente.

4 **likes, didn't.** A primeira opção não tem nada a ver com discurso indireto e é simplesmente uma declaração sobre Roberta. O tempo presente funciona bem nesse ponto. A segunda escolha é um discurso indireto (bem, um discurso gritado, mas as mesmas regras se aplicam), então o verbo *didn't* no tempo pretérito preenche a lacuna.

5 **was.** A oração diz que *Michael Hooper told.* O tempo pretérito funciona aqui para resumir o discurso.

6 **is, was.** A definição de um substantivo não muda, então você precisa do tempo presente para o primeiro parênteses. No segundo, você está simplesmente contando o que aconteceu no show, então o escolhido é o pretérito.

7 **is, was, wore.** As regras da gramática são constantes, e condições permanentes são melhor expressas pelo tempo presente, então *is* deve ser o escolhido no primeiro parênteses. Os dois verbos seguintes requerem tempo pretérito porque eles expressam ações que ocorreram no passado.

8 **failed.** Você pode chegar à resposta de duas formas diferentes. Se Michael *whispered*, a oração está resumindo o que ele disse. Outra forma de ver a oração é imaginar que Michael está dizendo algo que já aconteceu e não algo que está acontecendo no momento presente. De qualquer modo, o tempo passado *failed* é o melhor.

9 **is.** A Áustria não vai a lugar algum, então a oração expressa uma condição imutável. Use o tempo presente.

10 **asked, did.** A primeira resposta vem do fato do teste psicológico estar no passado. A segunda é discurso indireto (as palavras de Roberta) e pede o tempo pretérito.

11 **don't, continued.** Comemore se tiver acertado esta. As aspas indicam que as palavras são exatamente o que disse o psicólogo. O discurso não está resumido; está citado. O tempo presente faz sentido aqui, pois o responsável pelo teste está perguntando a Roberta sobre seu estado mental no momento. A ação do psicólogo, porém, ocorreu no passado, então *continued*, um verbo no pretérito, é o verbo dicendi que você procura.

12 **annoyed, encountered.** Discurso indireto aqui, indicado pelo verbo *explained*. Assim sendo, o tempo pretérito é o que você quer.

13 **was, admired.** Mais uma vez, nesta oração, é apresentado um discurso indireto e, portanto, precisa de um verbo no tempo pretérito.

14 **don´t.** A definição de *vegetarian* é imutável, opte pelo tempo presente.

15 **try.** Esta declaração não é discurso indireto, mas uma citação direta de Roberta. Ela está falando sobre suas ações atuais, então o tempo presente se aplica.

16 **were.** Os comentários de Roberta estão resumidos, não citados, então o tempo pretérito é apropriado.

17 **was.** O psicólogo pode ainda estar preocupado (eu estaria, se estivesse tratando Roberta!), mas o resumo do que ele disse deve estar no tempo pretérito simples.

18 **were.** Os parênteses contêm dois verbos no tempo pretérito, *were* e *had been*. A forma *had* é utilizada para colocar um evento mais no passado que outro, uma situação que não é necessária aqui, porque você está simplesmente resumindo o que alguém disse e não colocando os eventos em uma ordem. Vá com o tempo pretérito simples.

19 **threatened.** O comentário de Roberta sobre os pontos de exclamação é um discurso resumido pedindo pelo tempo pretérito.

20 **is, run.** O tempo presente é a escolha certa aqui, porque a descrição dos sinais de pontuação não muda.

21 **hemeed, made.** Os comentários do psicólogo devem, como todo discurso indireto, estar reportados no tempo pretérito simples.

22 **was.** Eu também gosto de pontos e vírgulas, embora hesite em dizer que eles sejam os melhores. O que quer que eu diga sobre eles, entretanto, deve ser resumido no tempo pretérito simples.

23 **didn't.** "The director said" é sua dica para utilizar um tempo pretérito simples, pois você está resumindo o discurso.

24 **was.** "He declared" diz que você está resumindo o que ele disse. Assim sendo, o tempo pretérito é o caminho correto.

25 **was.** A palavra *whispered* é a chave aqui, pois indica um discurso indireto, que pede pelo tempo pretérito simples.

26 **is, failed.** O fato de que 50 é a metade de 100 é uma verdade imutável, assim você precisa do tempo presente.

27 **had.** A composição de uma molécula de água é uma constante, mas esta sentença fala sobre o que Mary disse, e não sobre um fato imutável. Portanto, o tempo pretérito é o correto aqui.

28 **covered.** O verbo *explained* nos diz que isso é um discurso direto, onde o apropriado é o pretérito.

29 **makes.** A quantidade de terra não muda, use o presente.

30 **had.** Resfriados vêm e vão, não são condições imutáveis. A regra do discurso indireto não muda. O tempo pretérito é o ideal.

31 **appear, calculated.** A primeira parte da oração descreve uma obra de arte, então o tempo presente do verbo *appear* é o que você quer. A segunda parte explica como a obra de arte foi criada, um evento que ocorreu no passado. Portanto, opte pelo pretérito do verbo, *calculated*.

32 **is, wears.** Para essas simples declarações sobre obras literárias, use o presente.

34 **investigates, provides, ignores, bit.** As primeiras três declarações estão no presente, como geralmente são os comentários sobre literatura e arte. O último verbo é um pouco traiçoeiro, a oração explica porque William ignora o pássaro, citando um evento prévio. Já que a ordem dos eventos é importante, o tempo presente do verbo, *bit*, é a melhor.

35 **maintained, represents.** O verbo *asked* nos diz que os comentários de Lola também ocorreram no passado, então o pretérito do verbo, *maintained*, é o correto. O significado simbólico, porém, não muda e deve ser expresso no presente.

36 **have commented, call, wrote.** A primeira escolha que você enfrenta é a ação dos leitores de Lola. Já que essas ações começam no passado e perduram no presente, o presente perfeito é a melhor opção. Continuando: o segundo parênteses trata dos comentários no blog. Apesar de blogs não se equipararem à literatura, eles são trabalhos escritos, então o presente é o mais adequado. A última parte da oração descreve o que alguém fez no passado, então requer um verbo no pretérito.

37 **is, favors, recites.** Esses três verbos falam de eventos no romance de Lola, então o presente é o que você precisa.

38 **has sold, takes.** A primeira parte da oração começa no passado e perdura no presente, e o presente perfeito (perdoe o trocadilho) é perfeito para essa situação. O cenário do romance é descrito no presente, porque este é o tempo adequado para escrever literatura.

39 **Peering.** Aqui as duas ações acontecem ao mesmo tempo. Os pesquisadores verificam os dentes dos examinados e procuram por problemas. A forma perfeita (com *having*) é para ações em momentos diferentes.

40 **hearing.** Novamente, duas ações acontecem ao mesmo tempo. Vá com a forma simples.

41 **Refusing.** O momento "not in this universe will I open my mouth" é simultâneo com o olhar "if looks could kill", então a forma simples é a melhor.

42 **having been completed.** A forma simples *completed* colocaria as duas ações (a finalização e a tabulação) no mesmo momento. Ainda que o senso comum diga a você que a tabulação vem depois da finalização da pesquisa. A forma perfeita (com *having*) coloca a finalização antes da tabulação.

43 **having gone.** A decisão de parar a pesquisa de mercado está baseada no fato de que é tarde demais; o clareador dental, em toda a sua glória, já está sendo fabricado. Já que a linha do tempo importa aqui, e uma ação claramente vem antes, a forma perfeita é necessária.

44 **to interview.** A forma *have* coloca a ação de entrevistar antes da ação expressa pelo verbo principal da oração. Esqueça a forma *have*.

45 **getting.** Três ações são mencionadas nesta oração: *scheduling*, *succeeding* e *getting*. A primeira ação ocorre no futuro, então não se preocupe com ela. As duas últimas ações acontecem ao mesmo tempo, pois no momento que alguém assina o documento legal, os procuradores tiveram sucesso. Como expressa ações simultâneas, a forma simples da locução verbal (sem o *having*) é apropriada.

46 **Sending.** A declaração do Diretor Executivo coloca duas coisas, *sending* e *being sure*, no mesmo momento. Bingo! A forma simples é a melhor.

47 **Having been deceived.** A questão aqui é que uma ação (*deceiving the reporters*) precede outra (*being skeptical*). Você precisa da forma perfeita para fazer a linha do tempo funcionar.

48 **Interviewing.** As entrevistas e o planejamento de uma apresentação são simultâneos, então a forma simples é a melhor.

49 **Weeping.** Os profissionais de marketing estão estupefatos enquanto batem palmas e esperam por um aumento bem grande. A forma simples funciona, pois as duas coisas acontecem ao mesmo tempo.

50 **having been.** A celebração e o movimento "time to get back to work" acontecem no mesmo momento do anúncio. Não é necessário o tempo perfeito.

GMT Industries Incident Report

Date: 8/29/10 Time: 1:10 a.m. Place: Loading dock

51 **Proceeding** from the locker room, I noticed smoke **coming** from a doorway 52
53 that leads to the loading dock. **Knowing** that no deliveries were scheduled, I
immediately became suspicious. I radioed the other guard on duty, Faulkner.
54 Faulkner, not **having turned** off the television, couldn't hear me. **Screaming** into 55
the radio that I needed him right away, I crept up to the door. I was so scared that I
56 **understood** how Hamlet feels when he **meets** the ghost. 57
58 As I waited, **touching** the door to see whether it was getting hot, I sincerely
59 wished **to find** Faulkner and **to strangle** him for not **replying** when I called. 60
62 **Arriving**, Faulkner apologized and explained that the show **was** his favorite. He 61
64 also said that he **had** a clogged ear that he **had** not been able to clean out, no 63
66 matter how many toothpicks he **used**. 65
67 "**Speaking** of heating up," I remarked, "the door is cool." I reminded him that
68 fire **is** hot, and where there's smoke **there is** fire. Then Faulkner and I, **hearing** a 70
69 buzz from the other side of the door, ran. I told Faulkner that the buzz **was** not from 71
72 a bomb, but neither of us **being** in the mood to take chances, we headed for the
locker room. We did not put the television on again, Faulkner's show **having been** 73
over for more than ten minutes. We waited for the police to arrive, **having called** 74
them some time before. We didn't hear the director yell, "Cut!" In no way did we
75 intend **to disrupt** the film crew's work or **to ruin** the dry ice that caused the 76
77 "smoke." **Having respected** Hollywood for many years, Faulkner and I wish Mr.
Scorsese only the best with his next film.

51 O proceder e o notar (*noticing*) acontecem basicamente ao mesmo tempo, então a forma simples é o que você busca aqui.

52 O notar e a chegada da fumaça são mais ou menos simultâneos, então vá com a forma simples aqui. A forma perfeita colocaria uma ação antes da outra, o que é o inverso do significado pretendido.

53 As suspeitas foram levantadas pelo conhecimento de que nenhuma entrega fora agendada, então o conhecimento e o ato de suspeitar são simultâneos, pedindo uma locução verbal simples.

54 Esta oração enfatiza a ordem dos eventos. Devido ao fato da televisão não ter sido desligada primeiro, Faulkner não pode escutar. A forma perfeita funciona para demonstrar uma ação anterior (não desligar a televisão).

55 Gritar e rastejar são simultâneos; vá com a forma simples.

56 O comentário *I was so scared* está no pretérito, então *understood* se encaixa na primeira lacuna.

57 A referência à literatura (Hamlet) requer o presente.

58 O tocar a porta e o esperar são simultâneos, pedindo por um modo simples.

59 O narrador *wished to find Faulkner* (todo mundo está procurando por ele, inclusive o agente de apostas dele), e o desejar e o encontrar são mais ou menos simultâneos. A forma simples não configura nenhuma ordem especial dos eventos.

60 O infinitivo simples *to strangle* é apropriado, pois o narrador *wished to find and strangle Faulkner*, tudo ao mesmo tempo. As ações são apresentadas igualmente, não em ordem de tempo.

61 O chamar e o responder estão apresentados como atos simultâneos, então vá com o simples, não o perfeito.

62 O ato de se desculpar e de chegar estão acontecendo ao mesmo tempo; uma forma simples é, então, o melhor.

63 Este verbo expressa um discurso indireto, então o tempo pretérito é o que você quer.

64 Outro resumo de discurso é expresso por este verbo, então vá com o tempo pretérito.

65 Em discurso indireto, sempre opte pelo tempo pretérito.

66 Todos esses verbos se enquadram na mesma categoria do discurso indireto e, assim, requerem o tempo passado.

67 O *I* na oração está *speaking now*, então a forma simples é necessária.

68 Fogo é sempre quente, então o presente é o ideal.

69 Este fato imutável (fogo sempre tem fumaça) requer o tempo pretérito.

70 Esses dois covardes fogem no exato momento que ouvem um barulho — não há lapso de tempo aqui! A forma perfeita indicaria dois eventos consecutivos, mas estes eventos foram simultâneos e, portanto, precisam da forma simples.

71 Discurso indireto, indicado por *told*, requer pretérito.

72 *Being* mantém os falantes no momento. O escritor não está colocando a disposição antes da ação. Vá de forma simples.

73 A forma perfeita é apropriada, pois o falante está colocando os eventos em ordem. Primeiro, o show termina. Segundo, eles não ligam a televisão.

74 Na esperança de salvar seu emprego, o escritor enfatiza a ordem dos eventos, usando a forma perfeita para colocar o chamado à polícia antes, na linha do tempo.

75 *Intending* e *disrupting* são simultâneos, então a forma simples é a melhor.

76 A forma simples funciona aqui porque *intending* e *ruining* ocorrem ao mesmo tempo.

77 Aqui o escritor está enfatizando um respeito de longa data pelo mundo cinematográfico. A forma perfeita estende o sentimento de respeito desde o passado.

Capítulo 11

Quais os Modos de seus Verbos?

Neste Capítulo

- Compreendendo os modos verbais para fatos e comandos
- Escolhendo verbos para afirmações, comandos e condições

Verbos são inconstantes. Em um minuto são indicativos, o tipo de verbo que expressa "apenas os fatos". ("The dishes *are* dirty. No one *has washed* them. Little colonies of mold grew *all* over the sink.") Logo em seguida, começam a dar ordens, no modo imperativo. ("*Wash* the dishes. *Stop* whining. *Don't think* your allowance is off limits!") Às vezes, surge o modo subjuntivo. ("If I *were* rich enough to hire a maid, I wouldn't ask for your dishwashing help. I'm not a millionaire, so I request that 7 p.m. *be* the official dishwashing hour.")

Você não precisa saber os nomes dos termos gramaticais, basta entender como usar cada modo corretamente. Não tenha medo. Neste capítulo, viajamos pelos três modos verbais, com um pouco mais de atenção no subjuntivo, que é o mais provável de se encontrar em um teste de proficiência.

Constatando o Óbvio: Modo Indicativo

Quase tudo que *digo* sobre verbos neste livro, na verdade, diz respeito aos verbos indicativos, que, como o nome sugere, "indicam" fatos. O modo indicativo é aquele que você usa automaticamente, ao expressar uma ação ou condição em qualquer tempo e para todas as pessoas. Quer ver alguns exemplos? Sem problemas, todos os verbos no parágrafo abaixo estão no modo indicativo e aparecem em itálico. Para as questões mais difíceis (e traiçoeiras) envolvendo tempos verbais, veja o Capítulo 10.

Just about everything I *say* about verbs in this book actually *applies* to indicative verbs, which, as the name implies, *indicate* facts. Indicative mood *is* the one you *use* automatically, stating action or being in any tense and for any person.

PRATIQUE

Mãos à obra. Circule os verbos indicativos que melhor funcionam em cada uma das sentenças a seguir. As opções estão entre parênteses.

P. Mr. Adams (holds/held) a performance review every June.

R. **holds.** Ambas as opções são indicativos, mas o tempo presente funciona melhor. A dica é a expressão *every June*.

1. Each employee (is/was) summoned annually to Adams' office for what he calls "a little chat."

2. All the workers (know/will know) that the "chat" is all on Adams' side.

3. Adams (likes/like) to discuss baseball, the economy, and the reasons no one (will/ would) receive a raise.

4. "(Is/Was) business good these days?" he always says.

5. He always (mentions/will mention) that he may have to make personal sacrifices to save the company.

6. Sacrifices! He (means/meant) that he (earns/will earn) only a million instead of two million next year!

Assumindo o Comando: Modo Imperativo

No inglês, o comando, também conhecido como modo imperativo, é simples de aprender, pois um verbo imperativo é o mesmo, esteja você falando com uma pessoa ou vinte, com um camponês ou uma rainha. A forma de comando, no inglês, é o infinitivo sem "*to*". Em outras palavras, a forma simples e intocada do verbo. ("Stop sniveling, Henry. Pull yourself together and meet your new in-laws." Os verbos no imperativo são *stop*, *pull*, e *meet.*) Os comandos negativos são um pouco diferentes. Eles usam o infinitivo, sem o *to* acrescentado de *do not*. (*"Do not mention our engagement. Do not let them find out we're getting married!" Do not mention* e *do not let* são comandos negativos.)

PRATIQUE

Preencha as lacunas com comandos para o pobre Henry, que está conhecendo seus candidatos a sogros. O verbo base com o qual você estará trabalhando aparece entre parênteses no fim de cada oração.

P. ____________ quietly on the couch, Henry, while I fetch Daddy. *(to sit)*

R. **Sit.** O comando é formado excluindo-se o *to* do infinitivo.

7. Henry, ______________ my lead during the conversation. *(to follow)*

8. If Mom talks about Paris, ______________ your head and ______________ interested. *(to nod, to look)*

9. Dad hates fake accents, so ______________ French. *(to speak, negative command)*

10. ______________ them to show you slides of last year's trip to Normandy. *(to ask)*

11. ________________ asleep during the slide show, if you can help it! *(to fall, negative command)*

12. ________________ some of Mom's potato salad, even if it's warm. *(to eat)*

13. ________________ about unrefrigerated mayonnaise and the risk of food poisoning. *(to talk, negative command)*

14. When she ignores you and serves the potato salad anyway, just ____________ an appointment with your doctor and ____________ quiet. *(to make, to keep)*

Contando Mentiras e Sendo Passivo: Modo Subjuntivo

O subjuntivo é um grande negócio em alguns idiomas; períodos inteiros foram devotados a isso nas minhas aulas de espanhol. Felizmente para você, no inglês, o subjuntivo aparece apenas em duas situações: condições contrárias ao fato e comandos indiretos.

Uma condição contrária ao fato significa que você está falando sobre alguma coisa que não é verdade, é mera hipótese. "If I *were* famous, I would wear sunglasses to hide my identity." O verbo *were* é subjuntivo. "Had I known the secret password, I would have passed the bouncer´s test an entered the club." O verbo *had known* é subjuntivo.

Perceba que o subjuntivo altera algumas das formas usuais. No indicativo, o pronome *I* faz par com *was* (veja a seção sobre o modo indicativo, anteriormente neste capítulo, para mais detalhes). A alteração para *were* na primeira oração diz que você está no mundo da fantasia. Na segunda oração do exemplo, o *had* faz mais que o seu trabalho usual como indicativo, que é colocar os eventos em um passado anterior aos outros eventos no tempo pretérito. (Veja o Capítulo 1 para mais detalhes do uso de *had.*) Ao invés disso, em uma oração subjuntiva o *had* também significa que eu não sabia a senha secreta e que não entrei no badalado clube, cheio de supermodelos e astros do esporte.

Orações de condições contrárias ao fato sempre apresentam a forma verbal *would*. No inglês padrão, a forma *would* nunca aparece na parte da oração que contém uma inverdade. Não diga "If I would have knowm..." quando você não sabia mesmo. Diga "If I had known, I would have..."

Verbos subjuntivos também expressam comandos indiretamente. "The bouncer requested that he *remove* himself from the line as soon as possible." O verbo *remove* é subjuntivo. "The club owner declared that guests wearing nerdy clothes be denied entry." O verbo *be* é subjuntivo.

O subjuntivo, os comandos indiretos, são formados pela exclusão do *to* da forma infinitiva. No primeiro exemplo, o pronome *he* normalmente (isto é, no modo indicativo) concorda com *removes*. No subjuntivo, o infinitivo *to remove* perde o *to* e se torna *remove*. No segundo exemplo, *guests* concorda com *be*, que é criado com a exclusão do *to* da forma infinitiva *to be*. A forma indicativa seria *guests are*.

Escreva o verbo correto na lacuna para cada exercício desta seção. O verbo que você está trabalhando aparece entre parênteses após cada oração. Para deixá-lo afiado, inclui algumas frases que não exigem o subjuntivo. Fique atento!

P. If Ellen ______________ for her turn at the wheel, she wouldn't have wrapped her car around that telephone pole. *(to prepare)*

R. **had prepared.** O *had* cria um subjuntivo aqui. Ellen não se preparou para seu teste de direção e acabou rodopiando no poste com seu carro.

15. The motor vehicle tester asked that Ellen ______________ ready for her exam at 9 a.m. *(to be)*

16. The test would have gone better if Ellen ______________ a morning person. *(to be)*

17. "If it ______________," explained the instructor, "you will be required to take the test as soon as the roads are plowed." *(to snow)*

18. If the snow plow ______________ the entire route, Ellen would have passed. *(to cover)*

19. Unfortunately, the supervisor of the snow-removal crew declared that the highways ______________ cleaned first. *(to be)*

20. Terrified of ice, Ellen requested that the examiner ______________ her test. *(to postpone)*

21. If he ______________, Ellen would have taken the test on a sunny, warm day. *(to refuse, negative form)*

22. If Ellen ______________ about the examiner, the motor vehicle department would have investigated. *(to complain)*

23. If an examiner ______________ unfair, the motor vehicle department schedules another test. *(to be)*

24. The department policy is that if there ______________ a valid complaint, they dismiss the examiner promptly. *(to be)*

25. If Ellen ______________ the test five times already, she would have been more cheerful about her grade. *(to take, negative form)*

Chamando Todos os Conquistadores: Prática Extra com Modos Verbais

PRATIQUE

Se você dominou os três modos verbais, experimente este exercício. O relatório de acompanhamento na Figura 11-1 tem alguns problemas sérios de modos. Verifique os verbos sublinhados, circule aqueles que estão corretos e risque e corrija aqueles que estão no modo errado.

Progress Report: Coffee Break Control

From: Ms. Bell, Coffee Break Coordinator

To: Ms. Schwartz, Department Head

Re: Coffee Break Control

As you know, I were now in charge of implementing the new directive that every employee submits to a coffee-residue test. If a test were given at a time when coffee-sipping were not authorized and the results were positive, the policy require that the worker "donates" a pound of coffee to the break room.

Do not asked me to describe the union's reaction to this directive. If I would tell you what the shop steward would have said, you had blushed. All I would say is that the steward were not happy.

Would you have known about the reaction before issuing the directive, you would have had reconsidered. One more thing: the coffee stains on my shirt, if they were to remain, should not make you thought that I were drinking coffee outside of the official break time. These stains result from coffee being thrown at me.

Figura 11-1: Relatório de acompanhamento que contém alguns verbos no modo incorreto.

Respostas para os Problemas de Modos Verbais

1 **is.** Esta oração fala de uma situação em andamento, então o tempo presente é o melhor.

2 **know.** Os trabalhadores já passaram por esta "conversa" diversas vezes, então o ato de conhecer não está no futuro, e sim no presente.

3 **likes, Will.** A forma do tempo presente para falar sobre alguém (*Adams*, nesta oração) é *likes*. O verbo no tempo futuro *Will* explica que no próximo ano, como sempre, os funcionários continuarão no vermelho.

4 **is.** A expressão *these days* é uma dica de que você quer um verbo no tempo presente que fale sobre algo ou alguém.

5 **mentions.** Se uma ação *sempre* (*always*) ocorre, o tempo presente é a melhor opção.

6 **means, will earn.** O chefe está falando sobre o futuro (a dica é *next year*). A conversa acontece no presente (então você quer *means*), mas o merecimento está no futuro (por isso, *will earn*).

7 **follow.** O comando é formado removendo-se o *to* do infinitivo.

8 **nod, look.** Remova o *to* e você estará no comando, ordenando o pobre Henry a fingir interesse, mesmo que ele esteja pronto para cair fora ao invés de escutar mais uma história sobre o vinho francês.

9 **don't speak** ou **do not speak.** O comando negativo requer *do not*, como duas palavras separadas ou a contração *don´t*.

10 **Ask.** Pobre Henry! Ele tem que pedir mais chateação, então ele precisa tirar o *to* do infinitivo *to ask*.

11 **Do not fall.** Remova o *to* do infinitivo e adicione um *do not* e você tem um comando negativo.

12 **Eat.** O Henry está pronto para uma noite longa, dado o comando *eat*, que é criado removendo-se o *to* do infinitivo.

13 **Don't talk** ou **Do not talk.** O comando negativo precisa de *do* ou ele morre. Você também tem que adicionar o *not*, seja em palavras separadas ou na contração *don´t*.

14 **make, keep.** Remova o *to* de cada infinitivo e você entra no modo imperativo.

15 **be.** O subjuntivo é necessário para este comando indireto, expresso pelo verbo *asked*.

16 **were.** Ellen gosta de dormir até o meio da tarde. Como ela não é uma pessoa matutina, o verbo subjuntivo *were* expressa uma condição contrária ao fato. O verbo *were* é melhor do que *had been* porque Ellen ainda continua sendo uma pessoa que não gosta de acordar cedo e o *had been* sugere que os seus resmungos estão no passado.

17 **snows.** Surpresa! Este não é um subjuntivo. O instrutor está falando sobre uma possibilidade, não uma condição que não ocorreu. A forma indicativa normal, *snows*, é o que você quer.

18 **had covered.** A aragem não terminou (a dica aqui é *would have passed*), então o subjuntivo é necessário.

19 **be.** Um comando indireto é criado pelo verbo *declared*. O subjuntivo *be* se encaixa adequadamente.

20 **postpone.** O indicativo (a forma normal, de todo dia) de *postpone* é *postpones*, quando o verbo concorda com *examiner*. Aqui o comando indireto criado por *requested* pede o subjuntivo *postpone*.

21 **had not refused.** O examinador manteve-se firme: faça o teste ou morra. Por isso, a primeira parte desta oração é uma condição contrária ao fato e pede o subjuntivo.

22 **had complained.** Ellen não disse nada, como revelado pela condicional *would have investigated* na segunda parte da oração. O subjuntivo é o caminho correto.

23 **is.** Peguei você nesta? A possibilidade expressa na parte do *if* da oração pede um verbo indicativo normal (*is*). Fique longe do subjuntivo se a declaração puder ser verdadeira.

24 **is.** A primeira parte desta oração não é uma condição contrária ao fato. Ela expressa uma possibilidade, por isso, pede o verbo indicativo normal (*is*).

25 **had not taken.** Ela já o fez cinco vezes, então a declaração não é verdadeira e precisa de um subjuntivo.

Progress Report: Coffee Break Control

From: Ms. Bell, Coffee Break Coordinator

To: Ms. Schwartz, Department Head

Re: Coffee Break Control

26 27 As you **know**, I ~~**were**~~ **am** now in charge of implementing the new directive that
28 every employee ~~**submits**~~ **submit** to a coffee-residue test. If a test ~~**were**~~ **is** given at a 29
30 time when coffee-sipping ~~**were**~~ **is** not **authorized** and the results ~~**were**~~ **are** positive, 31
32 the policy ~~**require**~~ **requires** that the worker "~~**donates**~~" "**donate**" a pound of coffee to 33
the break room.

34 **Do not** ~~**asked**~~ **ask** me to describe the union's reaction to this directive. If I ~~**would tell**~~
35 **were to tell** you what the shop steward ~~**would have**~~ **said**, you ~~**had blushed**~~ **would** 36
37 **blush**. All I ~~**would say**~~ **will say** is that the steward ~~**were**~~ **was** not happy. 38 39
40 ~~**Would**~~ **Had** you ~~**have**~~ **known** about the reaction before issuing the directive, you
41 **would have** ~~**had**~~ **reconsidered**. One more thing: the coffee stains on my shirt, if they
42 ~~**were to**~~ **remain**, should not make you ~~**thought**~~ **think** that I ~~**were drinking**~~ **drank** coffee 43
45 outside of the official break time. These stains **resulted** from coffee being thrown at 44
me.

26 Correta.

27 O indicativo é pedido aqui (*I am*), pois a oração expressa uma verdade, não uma condição contrária ao fato ou um comando.

28 Esta parte da oração expressa um comando indireto, *that every employee submit*. O verbo indicativo que concorda com o sujeito singular *every employee* é *submits*, mas a forma subjuntiva (*submit*) é necessária aqui.

29 Um verbo indicativo normal funciona aqui, pois a possibilidade existe.

30 O indicativo *is* funciona melhor nesta oração, que expressa uma possibilidade real e não uma condição contrária ao fato.

31 Já que a possibilidade existe, o indicativo é solicitado.

32 Esta declaração é simplesmente um fato, então o indicativo é necessário.

33 A segunda parte desta oração é um comando indireto (*the worker donate*) e precisa do subjuntivo.

34 O modo imperativo, o comando, requer o infinitivo menos o *to*. Como este é um comando negativo, *do not* é adicionado. No original, o *–ed* no final de *ask* está errado.

35 O escritor *não* está contando, então a forma verbal subjuntiva é necessária para expressar uma condição contrária ao fato.

36 O relatório referiu-se ao que ele realmente disse (*said*). O indicativo é o cara!

37 Em uma oração expressando uma condição contrária ao fato, a porção "inverídica" deve ser subjuntiva, com a declaração "*would*" na outra parte da oração. Esta oração inverte a ordem correta (e coloca um verbo indicativo correto, *said*, no meio). Outra correção possível: "Had I told you . . . you would blush".

38 Um verbo indicativo simples é necessário para esta declaração.

39 A original tem um subjuntivo (*were*), mas o indicativo é solicitado para esta declaração simples.

40 A oração expressa uma inverdade, então você precisa do subjuntivo. A oração correta é: "Had you known about the reaction . . . ."

41 A original tinha duas declarações "would". O "would" não deve estar na porção "inverídica" da oração. Substitua a primeira por uma declaração *had*: *Had you known*. Retire o *had* desnecessário do segundo verbo e a resposta estará correta: *you would have reconsidered*.

42 Esta oração não expressa uma condição contrária ao fato. Ao invés disso, fala sobre uma possibilidade. Vá com o indicativo, não o subjuntivo.

43 Fique no presente do indicativo aqui, sem pretérito.

44 O passado do indicativo é necessário aqui, pois as manchas já estavam na camisa. Portanto, beber o café ocorreu no passado.

45 Use o passado do indicativo, pois o escritor está falando de um evento no passado.

Capítulo 12

Escrevendo em Mídias Eletrônicas

Neste Capítulo

- Adaptando as regras gramáticas tradicionais para mensagens, e-mails e posts em blogues
- Criando apresentações de slides eficientes e adequadas

Quando você e seus 5.000 amigos íntimos se comunicam através das redes sociais, é preciso se preocupar com a gramática? A resposta é um definitivo *talvez*. A nova mídia — mensagens, mensagens instantâneas, e-mails, posts em blogues e similares — tem contornado algumas regras tradicionais da gramática e até quebrado outras. Você pode se surpreender em saber que eu não estou arrancando meus cabelos com essas mudanças. Na verdade, estou até feliz que mais e mais pessoas estejam migrando para o mundo da comunicação escrita. Entretanto, algumas regras podem ser quebradas sem criar confusão, já outras, não. Não importa onde, quando ou como você está se comunicando, a única regra que você nunca deve quebrar é: seja sempre claro. Se seu leitor ou ouvinte tem que tentar adivinhar o que você quis dizer, é sinal de que se desviou demais da gramática adequada.

Neste capítulo, explico o que — e quando — você pode escapar ileso desses "delitos" e o que pode lhe causar sérios problemas. Mostro, ainda, algumas peculiaridades de apresentações do tipo PowerPoint, para que possa apresentar seus pontos com confiança.

Conhecendo seu Público: Escrevendo Certo na Situação Certa

Em algumas situações, você pode querer escrever de modo mais informal, claro que sem sacrificar o significado. Se você está falando com um amigo ou colega de trabalho, normalmente, é possível ignorar algumas palavras ou sinais de pontuação, especialmente quando há um limite de cerca de 100 caracteres (letras e espaços) em sua mensagem. Seus colegas e amigos também não se preocupam com letras maiúsculas (apesar de que em minha experiência todo grupo tem, pelo menos, um "maníaco" por regras, e sim, eu sou a "maníaca" do meu grupo). Quando a comunicação é vertical — para um chefe, um professor, orientador e assim por diante — o inglês correto é o mais seguro. Posts de blogues ficam em um meio termo. Se quer que o leitor o veja como autoridade, use o inglês padrão.

DICA

A maioria das mensagens instantâneas podem ser feitas sem uma saudação adequada — *Dear Sir,* ou *Hi, Pamela!* — e um encerramento como *Sincerely, Best*, e semelhantes. Os e-mails normalmente incluem uma saudação e um fechamento. Use letras maiúsculas na saudação e no nome, e na primeira palavra do encerramento, mesmo que ele tenha mais de uma palavra como *Sincerely yours*, por exemplo.

PRATIQUE

Observe estes trechos de mensagens (recados enviados via celular), mensagens instantâneas ("chat" em tempo real, escrito), tuítes (mensagens de até 140 caracteres para grupos), blogues (notas em uma espécie de diário virtual) e e-mails (mensagens enviadas pelo computador). O público pretendido está identificado entre parênteses no final de cada nota. Decida se a mensagem é aceitável ou não. Caso não seja, tente descobrir quais alterações são necessárias. Escreva "aceitável" ou "inaceitável" (e a correção) no espaço fornecido.

P. Luigi's 8 p.m.? Respond asap. *(mensagem para um colega de trabalho)*

R. **Aceitável.** Presumindo-se que o colega de trabalho sabe onde fica o Luigi´s, o significado ("Do you want to have dinner at Luigi´s restaurant tonight at 8?") está claro. A abreviação *asap* ("as soon as possible") é padronizada, embora normalmente seja escrita com letras maiúsculas. Tendo em vista que seu colega de trabalho provavelmente entenderá a mensagem toda, não há problemas.

1. I cooked three chickens tonight and im now on p 5567 of How to Cook Everything. It was terible. Don't ever put a sardine near a chicken ever. *(post de um crítico de culinária em um blogue)* ____________________

2. Met client. Deal okay if shipping included. Your thoughts? *(mensagem para o chefe)*

____

3. Tell your representative to vote no on the bill to ban toothpaste. Defy the dental lobby! *(tuíte de um lobista para eleitores)* ____________________

4. Mr. Smarva, sorry, can't hand in my homework my cat ate it I'll do better tomorrow From Leo *(e-mail para o professor)* ____________________

5. Judging from the horizontal strips of some metallic substance and the marks of a crude pickax, this archaeological site was a prehistoric mine. *(post de um arqueólogo em um blogue)*

____

6. dude, can't come now maybe later *(mensagem instantânea para um amigo)* ____________________

7. ctn prof here ttyl *(mensagem para um amigo próximo)* ______________________________

8. Hi, Grandpa. The speaker was great. Thanks for arranging her visit.
Best,
Alice
(e-mail para um parente) ______________________________

9. Blue Beak's last set was a screech, seriously, where do they find those notes. *(post em um blogue sobre música)* ______________________________

10. tlion for 9s only *(tuíte para estudantes do ensino médio)* ______________________________

Encurtando sua Mensagem

Um personagem de Hamlet, de Shakespeare, afirma que "a brevidade é a alma do engenho". Ela é também a alma da maioria das novas mídias. Talvez porque a mídia eletrônica envie palavras instantaneamente, os leitores esperam entender e interpretar rapidamente o assunto. Seja qual for a razão, você precisa saber como dizer mais com menos palavras ao enviar uma mensagem de texto, mensagem instantânea ou tuitar (enviar uma mensagem de 140 caracteres).

CUIDADO!

Nesta seção, explico como cortar alguns elementos que normalmente compõem o inglês padrão. Antes de sair cortando, analise a identidade da pessoa que lerá sua mensagem. A seção anterior, "Conhecendo seu Público: Escrevendo Certo na Situação Certa", explica quando é possível quebrar algumas regras. Esta seção se concentra em como uma mensagem pode ser encurtada.

Veja algumas diretrizes para saber o que cortar:

- **Considere excluir o sujeito.** Se eu digitar "attended meeting", você provavelmente saberá que "*I* attended the meeting". Se outra pessoa é quem foi, você deve incluir o nome ("Bob attended meeting") a menos que o leitor saiba de quem vocês estão falando.
- **Geralmente é possível excluir os artigos.** *A*, *an* e *the* raramente são importantes.
- **Use abreviações, mas com cuidado.** Algumas abreviações (como *FYI* para "for your information") são muito conhecidas, mas outras (*F2F* para "face to face") podem confundir leitores que não frequentam redes sociais. Pense no leitor ao digitar uma abreviação. Se estiver em dúvida, escreva a palavra inteira.
- **Nunca exclua pontuação que acrescente significado.** Ao digitar "Deal?", está pedindo uma confirmação. "Deal" pode informar ("I agree to your terms") ou dar um comando ("deal with it"). O ponto de interrogação faz toda a diferença.

Afie sua tesoura para recortar estas mensagens de modo que fiquem menores, mas compreensíveis. Presuma que está escrevendo para um colega de trabalho e que seus objetivos sejam precisão, clareza e brevidade. Forneço uma resposta possível para cada mensagem, você pode responder diferente, mas verifique as explicações para saber se esqueceu de alguma coisa.

P. I don't know what you mean about Lola. ____________________

R. **Lola — meaning?** ou **Lola?** Estas duas palavras e o ponto de interrogação provavelmente são suficientes para informar a confusão. Se você está escrevendo para um amigo mais próximo, apenas *Lola?*, pode ser suficiente.

11. You should know that Lola is in jail and needs ten thousand dollars in bail. She was arrested for driving without a license. She needs your help.

____

____

12. Her lawyer is hopeful that Lola will be sentenced to probation and community service.

____

13. Lulu will visit Lola as soon as possible. Lulu will probably arrive at the jail around noon.

____

14. The bad news for Lola is that the judge, Larry Saunders, was once flattened by a motorcycle. He's bitter and will probably throw the book at Lola because she was riding a motorcycle when she was arrested.

____

____

15. Lola claimed that her license had been shredded when she washed her jeans.

____

16. Will you attend the press conference when Lola is released?

____

Aprimorando suas Apresentações de Slides

Você costuma ter problemas para organizar suas ideias em listas com marcadores? Aqueles traços, pontos e estrelas que aparecem em apresentações de slides e memorandos. Você prefere não usar os marcadores só para não ter que pensar onde deve usar letra maiúscula e quando colocar os sinais de pontuação? Para lhe ajudar, leia os marcadores a seguir:

- **Um título ou uma sentença introdutória deve preceder qualquer lista.** Perceba que esta lista é introduzida por uma sentença (*Para lhe ajudar, leia os marcadores a seguir*).
- **Os títulos devem ser centralizados e em letra maiúscula.** As regras para o uso de letras maiúsculas estão no Capítulo 8. Não coloque o título centralizado entre aspas. Evite, ainda, sentenças inteiras como títulos.
- **Sentenças introdutórias, se completas, devem terminar com dois pontos.** É ele que introduz a lista de itens. Não coloque dois pontos em uma sentença incompleta, sem uma ideia completa, como "Projected earnings for 2018 are". Omita a pontuação por completo depois deste tipo de introdução.
- **Se o item da lista for uma sentença completa, a primeira letra deve iniciar com maiúscula e use um sinal de pontuação final (ponto final, ponto de interrogação, ponto de exclamação).** Os itens nesta lista são sentenças completas, então elas seguem essa regra.
- **Se o item não for uma sentença completa, não use letra maiúscula para iniciar a primeira palavra e nem use pontuação final.** Este tipo de lista geralmente vem depois de uma introdução que não é uma sentença completa.
- **Gramaticalmente, todos os itens devem ser iguais.** Se um item é uma sentença completa, todos devem ser também ou todos devem ser frases. Em termos gramaticais, os itens devem ser *paralelos*. Discuto estruturas paralelas no Capítulo 16.

PRATIQUE

É hora de praticar um pouco. A seguir estão alguns exemplos de "slides" para uma apresentação, sem letras maiúsculas e pontuação. Adicione as letras maiúsculas e a pontuação onde necessárias. Se os itens na lista não estiverem gramaticalmente paralelos, adicione ou exclua palavras.

P.

parakeet hobbies

- bowling
- they like to toss seeds
- hang-gliding

R. **Parakeet e Hobbies devem estar em maiúsculas. Mude o segundo item para "seed-tossing".** Você percebeu a ausência de pontuação? O título está isolado, e os itens na lista não são sentenças completas. Não é necessário qualquer pontuação.

17.

parakeets need the following items for bowling

- three-toed bowling shoes
- beak-adapted bowling balls
- featherweight pins

18.

the best-selling bowling shoes for parakeets have

- they have room for overgrown claws
- most are in brightly colors
- many include a complimentary seed stick
- they have clips rather than laces

19.

most prominent parakeet bowlers are

- able to think on their feet (claws)
- sponsored by well known pet food companies
- active only for five or six years

20.

history of parakeet bowling

- the sport began in the 15th century
- early bowlers used apples to knock down corn stalks
- first professional tour — 1932

Chamando Todos os Conquistadores: Prática Extra com Mídias Eletrônicas

Best careers for Parakeets; paper Shredder

- Every bird earns a good salary
- excellent working conditions
- Each bird has an assistant and
- the veterinary insurance plan has a low deductible
- Seed breaks once an hour.

Figura 12-1: Esta apresentação precisa de uma ajuda gramatical.

Respostas para os Problemas de Mídias Eletrônicas

Novas formas de comunicação, geralmente, trazem novas regras. Veja se conseguiu entender a gramática aplicável às mídias eletrônicas conferindo aqui suas respostas.

1 **Inaceitável.** Não importa quem seja o leitor, é preciso evitar erros de digitação (*terible*). Por que letra minúscula para o pronome pessoal *I*? Não é muito mais difícil ou demorado acrescentar um apóstrofo em *I´m*. Por fim, você não deveria se repetir (exclua um *ever*).

2 **Aceitável.** Não é preciso escrever, "I met the client, and the deal is okay with the client if we include shipping in the price we quoted. What do you think?" Todas estas ideias aparecem na versão reduzida.

3 **Aceitável.** O significado está claro, e como o lobista quer convencer os eleitores que suas ideias são produto de um ser inteligente, uma gramática adequada e ortografia são uma qualidade desejada.

4 **Inaceitável.** Se Leo quer mesmo ser perdoado por perder a lição de casa, ele deveria empregar a melhor gramática que puder. Veja uma correção possível:

> Dear Mr. Smarva,
>
> I am sorry that I can't hand in my homework. I did the assignment, but my cat ate it. I'll hand in the work tomorrow.
>
> Sincerely,
>
> Leo

5 **Aceitável.** Boa gramática é adequada aqui, como profissional o autor do post quer ser levado a sério na comunidade acadêmica — os leitores mais prováveis.

6 **Aceitável.** Supreso? Sim, eu ficaria mais satisfeita com letras maiúsculas em *dude* e *maybe*, com um ponto final depois de *now*. Mas se você está escrevendo para alguém que conhece bem o suficiente para chamar de *Dude* (ou *dude*), a letra maiúscula e o ponto final não importam.

7 **Aceitável.** Ao enviar uma mensagem para um amigo próximo, provavelmente já sabe que ele ou ela entenderá as abreviações para "can´t talk now" (ctn), "professor" (prof), e "talk to you later" (ttyl). Embora esta mensagem (em minha opinião) esteja se segurando pelas unhas na beira do penhasco da aceitabilidade, ela consegue transmitir a ideia pretendida. Apenas certifique-se de nunca escrever algo assim para alguém que não entenda abreviações.

8 **Aceitável.** A pontuação está nos locais corretos, e as sentenças fazem sentido. Seu avô ficará orgulhoso.

9 **Inaceitável.** Se quer a atenção do leitor em suas críticas, precisa que eles lhe respeitem. Você pode até passar desapercebido com esta sentença contínua se for um músico famoso, mas escritores normais devem trocar a vírgula depois de *screech* por um ponto final, colocar maiúscula em *seriously* e substituir o ponto de interrogação por ponto final depois de *notes*.

10 **Inaceitável.** Se você leu a resposta da questão 7, pode ter presumido que um tuíte para adolescentes pode incluir todos os tipos de abreviações. Mas *tlion* é uma abreviação inventada. Dentro da minha cabeça. Só minha. Ela significa "the library is open now". Já que ninguém é capaz de saber o verdadeiro significado, a mensagem é inaceitável. Lembre-se: clareza é essencial.

11 **FYI: Lola in jail. Driving w/o a license. Needs $10K bail. Help!** A abreviação *FYI* ("for your information") é padrão, assim como *w/o* ("without") e *K* ("thousand"). A última sentença é claramente um apelo. Lola provavelmente fará outro apelo ao encontrar o juiz.

12 **l Lawyer hopeful for probation + community service.** Não me importaria em cortar o *for*, mas com esta palavra a mensagem soa um pouco mais respeitável (diferente de Lola). O sinal de adição (+) também poderia ser & ou a palavra *and*.

13 **Lulu to visit Lola asap, probably 12 p.m.** A abreviação padrão para "as soon as possible" é *ASAP*, mas você não precisa realmente de letras maiúsculas aqui. Também é possível cortar *p.m.* da mensagem se quiser, já que é pouco provável que a prisão permita visitas à meia-noite.

14 **Judge Saunders bad news for Lola b/c bitter about motorcycles after accident. Big penalty probable for L's motorcycle arrest.** A abreviação *b/c* ("because") é padrão, embora não deva ser usada em textos formais. Perceba que exclui os verbos porque o significado é mantido sem eles. Também substitui *big penalty probable* pela versão mais longa *will probably throw the book at Lola.*

15 **Lola claimed license shredded in wash.** Não é divertido colocar as sentenças de dieta? (Muito mais divertido que outro tipo de dieta.) Aqui você tem toda a informação que precisa com metade do tamanho.

16 **Attend press conference on release?** Esta resposta presume que o leitor saiba que você está se referindo à Lola. Caso contrário, mais palavras são necessárias para esclarecer a situação. O ponto de interrogação toma o lugar de *will you.*

17 ***Parakeets* deve vir em maiúscula. Coloque dois pontos no final da afirmação introdutória.** Já que a introdução é uma sentença completa, ela deve começar com letra maiúscula e terminar com dois pontos, o que indica que uma lista vem depois.

18 ***The* deve vir em letra maiúscula. Altere os itens para que um seja uma sentença completa iniciada pela introdução.** A primeira palavra da introdução precisa de letra maiúscula. Não há pontuação depois de *have* pois a declaração não é uma sentença completa. Na lista original, cada item é uma sentença completa, então eles não combinam com a introdução. Os itens deveriam ser: *room for overgrown claws*, *bright colors*, *complimentary seed sticks* e *clips rather than laces.*

19 ***Most* deve vir em maiúscula.** Peguei você nesta? Não é preciso pontuação porque *are* não completa a sentença introdutória. Os itens também não devem ter inicial maiúscula, pois elas completam a sentença começada pela introdução. A única alteração é a maiúscula *M* para a primeira palavra na sentença introdutória.

20 **Todas as palavras do título devem estar em maiúscula, exceto *of*. A primeira palavra de cada item deve estar em maiúscula e cada item deve terminar com ponto final. Mude o último item para uma sentença completa.** Este slide tem um título, e títulos precisam de letras maiúsculas. Os dois primeiros itens são sentenças completas, então o terceiro deve ser igual. Uma possível alteração: *The first professional tour took place in 1932*. Cada item deve começar com letra maiúscula e terminar com um ponto.

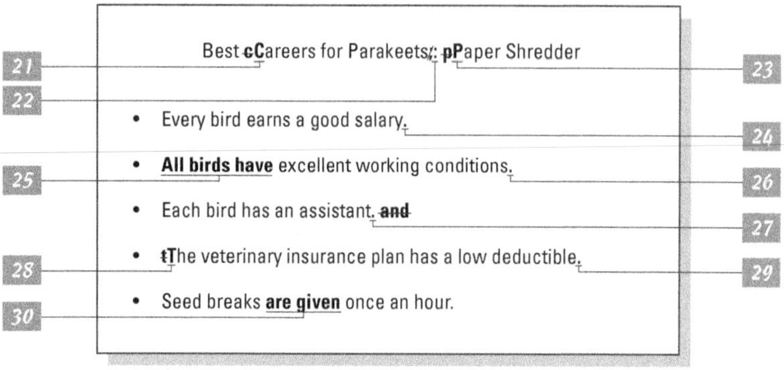

21 Coloque as palavras importantes do título em maiúsculas. (Veja o Capítulo 8.)

22 Separe o título do subtítulo com dois pontos.

23 Coloque a primeira letra da primeira palavra do subtítulo em maiúscula.

24 Sempre coloque pontuação final depois de um item composto por uma sentença completa, aqui o ponto final é o melhor.

25 O primeiro item é uma sentença completa, então todos os itens devem ser também. (Correção alternativa: transforme todos os itens em frases.)

26 Uma sentença completa que faz uma afirmação termina com ponto final.

27 Um item não deve continuar no próximo. Exclua *and* e coloque um ponto final no fim da sentença.

28 Este item é uma sentença completa, então ele deve começar com letra maiúscula.

29 Esta sentença completa precisa de pontuação final — especificamente, um ponto final.

30 O item no original não era uma sentença completa. Para preservar a uniformidade, transforme este item em uma sentença completa acrescentando um verbo.

Parte IV

Tudo que Você Precisa Saber sobre Descrições e Comparações

A 5ª Onda Por Rich Tennant

"Ei, Zé! 'Rebimboca da parafuseta' tem hífen?"

Nesta parte...

Escute uma criancinha e você ouvirá a linguagem em seu começo: *Elizabeth want Apple. Daddy GO store? No nap!* Estas "frases" — substantivos, verbos e pouco mais — comunicam de forma eficaz, mas quem está mais crescido precisa de um pouco mais. Aqui entram as descrições e comparações. Também entram as complicações, pois diversos erros estão associados a estes elementos.

Nesta parte, você pode praticar suas habilidades em navegação, desviando de armadilhas enquanto escolhe entre adjetivos, advérbios e artigos. (*Sweet* ou *sweetly*? *Good* ou *well*? *A* ou *an*? O Capítulo 13 explica tudo.) Esta parte também lida com o local correto das descrições (Capítulo 14) e a maneira correta para formar comparativos (Capítulo 15). Dominar todos estes tópicos tira você do uso rudimentar e o coloca permanentemente nos mais altos níveis gramaticais.

Capítulo 13

Escrevendo Good ou Well: Adjetivos e Advérbios

Neste Capítulo

- Distinguindo entre adjetivos e advérbios
- Decidindo se você está indo *good* ou *well*
- Escolhendo *a*, *an* ou *the*
- O uso do hífen em descrições compostas

Do you write good ou *well* — e qual é a diferença? *Does your snack break feature a apple or an apple or even the apple?* Se fica tenso com essas questões, você tem problemas, especificamente, os problemas deste capítulo. Aqui você pode praticar, escolhendo entre dois tipos de descrições: adjetivos e advérbios. Este capítulo também ajuda a descobrir quando usar *a*, *an* ou *the* em certas situações.

Colocando os Adjetivos e os Advérbios em seus Devidos Lugares

Ao escrever ou falar, é claro, você não precisa identificar os adjetivos e advérbios. Mas precisa colocar a palavra correta no lugar correto, para não cometer um crime gramatical. Algumas palavras maravilhosas (*fast*, *short*, *last* e *likely*, por exemplo) funcionam tanto como adjetivos quanto como advérbios, mas em sua maioria, os adjetivos e advérbios *não* são intercambiáveis.

Os adjetivos descrevem substantivos — palavras que nomeiam uma pessoa, coisa, lugar ou ideia. Eles também descrevem pronomes, que são palavras que substituem substantivos (*other*, *someone*, *they* e palavras similares). Os adjetivos normalmente precedem a palavra que descrevem, mas nem sempre. Na oração seguinte, os adjetivos estão em itálico:

> The *rubber* duck with his *lovely orange* bill sailed over the *murky bath* water. (*Rubber* descreve *duck*; *lovely* e *orange* descrevem *bill*; *murky* e *bath* descrevem *water*.)

Um advérbio, por sua vez, descreve um verbo, geralmente dizendo como, onde, quando e por quê uma ação aconteceu. Os advérbios também indicam a intensidade de outra palavra descritiva ou adicionam informações sobre outra descrição. Na oração seguinte, os advérbios estão em itálico:

> The alligator snapped *furiously* as the duck *violently* flapped his wings. (*Furiously* descreve *snapped*; *violently* descreve *flapped*.)

DICA

A maioria dos advérbios termina em *–ly*, mas alguns advérbios variam, e os adjetivos podem terminar com qualquer letra do alfabeto, talvez exceto *Q*. Se não tiver certeza de qual forma é um adjetivo e qual é um advérbio, verifique o dicionário. A maioria das definições inclui ambas as formas com anotações práticas que lhe dizem quem é o que.

PRATIQUE

Aqui eu lhe coloco em um dilema descritivo: qual palavra é a correta? Os parênteses contêm tanto um adjetivo quando um advérbio. Circule sua escolha.

P. The water level dropped (slow/slowly), but the (intense/intensely) alligator-duck quarrel went on and on.

R. **slowly, intense.** Como a água baixou? A palavra que você quer do primeiro parêntese deve descrever uma ação, então o advérbio *slowly* ganha o prêmio. Em seguida, está uma descrição de *quarrel*, uma coisa, então o adjetivo *intense* faz o serviço.

1. The alligator, a (loyal/loyally) member of the Union of Fictional Creatures, (sure/surely) resented the duck's presence near the drainpipe.

2. "How dare you invade my (personal/personally) plumbing?" inquired the alligator (angry/ angrily).

3. "You don't have to be (nasty/nastily)!" replied the duck.

4. The two creatures (swift/swiftly) circled each other, both looking for a (clear/clearly) advantage.

5. "You are (extreme/extremely) territorial about these pipes," added the duck.

6. The alligator retreated (fearful/fearfully) as the duck quacked (sharp/sharply).

7. Just then a (poor/poorly) dressed figure appeared in the doorway.

8. The creature whipped out a bullhorn and a sword that was (near/nearly) five feet in length.

9. When he screamed into the bullhorn, the sound bounced (easy, easily) off the tiled walls.

10. "Listen!" he ordered (forceful/forcefully). "The alligator should retreat (quick/quickly) to the sewer and the duck to the shelf."

11. Having given this order, the (Abominable/Abominably) Snowman seemed (happy/ happily).

12. The fight in the bathtub had made him (real/really) angry.

13. "You (sure/surely) can't deny that we imaginary creatures must stick together," explained the Snowman.

14. Recognizing the (accurate/accurately) statement, the duck apologized to the alligator.

15. The alligator retreated to the sewer, where he found a (lovely/lovingly) lizard with an urge to party.

16. “Come (quick/quickly),” the alligator shouted (loud/loudly) to the duck.

17. The duck left the tub (happy/happily) because he thought he had found a (new/newly) friend.

18. The alligator celebrated (noisy/noisily) because he had discovered an enemy (dumb/ dumbly) enough to enter the sewer, the alligator’s turf.

19. “Walk (safe/safely),” murmured the gator, as the duck entered a (particular/particularly) narrow tunnel.

20. The duck waddled (careful/carefully), beginning to suspect (serious/ seriously) danger.

Como Está Indo? Optando Entre Good/ Well e Bad/Badly

Por alguma razão, os pares de adjetivos e advérbios de “julgamento” (*good* e *well*, *bad* e *badly*) causam um bocado de problema. Aqui está um guia rápido de como utilizá-los. *Good* e *bad* são adjetivos, então eles têm que descrever substantivos (pessoas, lugares, coisas ou ideias). “I gave a good report to the boss.” O adjetivo *good* descreve o substantivo *report*. “The bad dog snarfed up an entire bag of kibble this morning.” O adjetivo *bad* descreve o substantivo *dog*. *Well* e *badly* são advérbios utilizados para descrever ação. “In my opinion, the report was particularly well written.” O advérbio *well* descreve o verbo *written*. “The dog slept badly after his kibble-fest.” O advérbio *badly* descreve o verbo *slept*.” Well e badly também fazem outras descrições. Na expressão *a well-written essay*, por exemplo, *well* descreve *written*, que descreve *essay*.

DICA

Well pode ser um adjetivo em uma circunstância em particular: saúde. Quando alguém pergunta como você está, a resposta (eu espero) é *I am well* ou *I feel well*. Você também pode — e eu assim espero — *feel good*, especialmente se estiver falando sobre um estado mental, embora esta utilização seja um pouco mais informal. Fora as questões de saúde, entretanto, *well* é um membro permanente do time dos advérbios. Na verdade, se você pode inserir a palavra *healthy* em um determinado local, significa que pode usar *well* no mesmo local.

Quando uma descrição aparece depois de um verbo, perigo à espreita. Você precisa determinar se a descrição traz uma informação sobre o verbo ou sobre uma pessoa/coisa que está agindo ou se encontra em determinado estado ou condição. Se a descrição se refere ao verbo, use um advérbio. Se descreve uma pessoa/coisa (o sujeito, em termos gramaticais), escolha o adjetivo.

PRATIQUE

Vista sua toga de juiz e circule a palavra certa em cada conjunto entre parênteses.

P. The trainer works (good/well) with all types of dogs, especially those that don't outweigh him.

R. **well.** Como o adestrador trabalha? A palavra que você precisa deve ser um advérbio, pois a informação se refere à ação (work), não ao substantivo.

21. My dog Truffle barks when he's run (good/well) during his daily race with the letter carrier.

22. The letter carrier likes Truffle and feels (bad/badly) about beating him when they race.

23. Truffle tends to bite the poor guy whenever the race doesn't turn out (good/well).

24. Truffle's owner named him after a type of chocolate candy she thinks is (good/well).

25. The letter carrier thinks high-calorie snacks are (bad/badly).

26. He eats organic sprouts and wheat germ for lunch, though his meal tastes (bad/badly).

27. Truffle once caught a corner of a dog-food bag and chewed off a (good/well) bit.

28. Resisting the urge to barf, Truffle ate (bad/badly), according to his doggie standards.

29. Truffle, who didn't feel (good/well), barked quite a bit that day.

30. Tired of the din, his owner confiscated the kibble and screamed, "(Bad/Badly) dog!"

Dominando a Arte dos Artigos

Três palavrinhas — *a, an* e *the* — surgem em quase todas as frases em inglês. Algumas vezes (como os meus parentes), surgem quando não devem. Tecnicamente, estas três palavras são adjetivos, mas pertencem à subcategoria de artigos. Como sempre, esqueça essa terminologia. Basta saber usá-los corretamente:

- *The* refere-se a algo específico. Quando você diz que quer *the book*, está insinuando um em particular, mesmo que não o nomeie. O *the* vai muito bem com palavras singulares e plurais.
- *A* e *an* são mais gerais em significado, e funcionam apenas com substantivos singulares. Se você quer *a book*, você está disposto a ler qualquer coisa, ou pelo menos pesquisar um pouco na estante. O *a* precede palavras que começam com consoantes, e o *an* vem antes de palavras começando com vogais. Em outras palavras, você quer *a book* ou *an encyclopedia*.

DICA

Se você quer um termo geral, mas está falando sobre um plural, tente *some* ou *any* no lugar de *a* ou *an*, pois estes últimos dois artigos não acompanham plurais.

PRATIQUE

Escreva um artigo falando sobre a final do *Grammarian Idol* — ops, tipo errado de artigo. Escreva o artigo correto em cada lacuna das frases seguintes:

P. When Lulu asked to see _____ wedding pictures, she didn't expect Annie to put on _____ twelve-hour slide show.

R. **the, a.** Na primeira parte da oração, Lulu está pedindo algo específico. Adicionalmente, *wedding pictures* é uma expressão no plural, então *a* e *an* estão fora de questão. Na segunda metade da oração, algo mais geral é apropriado. Já que *twelve* começa com a consoante *t*, *a* é o artigo escolhido.

31. Although Lulu was mostly bored out of her mind, she did like __________ picture of Annie's Uncle Fred snoring in the back of the church.

32. ______________ nearby guest, one of several attempting to plug up their ears, can be seen poking Uncle Fred's ribs.

33. At Annie's wedding, Uncle Fred wore ______________ antique bow tie that he bought in ______________ department store next door to his apartment building.

34. ______________ clerk who sold ______________ tie to Uncle Fred secretly inserted ______________ microphone and ______________ miniature radio transmitter.

35. Uncle Fred's snores were broadcast by ______________ obscure radio station that specializes in embarrassing moments.

36. Annie, who didn't want to invite Uncle Fred but was forced to do so by her mother, placed ______________ buzzer under his seat.

37. Annie's plan was to zap him whenever he snored too loudly; unfortunately, Fred chose ______________ different seat.

Descrições Compostas por Hifens

O hífen (aquele traço horizontal curto) liga duas ou mais palavras para formar uma descrição que deve preceder a palavra a ser descrita (*second-base error*, *Hall-of-Fame catcher*). Mas quando a primeira palavra na descrição composta termina em *–ly*, não há hífen (*completely ridiculous umpire*).

DICA

As regras do uso do hífen variam em inglês. Antes de decidir usar ou não o hífen, verifique com a pessoa responsável (professor, chefe, juiz, o que seja) para determinar qual o estilo preferido.

PRATIQUE

Quer tentar? Circule as formas corretas das opções entre parênteses.

P. The boss demanded a new (home plate/home-plate) umpire.

R. **home-plate.** As palavras *home* e *plate* são combinadas para descrever *umpire*.

38. The (truly sorry/truly-sorry) player offered to practice a half hour more each day.

39. "I think (two thirds/two-thirds) of an hour is better," said the boss.

40. "My (player improvement/player-improvement) plan calls for increased practice," he added.

41. A (lost ball/lost-ball) mistake is common on sunny days.

42. A (stadium wide/stadium-wide) policy requires fans to wear protective helmets.

43. The (name brand/name-brand) helmets have (built in/built-in) radios tuned to the game.

44. Because of (poorly fielded/poorly-fielded) stray balls, fans must pay attention to the (on field/on-field) action.

Chamando Todos os Conquistadores: Prática Extra com Descritores

Demonstre o conhecimento adquirido neste capítulo encontrando os erros neste trecho de um catálogo de vestuário (veja a Figura 13-1). Vinte palavras descritivas estão sublinhadas, mas apenas algumas estão erradas. Procure por adjetivos tentando fazer o papel de advérbios (e vice-versa); o tipo errado de artigo ou hifens faltantes. Corrija os erros que encontrar. Caso a descrição esteja correta, deixe como está.

Dollars' Clothing: Fashions That Work

A–D. Surprising comfortably suits for work and leisure. Easily-to-clean polyester in real varied colors goes from the office grind to the extreme bright club scene without a pause!

A. Fast track jacket. Stun your co-workers with a astonishingly elegance of deeply eggplant. Gently curves follow an real natural outline to accentuate your figure. The silkily lining, in delightful loud shades of orange, gives a strong message: I am woman! Hear me roar!

B. Softly, woven pants coordinate with a jacket described above — and with everything in your wardrobe. In eggplant, orange, or eggplant-orange plaid.

Figura 13-1: Exercício com um exemplo de catálogo de vestuário.

Respostas para os Problemas de Adjetivos e Advérbios

Espero que os desafiadores exercícios deste capítulo sobre palavras descritivas não tenha lhe dado muito trabalho. Descubra como se saiu, comparando seus exercícios com as respostas a seguir.

1 **loyal, surely.** Que tipo de membro é um crocodilo? Um membro *loyal*. Já que você está descrevendo um substantivo (*membro*), você precisa do adjetivo *loyal*. Na segunda parte da oração, o advérbio *surely* explica como a presença do pato foi *resented*. *Resented* é um verbo e deve ser descrito por um advérbio.

2 **personal, angrily.** Na primeira parte da oração, *personal* descreve uma coisa (*plumbing*). Como o crocodilo perguntou? *Angrily*. O advérbio fala sobre o verbo *inquire*.

3 **nasty.** O adjetivo *nasty* descreve *you*. Claro, não estou querendo dizer você, o leitor. Você ganhou minha imortal afeição comprando este livro. O *you* na frase é *nasty*!

4 **swiftly, clear.** O advérbio *swiftly* descreve a ação de *circling*. O adjetivo *clear* explica que tipo de *advantage* as criaturas estão buscando.

5 **extremely.** O advérbio *extremely* esclarece a intensidade da palavra descritiva *territorial* (se realmente precisa saber, *territorial* é um adjetivo descrevendo *you*).

6 **fearfully, sharply.** Ambos advérbios se referem a como as ações (*retreated* e *quacked*) foram executadas.

7 **poorly.** O advérbio *poorly* dá informações sobre a palavra descritiva *dressed*.

8 **nearly.** Esta é uma questão difícil, e se você acertou, agende um dia de spa. A expressão *five feet* é uma descrição de *sword*. O advérbio *nearly* lhe dá informações adicionais sobre a descrição *five feet in length*.

9 **easily.** O advérbio *easily* descreve o verbo *bounced*.

10 **forcefully, quickly.** O advérbio *forcefully* diz como ele *ordered*, um verbo. O advérbio *quickly* descreve como o *alligator should retreat*.

11 **Abominable, happy.** Você pode trapacear nesta primeira parte, simplesmente sabendo o nome do possível monstro imaginário que assombra o Himalaia, mas também pode descobrir com a gramática. Um *snowman* é uma coisa (ou uma pessoa) e, assim sendo, um substantivo. Adjetivos descrevem substantivos, então *abominable* faz o serviço. Na segunda metade, você precisa de um adjetivo para descrever *snowman*, que estava *happy*. Você não está descrevendo a ação de *seeming*, então um advérbio é inapropriado.

12 **really.** Esta oração apresenta duas palavras que normalmente são confundidas. A palavra *angry* é um adjetivo, então você precisa de um advérbio para indicar sua intensidade, então *really* preenche a lacuna.

13 **surely.** Aquele cavalo na quinta corrida pode ser *sure thing*, pois *thing* é um substantivo e você precisa de um adjetivo para descrevê-lo. Mas o verbo *deny* deve ser descrito por um advérbio, então *surely* é o que você quer.

14 **accurate.** *Statement* é um substantivo que deve ser descrito pelo adjetivo *accurate*.

15 **lovely.** Um *lizard* é um substantivo, que pode ser descrito pelo adjetivo *lovely*, mas não pelo advérbio *lovingly*. Incidentalmente, *lovely* não é um advérbio, apesar do fato de terminar com *–ly*.

16 **quickly, loudly.** O advérbio *quickly* descreve o verbo *come*, e *o* advérbio *loudly* descreve o verbo *shouted*.

17 **happy, new.** Esta oração apresenta um quebra-cabeça. Você está falando sobre o humor do pato ou da forma como ele saiu da banheira? Os dois estão relacionados, claro, mas o humor é o significado primário, então o adjetivo *happy* é a melhor opção para descrever *duck*. O adjetivo *new* descreve o substantivo *friend*.

18 **noisily, dumb.** O advérbio *noisily* diz como o crocodilo *celebrated*. Já que *celebrated* é em verbo, você precisa de um advérbio. O adjetivo *dumb* está ligado à *enemy*. A maioria dos adjetivos, porém não todos, aparece antes das palavras que descreve, mas neste caso o adjetivo está depois do substantivo.

19 **safely, particularly.** O advérbio *safely* se refere à *walk*. A segunda resposta também é um advérbio, porque *particularly* explica quão *narrow* é o túnel.

20 **carefully, serious.** O advérbio *carefully* explica como o *duck waddled*, que é um verbo. *Danger* é um substantivo e é descrito pelo adjetivo *serious*.

21 **well.** O advérbio *well* nos diz como *Truffle has run*.

22 **bad.** Esta sentença ilustra um erro comum. A descrição não diz nada sobre a habilidade do carteiro de *feel* (sensação de tato). Ao invés disso, ela fala sobre seu estado. Já que a palavra é uma descrição de uma pessoa, e não de uma ação, você precisa de um adjetivo, *bad*. *To feel badly* sugere que você está usando luvas e não consegue *feel* nada através do tecido grosso.

23 **well.** O advérbio *well* descreve a ação *to turn out* (resultar).

24 **good.** Qual era a opinião dela sobre as trufas de chocolate? Ela *thinks* que são *good*. O adjetivo é necessário porque você está descrevendo o substantivo *candy*.

25 **bad.** A descrição *bad* aplica-se à *snacks*, e não ao verbo *are*. Por isso, um adjetivo é o que você precisa.

26 **bad.** A descrição fala sobre *meal*, um substantivo. Você precisa do adjetivo *bad*.

27 **good.** O adjetivo (*good*) refere-se a um substantivo (*bit*).

28 **badly.** Agora você está falando sobre a ação (*ate*), então precisa do advérbio (*badly*).

29 **well.** A melhor resposta aqui é *well*, um adjetivo que funciona para declarações sobre o estado de saúde. *Good* também pode funcionar, mas *good* é melhor para declarações de humor ou condições psicológicas.

30 **Bad.** O adjetivo *bad* aplica-se ao substantivo *dog*.

31 **the.** A oração informa que uma foto em particular não conquistou a afeição de Lulu, então *the* funciona bem aqui. Se escolher *a*, sem problemas. A oração seria um pouco menos específica, mas ainda aceitável. O único erro verdadeiro é *an*, que deve preceder palavras iniciadas com vogais — um grupo que não inclui *picture*.

32 **A.** Já que a oração fala que diversos convidados estão próximos, o *the* não encaixa aqui. O *a*, mais geral, é melhor.

33 **an** ou **the, the.** Na primeira lacuna, você pode colocar tanto *an* (que deve preceder uma palavra iniciada com uma vogal) ou *the*. Na segunda lacuna, *the* é melhor, pois é improvável que Fred esteja cercado por diversas lojas de departamento. *The* é mais definitivo, indicando uma loja em particular.

34 **The, the, a, a.** Várias lacunas nesta! As duas primeiras parecem mais específicas (*one clerk*, *one tie*), então o *the* se encaixa bem. As próximas duas lacunas insinuam que o secretário selecionou um, em um grupo de muitos, não um microfone ou transmissor em particular. O artigo mais geral é *a*, que precede palavras iniciadas com consoantes.

35 **an.** Já que a estação de rádio está descrita como *obscure*, uma palavra iniciando com uma vogal, você precisa de *an*, não *a*. Se tiver inserido *the*, não chore. O artigo funciona aqui também.

36 **a.** A palavra *buzzer* não começa com uma vogal, então você tem que ir com *a*, não *an*. O *the*, mais definitivo, pode funcionar, insinuando que o leitor sabe que você está falando de uma campainha em particular, e não qualquer campainha.

37 **a.** Ele escolheu qualquer assento velho, não um em particular, então *a* é o que você precisa.

38 **truly sorry.** Estas duas palavras não se juntam para formar uma única descrição. *Truly*, nos dá a intensidade de *sorry*. Veredito: sem hifens aqui.

39 **two thirds.** Uma característica das frações: quando as juntamos com um substantivo, elas requerem hífen (*two-thirds majority*). Quando elas precedem *of*, não devem levar hífen. Portanto, sua resposta é: *two thirds*.

40 **player-improvement.** Estas duas palavras se combinam para formar uma descrição, então o hífen é apropriado.

41 **lost-ball.** Que tipo de *mistake* (erro) é *common* (comum)? Um *lost-ball mistake*. A combinação funciona como uma, assim como indica o hífen.

42 **stadium-wide.** Aqui estas duas palavras indicam um tipo de *policy*, e o hífen une as duas.

43 **name-brand, built-in.** Você precisa do hífen aqui porque as duas palavras de cada descrição são combinadas para dizer algo sobre os *helmets* e os *radios* para o leitor.

44 **poorly fielded, on-field.** Quando a primeira palavra de uma descrição composta terminar em *–ly*, você não precisa de hífen, então *poorly fielded* não requer a pontuação. Entretanto, *on-field* é outra história. Estas duas palavras equivalem a uma descrição, então o hífen é apropriado.

> Dollars' Clothing: Fashions That Work
>
> 45 A–D. ~~**Surprising**~~ **Surprisingly** ~~**comfortably**~~ **comfortable** suits for work and leisure. 46
> 47 ~~**Easily**~~ **Easy**-to-clean polyester in ~~**real**~~ **really** varied colors goes from the 48
> 49 **office** grind to the ~~**extreme**~~ **extremely bright** club scene without a pause! 50
> 51
>
> 52 A. **Fast-track** jacket. Stun your co-workers with ~~**a**~~ **the** 53
> 54 ~~**astonishingly**~~ **astonishing** elegance of ~~**deeply**~~ **deep** eggplant. 55
> 56 ~~**Gently**~~ **Gentle** curves follow ~~**an**~~ **a** ~~**real**~~ **really** natural outline to accentuate your figure. 58
> 57 The ~~**silkily**~~ **silky** lining, in ~~**delightful**~~ **delightfully** loud shades of orange, gives 60
> 59 **a strong** message: I am woman! Hear me roar! 62
> 61
>
> B. ~~**Softly**~~ **Soft**, woven pants coordinate with ~~**a**~~ **the** jacket described above — and with 64
> 63 everything in your wardrobe. In eggplant, orange, or eggplant-orange plaid.

45 A descrição *comfortable* deve ser intensificada pelo advérbio *surprisingly*, não pelo adjetivo *surprising*.

46 O adjetivo *comfortable* descreve o substantivo *suits*.

47 *Polyester* é um substantivo, então deve ser descrito por um adjetivo e *easy* é a correta. Como temos uma descrição composta, *easy-to-clean*, você precisa do hífen.

48 A descrição *varied* é intensificada pelo advérbio *really*.

49 Nesta oração, *office* é um adjetivo descrevendo *grind*, um substantivo aqui.

50 O advérbio *extremely* intensifica a palavra descritiva *bright*.

51 O adjetivo *bright* descreve *club scene*, um substantivo.

52 A maravilhosa palavra *fast* pode ser tanto um adjetivo quanto um advérbio. Aqui ela combina com *track* para formar um adjetivo composto descrevendo *jacket*.

53 Um tipo particular de elegância está sendo discutido, então o definitivo *the* é solicitado.

54 *Elegance* é um substantivo, então o adjetivo *astonishing* é a melhor descrição.

55 *Eggplant* é uma cor, que é uma coisa e, então, um substantivo. Para descrever um substantivo, use o adjetivo *deep*.

56 Para descrever o substantivo *curves*, escolha o adjetivo *gentle*, não o advérbio *gently*.

57 *An* só pode preceder palavras iniciadas com vogais, e *real* começa com uma consoante.

58 *Natural* é uma palavra descritiva, então deve ser descrita por um advérbio, *really*.

59 O substantivo *lining* é descrito pelo adjetivo *silky*.

60 O advérbio *delightfully* descreve outra descrição, *loud*. As descrições são sempre descritas por advérbios, não por adjetivos.

61 O artigo *a* é o que você precisa para preceder uma palavra que começa com consoante.

62 O adjetivo *strong* descreve o substantivo *message*.

63 Enganei você aqui? Verdade, você pode ter achado que *softly* descrevia *woven* nesta oração, mas o significado indica outra coisa. Você não está falando sobre como o tecido foi tramado. Ao invés disso, você tem duas palavras separadas (a vírgula lhe dá a dica disso) descrevendo o substantivo *pants*. *Soft* é um adjetivo, apropriado para descrever substantivos.

64 Claramente você está falando de um item em particular, a jaqueta extremamente feia, descrita como item A. Por isso *the*, que se encaixa bem com coisas específicas, é melhor que o mais genérico *a*.

Capítulo 14

Indo ao Local: Posicionando Descrições Corretamente

Neste Capítulo

- Posicionando *even*, *only*, *almost* e palavras similares
- Evitando descrições fora de lugar, "dependuradas" ou confusas

O princípio básico que orienta a localização de descrições dentro de uma oração é simples: palavras descritivas devem claramente se relacionar com aquilo que descrevem. Algumas descrições podem se distanciar um pouco sem perder o significado, mas outras exigem precisão. Neste capítulo, você pode pôr em prática essa precisão e, como um corretor de imóveis, concentrar-se na localização, localização e mais localização.

Colocando as Palavras Descritivas em Seu Devido Lugar

Um dia desses vi uma camiseta que dizia: "Grandma went to NYC and only bought me one lousy T-shirt". A frase, da forma como foi escrita, declara que Vovó (*Grandma*) foi para NYC e não fez nada além de comprar uma camiseta. Por que? Porque *only* — assim como *even*, *almost*, *just*, *nearly* e *not* — deve preceder a palavra que está sendo descrita. O correto seria "Grandma went to NYC and bought me only one lousy T-shirt". Veja os exemplos a seguir:

> *Even* Mary knows that song. (Mary geralmente se mantém longe do rádio, mas a canção é tão popular que ela a reconheceu.)
>
> Mary knows *even* that song. (Mary tem 56.098 CDs. Ela conhece cada trabalho musical já escrito, incluindo aquele referido pela oração.)

Pegou a ideia? Agora dê uma olhada nas frases a seguir. Se você encontrar uma descrição fora do lugar adequado, reescreva-a como ela deve ser. Caso tudo esteja correto e tranquilo, escreve "correta" na lacuna.

P. My Uncle Fred only pays taxes when he's in the mood or when the IRS serves an arrest warrant.

R. **My Uncle Fred pays taxes only when he's in the mood or when the IRS serves an arrest warrant.** O *only* tem de ser movido, pois ele faz um comentário na condição que obriga Fred a pagar (seu humor e os momentos em que o IRS o coloca no humor). A descrição deve preceder a condição sobre a qual fala. O *only* não está comentando *pays*, então, está fora do lugar no original.

1. Because she was celebrating an important birthday, Ms. Jonge only gave us ten hours of homework.

2. The first task nearly seemed impossible: to write an essay about the benefits of getting older.

3. After I had almost written two pages, my instant message beeped and I put my pen down.

4. I even figured that Ms. Jonge, the meanest teacher on the planet, would understand the need to take a break.

5. I made a cup of coffee, but because I'm dieting, I only ate one doughnut and ignored the other three.

6. My friend Eloise nearly gained three pounds last week just from eating glazed doughnuts.

7. Eloise, my brother, and I love doughnuts, but all of us do not eat them; Eloise can't resist.

8. Eloise even draws the line somewhere, and she seldom munches more than three chocolate sprinkles a day.

9. After I had sent a text message to Eloise, I returned to my homework and found I only had five tasks left.

10. Not all the work was boring, and I actually liked the history assignment.

Reposicionando Descrições Fora de Lugar

Se você está em uma revendedora de carros e quer comprar *a new car from a sales associate with snow tires*, está no lugar certo. Infelizmente, a descrição — *with snow tires* — não, pois a localização atual relaciona a descrição à *sales associate* e, portanto, indica um vendedor de carros cujo os pés tenham sido substituídos por grandes coisas redondas de borracha e não um veículo que você possa guiar tranquilo em uma tempestade de neve.

Esta seção lida com descrições longas (para os amantes da gramática: locuções prepositivas, locuções verbais e orações) que algumas vezes se desviam do caminho. Descrições curtas — adjetivos e advérbios simples — são tratados no Capítulo 14. Para manter as descrições nos locais adequados, certifique-se de que elas estejam bem próximas da palavra que descrevem.

DICA

Exceto por algumas descrições de lugar e tempo, quase todas as descrições com múltiplas palavras devem vir imediatamente após a palavra que descrevem. O exemplo no primeiro parágrafo desta seção deveria ser "I want to buy a car with snow tires from a sales associate." Deste modo, a descrição *with snow tires* descreve o carro.

CUIDADO!

Ao mover uma descrição fora de lugar, cuidado para não criar outro erro. Por exemplo, se eu mudar "*I placed a stone in my pocket that I found in the playground*" para "*I placed a stone that I found in the playground in my pocket*", tenho um problema. Na oração original, encontrei o bolso no *playground*. Na oração alterada, eu tenho um playground no meu bolso. A solução é colocar a descrição no início da oração: *In my pocket I placed a stone that I found in the playground.*

Verifique as frases a seguir. Se todas as descrições estiverem nos locais corretos, escreva "correta" na lacuna. Se qualquer coisa estiver fora do lugar, reescreva a oração nas lacunas fornecidas, colocando a descrição no lugar certo. Além de mover as descrições, você pode ter que reformular um pouco a frase para que ela faça sentido.

P. Even before she passed the road test, Julie bought a leather license holder that was given only twice a month.

R. **Even before she passed the road test that was given only twice a month, Julie bought a leather license holder.** O porta-carteira está disponível a qualquer momento na loja de artigos de couro, mas o teste acontece apenas duas vezes ao mês. Mova a descrição para mais perto de *test* e está tudo certo.

11. Julie passed the eye examination administered by a very near-sighted clerk with flying colors.

12. The written test inquired about maneuvers for cars skidding on ice.

13. Another question inquired about defensive driving, which required an essay rather than a multiple-choice response.

14. About a week after the written portion of the exam, the Department of Motor Vehicles sent a letter giving Julie an appointment for the road test lacking sufficient postage.

15. Julie asked her sister to drive her to the testing site before the letter arrived.

16. Julie's examiner, a nervous man whose foot kept slamming onto an imaginary brake pedal, constantly wrote notes on an official form.

17. The first page contained details about Julie's turning technique, which was single-spaced.

____

____

18. Julie hit only two pedestrians and one tree in the middle of a crosswalk.

____

____

19. The examiner relaxed soon after Julie's road test in his aunt's house in Florida.

____

____

20. Julie wasn't surprised to hear that she had failed her first road test, but the pedestrians' lawsuit was a shock because the examiner had fainted when the speedometer hit 80.

____

____

Pendurado em um Precipício: Descrições Pendentes

Para apimentar sua escrita, você pode começar algumas frases com descrições introdutórias que podem até se parecer com verbos, mas, na verdade, não são (na terminologia gramatical oficial, são chamadas de locuções). As locuções podem aparecer em qualquer lugar na oração; nesta seção, falo apenas sobre aquelas que introduzem orações. Geralmente, uma vírgula separa estas declarações introdutórias da porção principal da oração. Quando começamos uma oração dessa maneira, a descrição introdutória deve se referir ao sujeito — a pessoa ou coisa de que estamos falando na oração. Nestes exemplos, elas aparecem em itálico:

> "*Dazzled by Tiffany's new diamond ring*, Lulu reached for her sunglasses." A descrição introdutória dá mais informações sobre *Lulu, o sujeito.*
>
> "*To block out all visible light*, Lulu's glasses have been coated with a special plastic film." A descrição introdutória dá mais informações sobre o sujeito, *glasses*.

Uma variação desse tipo de introdução é uma declaração com sujeito oculto. Nelas, você deve se certificar de que o sujeito oculto concorda com o sujeito da porção principal da oração:

"*While wearing these glasses*, Lulu can see nothing at all and thus constantly walks into walls." A declaração implícita é *While Lulu is wearing these glasses*.

CAI NO TESTE

Um erro comum é separar a introdução do sujeito, resultando em uma oração com uma lógica falha, o que os gramáticos chamam de *dangling modifier* (*modificador pendente*). Os testes padrão costumam incluir esses erros para que você os identifique ou corrija. Por exemplo, você pode se deparar com uma oração como esta: "Before buying them, the glasses carried a clear warning, which Lulu ignored." Nesta sentença incorreta, o significado é "Before the glasses were buying them, the glasses carried a clear warning, which Lulu ignored." Totalmente sem lógica! Para corrigir este tipo de erro, em geral, temos que reescrever a sentença: "Before buying the glasses, Lulu read a warning about them and chose to ignore it."

PRATIQUE

Verifique estas frases em busca dos modificadores pendentes e reescreva-as conforme necessário. Caso tudo esteja devidamente conectado, escreva "correta" na lacuna. Suas frases reescritas podem diferir das respostas sugeridas. Sem problemas, desde que a informação introdutória refira-se ao sujeito.

P. After waiting for a green light, the crosswalk filled with people rushing to avoid Lulu and her speeding skateboard.

____

R. **After waiting for a green light, people rushed into the crosswalk to avoid Lulu and her speeding skateboard.** Na oração original, *crosswalk* está *waiting for a green light*. A oração reescrita tem *people waiting* por uma escapatória da calçada, onde Lulu está correndo às cegas, graças aos seus óculos que não a permitem enxergar.

21. To skateboard safely, kneepads help.

____

22. Sliding swiftly across the sidewalk, a tree smashed into Lulu.

____

23. Although bleeding from a cut near her nose ring, a change of sunglasses was out of the question.

____

24. To look fashionable, a certain amount of sacrifice is necessary.

____

25. While designing her latest tattoo, a small camera attached to the frames of her glasses seemed like a good idea.

26. Covered in rhinestones, Lulu made a fashion statement with her glasses.

27. Discussed in the fashion press, many articles criticized Lulu's choice of eyewear.

28. Coming to the rescue, Tiffany swiped the offending glasses and lectured Lulu on the irrelevance of such fashion statements.

29. To pacify Tiffany and the pedestrians' lawyers, the glasses eventually went into the trash can.

30. Being reasonable, Lulu opted for a wraparound stainless steel helmet with UV protection.

31. When skateboarding, Lulu now takes care to avoid pedestrians.

32. Having hit no pedestrians for six months, a safety award seems appropriate for Lulu.

33. Knowing Lulu's tendency to place fashion over safety, shopping for new glasses was scheduled on a day when Tiffany was free.

34. To shop with Lulu, Tiffany canceled three appointments.

35. Hearing Tiffany's concerns, the rescheduled appointment was not a problem for her hairdresser.

Perdido na Confusão: Descrições Vagas

Se você leu as seções anteriores deste capítulo, já sabe que a regra geral que rege as descrições é que elas devem estar próximas à palavra que descrevem. Se você colocar uma descrição a igual distância de duas palavras que ela pode descrever, você vai criar um dilema para o leitor. Não é uma boa ideia! Considere a oração: "Protesting successfully scares politicians." Qual palavra é descrita por *successfully*? *Protesting* ou *scares*? Não há como dizer. O autor pode estar dizendo: "Sucessfully protests scare politicians." ou "Protests scare politicians successfully". Moral da história: clareza é essencial.

Os criadores de testes prezam a clareza, então tome cuidado com a localização das descrições em suas frases nos testes de proficiência e provas.

Verifique as frases seguintes e decida se estão claras ou não. Se estiverem claras, escreva "correta" nas lacunas. Se não, reescreva-as. Observação: O fato de uma sentença estar vaga significa que existe mais de uma correção possível. Nas respostas ao final do capítulo, forneço duas possibilidades. Sua resposta pode ser diferente. Não tem problema! Apenas certifique-se de que o significado esteja claro.

P. The senator speaking last week voted against the Clarity Bill.

R. **The senator speaking voted against the Clarity Bill last week.** Ou, **The senator who spoke last week is the one who voted against the Clarity Bill.** Você pode ainda encontrar outras variações. Desde que a oração indique que *last week* está relacionada com *speaking* ou *voted*, estará correto.

36. Running a red light once earned a stiff fine.

37. Backing away from the traffic cop swiftly caused a reaction.

38. The ticket he got last summer was a blot on his spotless driving record.

39. The judge said when the case came to trial he would punish the drivers severely.

40. The warden of the driving-infraction division soon arrived on the scene.

Chamando Todos os Conquistadores: Prática Extra com a Posição das Descrições

Respire fundo, observe este manual de instruções de yoga (veja a Figura 14-1), que, como meus advogados me imploraram para mencionar, *não* descreve posturas que um corpo humano normal consiga fazer. *Não* tente estas posições em casa, mas *tente* procurar dez erros causados por descrições vagas, fora de lugar ou pendentes. Após encontrar os erros, corrija-os — risque as palavras fora de lugar, insira palavras e revise as frases nas margens deste livro. Os erros têm diversas correções possíveis, mas na seção de respostas, mostro apenas uma correção para cada erro. Se sua resposta for clara, você se saiu bem.

Yoga and Y'all: An Excerpt

If you only learn one yoga posture, this should be it. Beginners can even do it. To form the "Greeting Turtle Posture," the mat should extend from knees to armpits freshly laundered and dried to fluffiness. While bending the right knee up to the nose, the left ankle relaxes. You should almost bend the knee for a minute before straightening it again. Throw your head back now extending each muscle to its fullest, only breathing two or three times before returning the head to its original position. Tucking the chin close to the collarbone, the nose should wiggle. Finally, raise the arms to the sky and bless the yoga posture that is blue.

Figura 14-1: Exercício com uma amostra de manual de instrução.

Respostas para os Problemas de Posição de Descrições

Agora que você já teve a chance de praticar um pouco suas habilidades na colocação de descrições, confira suas respostas com as apresentadas a seguir.

1. **Because she was celebrating an important birthday, Ms. Jonge gave us only ten hours of homework.** A implicação desta oração é que ela poderia ter dado vinte horas. Já que o número de horas é a questão, o *only* deve estar antes de *ten hours*, não de *gave*.

2. **The first task seemed nearly impossible: to write an essay about the benefits of getting older.** Se quase parecia, não parece — simplesmente chegou perto deste estado. Mas não é isso que se está tentando dizer aqui. Ao invés disso, a tarefa foi quase *impossible*, mas ainda estava no campo do possível. Por isso o *nearly* descreve *impossible* e deve preceder esta palavra.

3. **After I´d written almost two pages, my instant message beeped, and I put my pen down.** Quantas páginas você escreveu? É isso que a oração discute. Quando o *almost* está no lugar correto, você tem cerca de uma página e meia ou um pouco mais. Na oração original, não tem nada no papel, pois a oração diz que o orador *had almost written* (aproximou-se do ato de escrever, mas então parou).

4. **I figured that even Ms. Jonge, the meanest teacher on the planet, would understand the need to take a break.** Claramente, a oração compara esta professora em particular com todas as outras, então o *even* deve estar antes do nome dela.

5. **I made a cup of coffee, but because I'm dieting, I ate only one doughnut and ignored the other three.** Esta oração compara o número de rosquinhas comidas (uma) com o número de disponíveis (quatro). O *only* deve preceder o número, e não a ação (*ate*).

6. **My friend Eloise gained nearly three pounds last week just from eating glazed doughnuts.** Uma palavra — *just* — está no lugar apropriado, mas *nearly* deve ser movida. O *nearly* mostra que o ganho foi um pouco menor que três, e o *just* diz o motivo (*snarfing down doughnuts*).

7. **Eloise, my brother, and I love doughnuts, but not all of us eat them; Eloise can't resist.** Para corrigir esta oração, você tem que jogar um pouquinho com o verbo, pois o *do* não é necessário na nova oração. Aqui está a lógica: se Eloise come as rosquinhas e o resto fica de boca fechada, *not all*, mas *some* comem os *doughnuts*. A oração original, sem qualquer lógica, afirma que ninguém os comeu e depois continua discutindo a gulodice de Eloise.

8. **Even Eloise draws the line somewhere, and she seldom munches more than three chocolate sprinkles a day.** O *even* não deveria preceder *draws*, pois as duas ações não estão sendo comparadas. Ao invés disso, é *Eloise* que está sendo diferenciada.

9 **After I had sent a text message to Eloise, I returned to my homework and found I had only five tasks left.** A oração comenta a quantidade restante de dever de casa (*only five tasks*, não seis ou sete). Por isso o *only* precede apropriadamente *five tasks*.

10 **Correta.** Alguns trabalhos fazem você bocejar e outros não. A lógica lhe diz que é *not all* que procura.

11 **With flying colors, Julie passed the eye examination administered by a very near-sighted clerk.** Você pode facilmente ver o que está errado com a oração original. Corrigi-la pode ser complicado. Se mover o *with flying colors* de modo que fique após *examination*, você soluciona um problema e cria outro, pois então o *colors are administered by a very near-sighted clerk*. Você pode colocar *with flying colors*, como fiz, no início da oração ou, se desejar, após *passed*. Em qualquer um dos locais a descrição está próxima o suficiente do verbo para dizer como *Julie passed*, e este é o significado que você quer.

12 **Correta.** As duas descrições, *written* e *for cars skidding on ice*, estão próximas das palavras que descrevem. *Written* descreve *test* e *for cars skidding on ice* descreve *maneuvers*.

13 **Another question, which required an essay rather than a multiple-choice response, inquired about defensive driving.** As técnicas de direção defensiva não precisam de redações, mas as questões, sim. A descrição deve estar após *question*, pois esta é a palavra sendo descrita.

14 **About a week after the written portion of the exam, the Department of Motor Vehicles sent a letter lacking sufficient postage and giving Julie an appointment for the road test.** *Letter* está descrita por *lacking sufficient postage*, então esta descrição deve vir após *letter*. Inseri *and* após *postage* para esclarecer que a carta, não a postagem, informou à Julie seu agendamento. O *and* liga ambas as expressões (*lacking sufficient postage, giving Julie an appointment for the road test*) à mesma palavra, *letter*. Outra correção possível é remover o *lacking sufficient postage* e inserir *postage-due* antes de *letter*.

15 **Before the letter arrived, Julie asked her sister to drive her to the testing site.** Esta oração menciona duas ações: *asked* e *drive*. O elemento temporal, *before the letter arrived*, diz quando Julie perguntou, não quando ela quis que sua irmã a levasse. A descrição deve estar mais perto de *asked* do que de *drive*, pois *asked* é a palavra que ela descreve.

16 **Correta.** A descrição está onde deve estar. A informação sobre o pé do examinador está próxima de *nervous man*, é ele quem tem o pé inquieto.

17 **The first page, which was single-spaced, contained details about Julie's turning technique.** O *page* está descrito por *single-spaced*, não a manobra de Julie.

18 **Julie hit only two pedestrians in the middle of a crosswalk and one tree.** O senso comum diz que a árvore não está na faixa de pedestres, mas os pedestres, sim. A descrição *in the middle of a crosswalk* deve vir após a palavra que ela descreve, neste caso, *pedestrians*.

19 **The examiner relaxed in his aunt's house in Florida soon after Julie's road test.** O descanso acontece *in his aunt's house in Florida*. O teste de rua acontece na Rota 9. Mova a descrição para mais perto da palavra que ela descreve.

20 **Because the examiner had fainted when the speedometer hit 80, Julie wasn't surprised to hear that she had failed her first road test, but the pedestrians' lawsuit was a shock.** A frase com *because* deve estar mais próxima de *was not surprised*, já que é esta a expressão sendo descrita. Você pode ter ficado tentado mover *because the examiner had fainted when the speedometer hit 80* para o ponto após *test*. Má ideia! Se colocar a informação *because* após *test*, fará parecer que ela falhou *because the examiner had fainted*. Sim, o examinador desmaiou, mas a informação com *because* relaciona-se à falta de surpresa de Julie, e por isso deve estar próxima de *was not surprised*.

21 **To skateboard safely, you may find kneepads helpful.** Na oração original, ninguém está andando de skate. Uma pessoa deve ser inserida na oração. Eu escolhi *you*, mas *skaters*, *people* e outros termos funcionam, desde que algum tipo de skatista em potencial esteja na oração.

22 **Sliding swiftly across the sidewalk, Lulu smashed into a tree.** Lulu é quem deve estar *sliding*, não a árvore, mas na oração original é a árvore quem está deslizando pelas calçadas.

23 **Although Lulu was bleeding from a cut near her nose ring, a change of sunglasses was out of the question.** A oração original tem *a change of sunglasses bleeding*. A forma mais fácil de corrigir uma oração com um sujeito oculto errado é inserir o sujeito real, que é *Lulu*. Outra correção: **Although bleeding from a cut near her nose ring, Lulu said that a change of sunglasses was out of the question.** Agora é Lulu quem está sangrando, um estado comum para ela.

24 **To look fashionable, one must sacrifice a certain amount.** Quem está na moda? Na oração original, ninguém. Adicione uma pessoa: *one*, *you*, *everybody* ou algo similar.

25 **While designing her latest tattoo, Lulu thought it would be a good idea to attach a small camera to the frames of her glasses.** Lulu tem que estar fazendo o design, mas na oração original, *a small camera is designing her latest tattoo*. Outra forma de corrigir esta oração é inserir *Lulu* na primeira parte da oração, fazendo dela o sujeito: *While Lulu was designing . . .*

26 **Covered in rhinestones, Lulu's glasses made a fashion statement.** Os óculos de Lulu estão cheios de cristais, não a própria Lulu. *Lulu's glasses* deve ser o sujeito da oração.

27 **Discussed in the fashion press, Lulu's choice of eyewear was criticized in many articles.** O que foi discutido? Os óculos, não os artigos.

28 **Correta.** *Tiffany's coming to the rescue*, então a oração está correta.

29 **To pacify Tiffany and the pedestrians' lawyers, Lulu eventually threw the glasses into the trash can.** *Glasses* não podem *pacify*, mas *Lulu* pode.

30 **Correta.** Certo, é exagero ver *Lulu* tão *reasonable*, sem mencionar o desconforto de um *stainless steel helmet*, mas gramaticalmente esta oração está correta.

31 **Correta.** *Lulu* é o sujeito e ela também faz sentido como sujeito oculto na oração (*When Lulu is skateboarding...*).

32 **Having hit no pedestrians for six months, Lulu deserves a safety award.** Na oração original, o *award* não acertou pedestre algum. Ai! Não é exatamente o que você estava querendo dizer. Na versão corrigida, *Lulu hasn´t hit anybody* — não com o skate, pelo menos.

33 **Knowing Lulu's tendency to place fashion over safety, Tiffany scheduled shopping for glasses on a free day.** Quem está planejando? *Tiffany* ou *shopping*? É claro que *Tiffany*, então ela deve ser o sujeito.

34 **Correta.** Esta sentença está correta, porque Tiffany executa as duas ações expressas por *to shop* e *canceled.*

35 **Hearing Tiffany's concerns, the hairdresser had no problem with the rescheduled appointment.** *Appointment* não pode ouvir, mas *hairdresser* pode. Portanto, *hairdresser* deve ser o sujeito da oração.

36 **A single red-light infraction earned a stiff fine. Ou, Running a red light earned a stiff fine at one time.** O problema aqui é *once*, que deve estar ligada com mais clareza à *running* ou *earned*. Aqui você tem de recompor e remover o *once* para ficar perfeitamente claro se você está falando sobre *at one time* ou *a single time*, ambos significados de *once*.

37 **Backing swiftly away from the traffic cop caused a reaction. Ou Backing away from the traffic cop caused a swift reaction.** Aqui *swiftly* causa problemas a não ser que seja movido para mais perto de *backing* ou trocado para *swift* para descrever *reaction*.

38 **Correta.** É difícil imaginar que alguém ouviria esta oração e uniria *last Summer* à *was*. Esta passa no teste de clareza.

39 **When the case came to trial, the judge said that he would punish the drivers severely.** Ou, **The judge said that he would punish the drivers severely when the case came to trial.** O problema com a original é sutil, porém, de todo modo, merece atenção. A expressão *when the case came to trial* pode se referir a quando o juiz fez sua declaração ou a quando o juiz pretendia punir os motoristas. Mova a expressão e a clareza reina.

40 **Correta.** A descrição *soon* pode descrever apenas *arrived*. A palavra que precede a descrição, *division*, não se liga coerentemente a um elemento temporal, então a oração está correta.

Yoga and Y'all: An Excerpt

41 If you ~~only~~ learn **only** one yoga posture, this should be it. **Even** ~~B~~**b**eginners can ~~even~~ 42
do it. To form the "Greeting Turtle Posture," ~~the mat should extend from knees to~~
~~armpits freshly laundered and dried to fluffiness~~ **from knees to armpits extend the** 43
44 **mat, which has been freshly laundered and dried to fluffiness**. While bending the
45 right knee up to the nose, **relax** the left ankle ~~relaxes~~. You should ~~almost~~ bend the
46 knee for **almost** a minute before straightening it again. **Now** ~~T~~throw your head back**,**
47 ~~now~~ extending each muscle to its fullest, ~~only~~ breathing **only** two or three times 48
before returning the head to its original position. Tucking the chin close to the
49 collarbone, ~~the nose should~~ wiggle **the nose**. Finally, raise the arms to the sky **that is** 50
blue and bless the yoga posture ~~that is blue~~.

41 A descrição *only* aplica-se ao número, não ao ato de aprender.

42 A descriçao *even* está ligada à *beginners* para mostrar o quão fácil é a postura.

43 A oração começa com uma forma verbal (*To form the "Greeting Turtle Posture"*), então o sujeito da oração deve ser a pessoa que supostamente fará este exercício ridículo. Na oração corrigida, um *you* oculto supre essa necessidade.

44 A descrição sobre a lavagem pertence à *mat*, não à *armpits*, embora eu acredite que axilas macias sejam bem agradáveis.

45 Na oração original, o sujeito de *bending* está oculto, não declarado, então por definição, o outro sujeito da oração (*the left ankle*) assume a posição. Mas *left ankle* não pode dobrar o joelho direito, então a lógica está falha. Alterando a segunda parte da oração para "relax the left ankle" faz de *you* o sujeito (subentendido), e "you" funciona como o sujeito oculto da primeira metade da oração. Outra solução possível: altere a primeira metade da oração para "While you are bending. . . "

46 A descrição *almost* aplica-se à *minute*, não *bending*.

47 Na oração original, *now* está equidistante de *throw* e *extending*, criando uma declaração vaga. Mover a descrição esclarece o significado. Uma vez movido o *now*, adicione uma vírgula entre *back* e *extending* para ajudar o leitor a separar estas duas ações.

48 A descrição *only* aplica-se ao número de vezes que alguém deve respirar, não ao número de ações que alguém deve fazer.

49 A forma verbal introdutória deve ser uma ação feita pelo sujeito, e *nose* não pode *tuck the chin*. O sujeito subentendido *you* pode *tuck the chin*.

50 A descrição de cor pertence à *sky*, não a *yoga posture*. Outra correção mais concisa é apagar "that is blue" e simplesmente dizer, "blue sky".

Capítulo 15

Para o Melhor e para o Pior: Fazendo Comparações

Neste Capítulo

- Criando comparações simples e irregulares com adjetivos e advérbios
- Identificando absolutos que não podem ser comparados
- Evitando comparações incompletas e ilógicas

Does Nell have a bigger ou *the biggest ice cream cone? Is your cold worse* ou *more bad? Can you say that Robert Pattinson is more attractive?* Gramaticalmente, está correto dizer que "Obama is taller than any President of the United States"? Se os seres humanos não fossem tão tentados a comparar suas situações com as dos outros, então a vida — e a gramática — seriam muito mais simples.

Não se desespere. Neste capítulo, você fica sabendo tudo que precisa sobre a criação de comparações, com uma (*higher*, *farthest*), duas (*more beautiful*, *least sensible*) ou muitas palavras (*fastest texter in the Midwest* ou *as much water as Niagara Falls*). Ajudo você a evitar comparações incompletas ou ilógicas para que o significado seja fácil e claro (opa, quis dizer *more easily and more clearly*!)

Conhecendo o –ER (e o –EST): Comparações com Uma ou Duas Palavras

Os adjetivos (palavras que descrevem pessoas, lugares, coisas ou ideias — em outras palavras, os substantivos e os pronomes) e os advérbios (que descrevem ações, estados de ser e outras descrições — verbos, adjetivos e advérbios, em termos gramaticais) ajudam a criar as comparações. Os adjetivos e advérbios regulares, simples, são a base sobre a qual dois tipos de comparações podem ser feitas: o *comparativo* e o *superlativo*. Os comparativos (*dumber*, *smarter*, *neater*, *more insteresting*, *less available* e similares) lidam com apenas dois elementos. Os superlativos (*dumbest*, *smartest*, *neatest*, *most interesting*, *least available* e assim por diante) identificam o extremo em um grupo de três ou mais. Para elaborar comparações simples, siga as seguintes instruções:

- **Acrescente *–er* no final de uma palavra descritiva de uma sílaba para criar uma forma comparativa positiva.** Quando digo positiva, significa que o primeiro termo da comparação é o que se destaca, como em "parakeets are noisier than canaries", uma afirmação de que os periquitos são os mais barulhentos. Em algumas ocasiões, uma palavra de duas sílabas também gera uma forma comparativa desta maneira (*lovelier*, por exemplo).
- **Para formas comparativas de palavras com mais de uma sílaba, em geral, use *more* ou *less*, e não *–er*.** Esta orientação não se aplica à todas as palavras do dicionário, mas é válida para a maioria delas. Assim, dizemos que "canaries are more popular than parakeets", e não "canaries are popularer". Só para esclarecer: *popularer* não é uma palavra!
- **Junte *–est* em palavras de uma sílaba para criar um superlativo positivo.** Essa forma indica superioridade do elemento citado na comparação. Por exemplo, *canaries* é quem leva vantagem em "canaries are the finest singer in the bird world". Da mesma forma, algumas palavras de duas sílabas usam *–est* para criar seu superlativo (como *loneliest*).
- **Adicione *most* ou *least* para palavras mais longas para criar o superlativo.** Novamente, a definição de mais longas não é absoluta, mas uma palavra contendo duas ou mais sílabas, como *beautiful*, geralmente, é considerada longa. Suas formas superlativas são *most beautiful* ou *least beautiful*.
- **Formas comparativas e superlativas negativas sempre contêm duas palavras.** Para declarar que algo é *less* ou *least*, é preciso usar duas palavras e não uma palavra com uma terminação. Portanto, "the canary´s song is less pretty when he has a head cold" e "my parakeets are least annoying when they´re sleeping".
- **Verifique no dicionário quando não estiver certo da forma correta.** O verbete para o adjetivo ou advérbio puro inclui, normalmente, a forma comparativa e superlativa, caso sejam palavras únicas. Se não encontrar a indicação dessas formas para a palavra, use a opção *less/more* e *least/most.*

CUIDADO!

Alguns comparativos e superlativos são irregulares. Discuto esses casos na próxima seção "Indo de Mal a Pior (e de Bem a Melhor): Comparações Irregulares".

Nunca acrescente *–er* ou *–est* E *less/more* ou *least/most*. Usar estas formas juntas nunca é correto.

PRATIQUE

Pronto para fazer comparações? Insira a forma comparativa ou superlativa, conforme necessário, em cada lacuna. A palavra base está entre parênteses no fim da oração.

P. Helen is the ______________ of all the women living in Troy, New York. *(beautiful)*

R. **most beautiful.** A oração compara *Helen* com outras mulheres de Tróia, Nova Iorque. Comparar mais de dois elementos exige a forma superlativa. Por *beautiful ser* uma palavra longa, *most* cria a comparação positiva. *Least beautiful* é a versão negativa.

1. Helen, who manages the billing for an auto parts company, is hoping for a transfer to the Paris office, where the salaries are ________________ than in New York but the night life is ________________. *(low, lively)*

2. Helen's boss claims that she is the ________________ and ________________ of all his employees. *(efficient, valuable)*

3. His secretary, however, has measured everyone's output of P-345 forms and concluded that Helen is ________________ and ________________ than Natalie, Helen's assistant. *(slow, accurate)*

4. Natalie prefers to type her P-345s because she thinks the result is ________________ and ________________ than handwritten work. *(neat, professional)*

5. Helen notes that everyone else in the office writes ______________ than Natalie, whose penmanship has been compared to random scratches from a blind chicken; however, Natalie types ________________. *(legibly, fast)*

6. Helen has been angry with Natalie ever since her assistant declared that Helen's coffee was ________________ and ________________ than the tea that Natalie brought to the office. *(drinkable, tasty)*

7. Helen countered with the claim that Natalie brewed tea ________________ than the office rules allow, a practice that makes her ________________ than Helen. *(frequently, productive)*

8. Other workers are trying to stay out of the feud; they know that both women are capable of making the work day ________________ and ________________ than it is now. *(long, boring)*

9. The ________________ moment in the argument came when Natalie claimed that Helen's toy duck "squawked ________________ than Helen herself." *(petty, annoyingly)*

10. That duck was the ________________ and ________________ toy in the entire store! *(expensive, cute)*

11. Knowing about Helen's transfer request, I selected a duck that sounded ________________ and ________________ than the average American rubber duck. *(international, interesting)*

12. The clerk told me my request was the ________________ he had ever encountered, but because he holds himself to the ________________ standards of customer service, he did not laugh at me. *(silly, high)*

13. I replied that I preferred to deal with store clerks who were _________________ and _________________ than he. *(snobby, knowledgeable)*

14. Anyway, Helen's transfer wasn't approved, and she is in the _________________ mood imaginable, even _________________ than she was when her desk caught fire. *(nasty, annoyed)*

15. We all skirt Natalie's desk _____________ than Helen's, because Natalie is even ______________ than Helen about the refusal. (widely, upset)

16. Natalie, who considers herself the _________________ person in the company, wanted a promotion to Helen's rank or an even _________________ job. *(essential, important)*

17. Larry is sure that he would have gotten the promotion because he is the _________________ and _________________ of all of us in his donations to the Party Fund. *(generous, creative)*

18. "Natalie bakes a couple of cupcakes," he commented _________________ than a boxing champion, "and the boss thinks she's executive material." *(forcefully)*

19. "I, on the other hand, am the _________________ of the three clerks in my office," he continued, "and I am absent _________________ than everyone else." *(professional, often)*

20. When I left the office, Natalie and Larry were arm wrestling to see who was _________________, and Helen was surfing Internet job sites _________________ than usual. *(strong, carefully)*

Indo de Mal a Pior (e de Bem a Melhor): Comparações Irregulares

Algumas descrições básicas formam comparações irregulares. Os irregulares não adicionam *–er* ou *more/less* para criar uma comparação entre dois elementos. Nem os irregulares acrescentam *–est* ou *most/least* para indicar a primeira ou a última de um grupo de mais de dois, também conhecido como a forma superlativa de comparação. Veja a seção anterior, "Conhecendo o *–ER* (e o *–EST*)", para mais informações sobre comparativos e superlativos. As comparações irregulares seguem caminhos diferentes, como você vê na Tabela 15-1.

Tabela 15-1 Formas de Comparações Irregulares

Descrição	*Comparativo*	*Superlativo*
Good ou well	Better	Best
Bad or ill	Worse	Worst
Much ou Many	More	Most

Experimente esta seção de exercícios práticos. Mas não se preocupe se errar o alvo e usar a forma errada da descrição (que está entre parênteses ao final da sentença) na lacuna. Simplesmente leia a explicação na seção de respostas deste capítulo e siga em frente.

P. Edgar's scrapbook, which contains souvenirs from his trip to Watch Repair Camp, is the ______________ example of a boring book that I have ever seen. *(good)*

R. **best.** Uma vez que você menciona o ponto mais alto ou mais baixo de uma experiência de vida, estamos no terreno do superlativo. Como *goodest* não é sequer uma palavra, *best* é o que você precisa.

21. Edgar explains his souvenirs in ________________ detail than anyone would ever want to hear. *(much)*

22. Bored listeners believe that the ________________ item in his scrapbook is a set of gears, each of which Edgar can discuss for hours. *(bad)*

23. On the bright side, everyone knows that Edgar's watch repair skills are ________________ than the jewelers' downtown. *(good)*

24. When he has the flu, Edgar actually feels ________________ when he hears about a broken watch. *(bad)*

25. Although he is only nine years old, Edgar has the __________ timepieces of anyone in his fourth grade class, including the teacher. *(many)*

26. The classroom clock functions fairly well, but Ms. Appleby relies on Edgar to make it run even ________________. *(well)*

27. Edgar's scrapbook also contains three samples of watch oil; Edgar thinks Time-Ola Oil is the ________________ choice. *(good)*

28. Unfortunately, last week Edgar let a little oil drip onto his lunch and became sick; a few hours later he felt ________________ and had to call the doctor. *(ill)*

29. "Time-Ola Oil is the ________________ of all the poisons," cried the doctor. *(bad)*

30. "But it's the ________________ for watches," whispered Edgar. *(good)*

Palavras Absolutas São Solitárias

Já que comprou este livro, estou assumindo que você (como eu) é *perfeito*. Assim sendo, não pode ser comparado com qualquer coisa ou qualquer um, pois a palavra *perfect* — assim como *unique*, *round*, *circular*, *right*, *mistaken* e alguns outros termos — é um estado absoluto. A lógica, que aparece vez ou outra na gramática inglesa, é a base desta regra. Se você atinge um estado absoluto, não pode ser mais ou menos absoluto. Assim sendo, uma expressão como *more circular* ou *really unique* não funciona. Você pode, entretanto, se aproximar de um absoluto, sendo, por exemplo, *nearly perfect* (certo, admito que é um termo melhor para mim) ou *almost round*.

Palavras que indicam direção ou forma tendem a ser absolutas. Você pode virar para *left*, mas não *lefter* ou *more left*. Nem pode ser *squarest* ou *most square* de todo, ao menos quando estiver discutindo figuras de quatro lados.

Verifique as sentenças a seguir e os pares, de uma ou duas palavras, que aparecem entre parênteses. Circule o elemento correto de cada parênteses. Somente para que você não durma, acrescentei alguns pares em que os dois elementos estão errados ou ambos estão corretos. Nestes casos, circule as duas respostas ou escreva "nenhuma" na margem.

P. The vase is (unique/quite unique), and I expect to pay big bucks for it.

R. **unique.** O vaso é único ou não, então *unique* é uma forma absoluta. Se quiser algo menos que *unique*, use *rare*, *unusual* ou *uncommon*.

31. The base of your vase is round, and mine is (almost round/rounder).

32. The antiques dealer said that the top of the vase is (circular/nearly circular), but he's probably mistaken.

33. To find a better antiques dealer, drive (west/more west) for about an hour.

34. That dealer sells Victorian-era buttons that are some of the (most unusual/most unique) gift items you can imagine.

35. The (reasonably circular/very circular) shape of the buttons is surprising, given that the buttons are so old.

36. The dealer obtained the buttons from an (extremely elderly/elderly) widow.

37. The widow claimed that she would sell her antiques only when the time was (very right/just right).

38. Last week I bought a button that was (almost perfect/surprisingly perfect).

39. I thought I could sell it over the Internet for a huge profit, but my plans were (more wrong than I had assumed/very wrong).

40. My sister confiscated the button, claiming that it was (uniquely suited/uncommonly suited) to her personal style.

Completando Comparações Incompletas

Por definição, uma comparação discute dois elementos entre si ou ressalta o extremo em um grupo e explica exatamente de que forma ele se destaca. Por exemplo, "She throws more pies than I do" ou "Of all the clows, she throws the most pies". Uma comparação pode ainda examinar algo em relação a um padrão, como em "Her comment was so sugary that I had to take an extra shot of insulin". Uma comparação pode ser quaisquer dessas coisas, mas não pode ser incompleta. Se alguém diz, "The snapper is not as fresh" ou "The sea bass is most musical", você fica boiando. *As fresh as* o quê? *Most musical* em comparação a quem? Não há como saber.

É claro, no contexto, estas orações podem até ser perfeitamente corretas. Se eu digo "I considered the snapper but in the end went with the flounder. The snapper is not as fresh", é possível saber que a segunda oração é continuação da primeira. Ainda, algumas palavras em uma comparação podem estar implícitas, sem a perda de significado. Posso escrever: "The snapper makes fewer snotty comments than a large-mouth bass *does*". A palavra em itálico na oração anterior pode ser removida — e frequentemente é — sem levar à confusão. E essa é a chave: o leitor deve ter informação suficiente para entender a comparação.

Uma comparação incompleta muito comum envolve a palavra *so*. Ela pode significar "então" (*therefore*), mas este significado não é o problema. Nas comparações, *so* deve fazer par com *that*, como em "I was so hungry that I ate the frozen hamburger". No discurso coloquial, *so* pode ser utilizado sozinho como o equivalente de *very*, como em "I was so tired". No inglês formal, entretanto, *so* dever formar par com *that* para criar uma comparação.

Comparações incompletas aparecem em muitos testes de proficiência ou provas de admissão. Cuidado como elas!

Leia as sentenças a seguir e veja se consegue encontrar alguma comparação incompleta. Se a sentença estiver correta, escreva "correta" na lacuna. Caso contrário, reescreva a oração de modo a completar a comparação. Você pode criar milhares de respostas possíveis, mais uma prova de que comparações incompletas não conseguem transmitir uma ideia de modo adequado. Sugiro duas respostas possíveis para o exemplo, mas apenas uma na seção de respostas destes exercícios, pois não é possível abranger todas as possibilidades. Verifique a correção de suas respostas avaliando se estão claras e completas.

P. "There are more fish in the sea," commented the grouper as she searched for her posse.

R. **"There are more fish in the sea than you know," commented the grouper as she searched for her posse.** Ou, **"There are more fish in the sea than on a restaurant menu," commented the grouper as she searched for her posse.** A chave aqui é definir o termo *more*. *More than* o que? Se responder esta pergunta, você foi bem.

41. The trout, who is wealthier, spends a lot of money on smartphone apps.

42. The octopus plays more video games, often opposing himself with different arms.

43. Mermaids are the most adept at financial planning, in my experience.

44. On the other hand, mermaids are less competent at purchasing shoes.

45. Not many people realize that mermaid tail fins are so sensitive.

46. Whales are as fashion-challenged at shoe and accessory selection.

47. This whole under-the-sea theme has become more boring.

48. The marine jokes are so uninteresting.

49. I will work harder at formulating new ideas.

50. You can always boycott this chapter if you find the comedy less than satisfying.

51. I hear the jokes are better in Chapter 16 than they are here.

52. Fortunately, comparisons are the most interesting topic.

53. Compared to verb tense, comparisons are easier.

Mais Esperto Que Você Mesmo: Comparações Ilógicas

Quando digo: "Babe Ruth was a better slugger than any Yankee", estou cometendo um erro tão grande quanto uma bola fora. Por que? Porque Babe era um jogador dos Yankees! Pela lógica da minha afirmação, Babe teria superado a si mesmo. Acho que não é possível (pelo menos não em inglês)! A solução é simples. Insira *other* ou *else* ou uma expressão semelhante na oração. Assim, Babe se torna "a better slugger than any other Yankee" ou "better than anyone else who has ever played for the Yankees".

CUIDADO!

Não insira *other* ou *else* se a comparação se dá entre um membro de um grupo e o membro de outro grupo. Posso afirmar corretamente, por exemplo, que "the current Yankee shortstop, Derek Jeter, is cuter than all the Mets" — em termos gramaticais, pelo menos. Se quiser, procure uma foto do time dos Yankees para checar os níveis de beleza dos jogadores.

CAI NO TESTE

Criadores de testes padronizados adoram testar suas habilidades lógicas, então, verifique com cuidado todas as comparações que encontrar.

PRATIQUE

Hora de mais comparaçoes. Verifique as sentenças a seguir. Se a comparação for lógica, escreva "correta" na lacuna. Se a comparação estiver imperfeita, reescreva a oração no espaço fornecido. Algumas orações podem ser corrigidas de diversas maneiras, assim sua resposta pode ser diferente da minha. Apenas certifique-se de que suas respostas são lógicas.

P. The average pigeon is smarter than any animal in New York City.

____

____

R. **The average pigeon is smarter than any other animal in New York City.** Pombos são animais e estão por toda cidade de Nova Iorque (já vi pombos até em vagões do metrô, onde aguardavam educamente a próxima parada para descer até a plataforma). Sem a palavra *other*, a sentença afirma que os pombos são mais espertos que eles mesmos. Bola fora! A inserção da palavra *other* restaura a lógica da oração.

54. Except for the fact that they don't pay the fare, subway pigeons are no worse than any rider.

____

____

55. Spotting a pigeon waiting for the subway door to open is no odder than anything you see on an average day in New York.

____

____

56. On a Midtown corner I once saw a woman shampooing her hair in the rain, an experience that was weirder than anything else I've seen in New York City.

57. Singing a shower song with a thick New York accent, she appeared saner than city residents.

58. A tourist gawking through the window of a sightseeing bus was more surprised than New Yorkers on the street.

59. Is this story less believable than what you read in this book?

60. You may be surprised to know that it is more firmly fact-based than the material in this chapter.

61. Tourists to New York probably go home with stranger stories than visitors to big cities.

62. New Yorkers themselves, of course, make worse tourists than travelers from large metropolitan areas.

63. New Yorkers are more likely to become impatient than residents of small towns.

64. New Yorkers also talk faster than people who live in large American cities.

65. Can you believe that the Empire State Building, with 102 floors, is taller than any skyscraper?

Chamando Todos os Conquistadores: Prática Extra com Comparações

PRATIQUE

A literatura das campanhas políticas é repleta de comparações — Por que Seymour e não Sally ou Oliver? — mas nem todas as comparações estão corretas (estou falando da gramática aqui, não da política). Corra os olhos sobre o panfleto de campanha da Figura 15-1. É para uma corrida eleitoral completamente fictícia entre dois alunos da quinta série almejando um cargo de Presidente da Sexta Série. Localize e corrija quinze erros nas comparações. Para corrigir os erros, você pode ter que reescrever toda uma oração ou frase.

Vote for Sally!

Sally will be the most unique president our grade has ever had for these reasons:

- ✔ Our cafeteria is dirtier than the cafeterias of the six schools in District 2.
- ✔ Sally is more good at organizing school events than her opponents.
- ✔ Sally will collect dues most efficiently, compared to Seymour.
- ✔ Oliver was very wrong when he said that Sally spent class money on herself.
- ✔ The principal thinks Sally is more competent than any candidate.
- ✔ Seymour is absent frequentlier than Sally, and Sally is so committed to school events.
- ✔ Sally's plan for the school field will make it more square and add the best bleachers.
- ✔ Oliver and Seymour are more funnier, but Sally is more smarter than anyone in our class.
- ✔ The school paper endorses Sally as "a very perfect candidate."
- ✔ Of all the candidates, Sally gives less boring and shorter speeches.

Figura 15-1: Panfleto de campanha política fictícia repleta de erros.

Respostas para os Problemas com Comparação

Como foi este capítulo comparado com os outros que você já praticou? Foi mais difícil do que o último ou foi o mais fácil de todos os outros capítulos do livro? Compare suas respostas com as minhas.

1 **lower, livelier.** A forma comparativa é o caminho a seguir, pois duas cidades estão sendo comparadas, Paris e Nova Iorque. Palavras de uma sílaba, como *low*, formam comparativos pela adição de *–er*. A maior parte das palavras de duas sílabas precisam usar *more* ou *less*, mas *lively* é uma exceção.

2 **most efficient, most valuable.** Ao escolher o primeiro ou último na classificação de um grupo de três ou mais, vá de superlativo. *Efficient and valuable*, ambas palavras longas, recebem *most* ou *least*. No contexto desta oração, *most* faz mais sentido.

3 **slower, less accurate.** Comparar dois elementos, neste caso, *Helen* e *Natalie*, pede a forma comparativa. A palavra de uma sílaba recebe *–er* e a mais longa, *less*.

4 **neater, more professional.** Aqui a oração compara dois tipos de escrita, manuscrita e digitada, dois elementos, então o comparativo é o correto. A palavra de uma sílaba precisa da adição de *–er* e a de duas sílabas requer *more* para se tornar uma comparação.

5 **more legibly, faster.** Depois de ler a palavra *everyone*, você pode ter pensado que o superlativo (a forma que lida com comparações de três ou mais) era necessário. Entretanto, a oração, na verdade, compara dois elementos (Natalie e o grupo composto por todos os outros). *Legibly* tem três sílabas, então *more* cria a forma comparativa. Já que *fast* possui apenas uma sílaba, acrescente *–er* para a forma comparativa.

6 **less drinkable, less tasty.** Para comparar *coffee* e *tea*, use a forma comparativa. Tanto *more drinkable* quanto *less drinkable* estão gramaticalmente corretos, mas a fúria de Helen flui mais logicamente para um comentário sobre a inferioridade de seu café. Comparações negativas sempre requerem duas palavras; aqui *less tasty* é o correto.

7 **more frequently, less productive.** A briga está ficando séria agora, não está? Acusações voam para todos os lados. Falando puramente da gramática e esquecendo a política de escritório, cada descrição nesta oração está montada em comparação a outro elemento (quantas vezes Natalie preparou chá em relação às vezes em que as regras dizem que ela pode preparar chá — a produtividade de Natalie versus a de Helen). Por estar comparando dois elementos e as descrições terem mais de uma sílaba, escolha o comparativo.

8 **longer, more boring.** Quando você compara duas coisas (o quão longo e chato o dia está, agora, e o quão longo e chato ficará se Natalie e Helen se irritarem), use o comparativo com *–er* para a palavra curta e *more* para a palavra de duas sílabas.

9 **pettiest, more annoyingly** ou **less annoyingly.** O argumento tem mais de dois momentos, então o superlativo é o que você procura. O adjetivo *petty* tem duas sílabas, mas o *–est* ainda é apropriado, com a letra *y* de *petty* mudando para *i* antes de *–est*. A segunda lacuna compara dois (o pato e Helen) e, por isso, recebe o comparativo. Deixarei você decidir se Natalie está insultando Helen ou o pato. Gramaticalmente, ambos estão corretos.

10 **most expensive, cutest.** Uma loja tem vários brinquedos, então, para escolher o que tem o preço maior (o significado que se encaixa na sentença), use o superlativo. Já que *expansive* tem três sílabas, acrescentar *most* é o melhor caminho. O superlativo para uma palavra de uma sílaba, *cute*, é formado com a adição de *–est*.

11 **more international, more interesting.** Comparar dois itens (o som do pato que você quer comprar e o som do "pato de borracha americano padrão") pede pelo comparativo, que é formado com *more* por causa do comprimento dos adjetivos *international* e *interesting*.

12 **silliest, highest.** De todas as solicitações, esta é a que mais chama a atenção. Vá com o superlativo, que é criado mudando o *y* para *i* e adicionando *–est* (resultando em *silliest*) e adicionando *–est* em *high*, uma palavra de uma sílaba.

13 **less snobby, more knowledgeable.** Dois elementos (*he* e *a group of store clerks*, com o grupo contando como um único item) estão sendo comparados aqui, então o comparativo se faz necessário. A adição de *less* resolve a questão para a primeira resposta; *more* é o que você precisa na segunda comparação.

14 **nastiest, more annoyed.** Posso imaginar diversos humores, então o extremo de um grupo pede por um superlativo. O *y* final muda para *i* antes do *–est* para criar *nastiest*; na segunda lacuna, *more* cria um comparativo composto.

15 **more widely, more upset.** Os hábitos dos funcionários com relação a duas delas (*Natalie e Helen*) estão sendo discutidos aqui; o comparativo é o caminho.

16 **most essential, more important.** Natalie está destacada como a melhor de um grupo grande. Por isso, o superlativo é que se adéqua na primeira lacuna. Palavras de três sílabas precisam de *most* para formar o superlativo *most essential*. Na segunda lacuna, dois empregos são comparados — a posição de Helen e o que é mais importante, a forma comparativa para uma palavra longa.

17 **most generous, most creative.** *All* inclui mais de dois (*both* é o termo preferencial para dois), então o superlativo é que manda. Vá com a forma composta, pois *generous e creative* têm três sílabas.

18 **more forcefully.** Esta oração compara a força dele com a de um campeão de boxe. Duas coisas em uma comparação, o que requer a forma comparativa, que é criada por *more*.

19 **most professional, less often.** Escolher um de três pede o superlativo na primeira parte da sentença. A segunda, o orador está comparando a si próprio a cada um dos outros empregados, um de cada vez. Portanto, a comparativa é a forma adequada. Já que ele está se gabando, *less often* faz mais sentido.

20 **stronger, more carefully.** Natalie e Larry estão atracados em uma luta até a morte (certo, até um cotovelo deslocado). Na primeria parte da sentença, a comparação de dois elementos pede o comparativo. Já que *strong* tem apenas uma sílaba, acrescente *–er*. A segunda parte também compara dois elementos — o jeito como Helen normalmente navega por site de empregos e o jeito que ela navega nesta situação. Use *more carefully*, a forma comparativa.

21 **more.** Dois elementos estão sendo comparados aqui: a quantidade de detalhes que Edgar utiliza e a quantidade de detalhes que as pessoas querem. Quando se compara dois elementos, utiliza-se a forma comparativa.

22 **worst.** A forma superlativa destaca itens extremos (neste caso, o mais entediante) no livro de recortes.

23 **better.** A oração coloca as habilidades de Edgar contra as habilidades de um grupo (*the downtown jewelers*). Mesmo que o grupo tenha diversos membros, a comparação se dá entre dois elementos — Edgar e o grupo — então a forma comparativa é o que você precisa.

24 **worse.** Dois estados de ser estão em comparação nesta oração, a saúde de Edgar antes e depois de ouvir sobre o relógio quebrado. Ao comparar duas coisas, opte pela forma comparativa.

25 **most.** A forma superlativa destaca o extremo, neste caso, a coleção de relógios de Edgar, que incluía até mesmo um relógio de batata crua, até que ela apodreceu.

26 **better.** O comparativo lida com dois estados — como o relógio funcionava antes de Edgar colocar suas mãos nele e depois disso.

27 **best.** Para destacar a melhor ou pior classificação de um grupo de mais de dois, vá com a forma superlativa.

28 **worse.** A oração compara a saúde de Edgar em dois momentos (imediatamente após comer o óleo derramado e algumas horas depois daquela aventura culinária). A forma comparativa funciona para dois elementos.

29 **worst.** O grupo muito grande de venenos tem dois extremos, e *Time-Ola* é um deles, então a forma superlativa é a melhor.

30 **best.** O grupo de óleos de relógios também tem dois extremos, e *Time-Ola* é um deles, então você precisa novamente do superlativo.

31 **almost round.** Porque *round* é absoluto, ele pode ser aproximado (*almost round*), mas não comparado. E o termo *rounder* não existe no inglês padrão.

32 **circular** e **nearly circular.** O absoluto em questão aqui (*circular*) pode ser simplesmente declarado, ou a sentença pode explicar o quão perto o objeto está do absoluto, como em *nearly circular*. Portanto, ambas as opções funcionam.

33 **west.** Você não pode ir *more West*. A direção é absoluta.

34 **most unusual.** Sendo que *unique* é um termo absoluto, *most unique* é ilógico. *Unusual*, por outro lado, não é absoluto, então *most* pode ser anexado.

35 **Nenhuma.** A forma é *circular* ou não. O *reasonably* e o *very* não funcionam, pois absolutos não podem ser comparados.

36 **extremely elderly** e **elderly.** Tentei enganar você aqui com um não-absoluto, *elderly*. Você pode ser *very*, *extremely*, *really* e *not-so elderly*, dependendo de sua certidão de nascimento e grau de confiança.

37 **just right.** *Right* é um absoluto, então você está *right* ou *wrong*, não *very right* ou *wronger*. Você pode, entretanto, estar *just right*, insinuando que você chegou ao estado absoluto.

38 **almost perfect** e **surprisingly perfect.** *Perfect* é um absoluto, porém *almost* expressa uma aproximação ao absoluto (correto) e *surprisingly* lida com a opinião do orador, não com um grau de perfeição (correto também).

39 **Nenhuma.** *Wrong* é um absoluto, então *more* e *very* estão errados.

40 **uniquely suited** e **uncommonly suited.** Se o botão é *uniquely suited*, nada mais no universo está *suited* do mesmo modo. Sem problemas. *Uncommonly* significa que mais de um item pode ser adequado, mas este botão se encaixa de forma rara. Também sem problemas.

41 **The trout, who is wealthier than the president of a Swiss bank, spends a lot of money on smartphone apps.** O problema com a original é que você não pode dizer o que ou quem está sendo comparado com a truta. O elemento ausente da comparação deve ser fornecido.

42 **The octopus plays more video games than the shark, often opposing himself with different arms.** A oração original começa a comparação corretamente (*more video games than*) e então tropeça no final (*than* o quê? *than* quem? Forneça um final e você acertará.

43 **Mermaids are the most adept at financial planning of all marine mammals, in my experience.** A comparação original não especifica o grupo no qual as sereias se sobressaem. Sua resposta deve fornecer o contexto.

44 **On the other hand, mermaids are less competent at purchasing shoes than other mammals.** No original, o leitor é deixado sem saber a base da comparação. Na oração corrigida, as sereias são comparadas com outros mamíferos. Agora a comparação está completa.

45 **Not many people realize that mermaid tail fins are so sensitive that special tail-protection is a must.** A oração original contém uma comparação incompleta. No discurso coloquial, *so* geralmente é usado como um intensificador, equivalente a *very*. No inglês padrão, porém, *so* inicia uma comparação. A sentença original contém uma comparação incompleta. *So sensitive* que o quê? Quem sabe? A resposta sugerida finaliza a comparação fornecendo outra ideia.

46 **Whales are as fashion-challenged at shoe and accessory selection as mermaids.** Não importa como você encerra a comparação, desde que encerre. Na resposta sugerida inseri *mermaids*, mas poderia facilmente ter colocado outra coisa qualquer na lacuna.

47 **This whole under-the-sea theme has become more boring than a lecture on the economics of toenail clippers.** Encerre a comparação com seu exemplo favorito de tédio extremo.

48 **The marine jokes are so uninteresting that I may never go to the beach again.** A declaração *so* deve ser completada com algum tipo de declaração *that.*

49 **Correta.** Normalmente uma comparação (*harder*, nesta oração) deve ser colocada no contexto. Aqui, entretanto, o contexto está implícito (*harder than I did before*).

50 **Correta.** O trecho *less than satisfying* compara a comédia a um estado ideal (satisfatória). A comparação está completa.

51 **Correta.** Dois locais, Capítulos 15 e 16, são comparados, fornecendo uma comparação completa e correta.

52 **Fortunately, comparisons are the most interesting topic in the book.** Para completar esta comparação, você precisa definir o grupo em que as comparações são *most interesting*.

53 **Correta.** Já que você tem uma base para comparação (*Compared to verb tense*), a comparação está completa.

54 **Except for the fact that they don't pay the fare, subway pigeons are no worse than any other rider.** O contexto deixa claro que os pombos, às vezes, usam o metrô (não estou brincando, verdade! Já vi esses carinhas de penas no mesmo vagão que eu). Sem o *other*, pombos não são piores que eles mesmos, uma situação impossível.

55 **Spotting a pigeon waiting for the subway door to open is no odder than anything else you see on an average day in New York.** O *else* faz um papel importante nesta sentença, ele mostra ao leitor que o pombo esperando o metrô está sendo comparado a outros acontecimentos na cidade de Nova Iorque. Sem o *else*, a sentença não tem lógica, pois significa que ver pombos em Nova Iorque não é mais estranho do que o que você pode presenciar em Nova Iorque.

56 **Correta.** O *else* cria uma comparação lógica entre este evento (verdadeiro!) e outras coisas estranhas que já vi em Nova Iorque.

57 **Singing a shower song with a thick New York accent, she appeared saner than other city residents.** Se ela tem um sotaque de Nova Iorque, ela é uma residente da cidade. Sem a palavra *other*, você está dizendo que ela é mais sã que ela mesma. Não é possível!

58 **Correta.** Um turista não é um morador da cidade, então ele ou ela não pode ser comparado aos *New Yorkers on the street* sem a palavra *other.*

59 **Is this story less believable than the rest of what you read in this book?** A história está no livro, e não pode ser comparada com ela mesma. O trecho *the rest of* diferencia a história, mas preserva a lógica. Você também pode corrigir esta escrevendo *less believable than any others you read in this book.*

60 **You may be surprised to know that it is more firmly fact-based than the other material in this chapter.** Sua correção deve indicar, em um dos diversos modos, que a história está sendo comparada com o resto das piadas bobas que coloquei neste capítulo. As expressões *other, rest* ou *anything else* podem fazer o serviço.

61 **Tourists to New York probably go home with stranger stories than visitors to other big cities.** Nova Iorque é uma grande cidade, mas a oração original insinua o contrário. A inserção de *other* resolve o problema.

62 **New Yorkers themselves, of course, make worse tourists than travelers from other large metropolitan areas.** Nova Iorque é uma *large metropolitan area* e o original indica que não é. Problema! Insira *other* para acertar.

63 **Correta.** Os nova-iorquinos são comparados com *residents of small towns*, e esta comparação está correta.

64 **New Yorkers also talk faster than people who live in other large American cities.** O acréscimo de other transforma uma sentença ilógica (nova-iorquinos vivem na maior cidade dos Estados Unidos) em lógica.

65 **Can you believe that the Empire State Building, with 102 floors, is taller than any other skyscraper?** Sem *other*, você está criando uma afirmação sem lógica em que o Empire State Building, claramente um arranha-céu, é comparado a si mesmo.

Vote for Sally!

66 Sally will be the most ~~unique~~ **unusual** president our grade has ever had for these reasons:

- ✔ 67 Our cafeteria is ~~dirtier than~~ **the dirtiest of** the cafeterias of the six schools in District 2.
- ✔ 68 Sally is ~~more good~~ **better** at organizing school events than her opponents.
- ✔ 69 Sally will collect dues ~~most~~ **more** efficiently, compared to Seymour.
- ✔ Oliver was ~~very~~ wrong when he said that Sally spent class money on herself. 70
- ✔ The principal thinks Sally is more competent than any **other** candidate. 71
- ✔ 72 Seymour is absent ~~frequentlier~~ **more frequently** than Sally, and Sally is so committed to school events **that she hardly ever misses any.** 73
- ✔ Sally's plan for the school field will make it more **nearly** square and add the best bleachers **in the district**. 74 75
- ✔ Oliver and Seymour are ~~more~~ funnier, but Sally is ~~more~~ smarter than anyone **else** in our class. 76 77 78
- ✔ The school paper endorses Sally as "a ~~very~~ perfect candidate." 79
- ✔ Of all the candidates, Sally gives ~~less~~ **the least** boring and ~~shorter~~ **shortest** speeches. 80 81

66 *Unique* é um absoluto e não pode ser comparado. Você pode dizer: *Sally is unique* ou que ela é *most unusual*, mas não *most unique*.

67 Na comparação de mais de dois elementos, utilize o superlativo (*dirtiest*).

68 *Better* é uma comparação irregular. *More good* não é uma palavra em inglês padrão.

69 Ao comparar dois itens (a forma como Sally obtém o dinheiro dos companheiros de sala e a forma como Seymour o faz), use a forma comparativa, não superlativa.

70 *Wrong* é um absoluto e não pode ser comparado.

71 Sally é uma candidata, então para tornar a comparação lógica, adicione *other*.

72 *Frequently* é uma palavra de três sílabas e não pode criar uma comparação apenas com o acréscimo de *–er*.

73 Sua resposta pode ser diferente, apenas certifique-se de ter completado a comparação começada com *so*.

74 *Square* é um absoluto e pode ser aproximado, com *nearly*, mas não comparado. Você pode, entretanto, declarar o quão próximo do absoluto uma forma em particular está.

75 Os *best bleachers* na escola? Na cidade? No universo? Quem sabe? A comparação precisa ser concluída de alguma forma.

76 Não é possível combinar *more* e *–er*.

77 Já que você pode acrescentar *–er* no final de uma palavra de uma sílaba, não precisa do *more*.

78 Para tornar a comparação lógica, adicione *else*.

79 *Perfect* é um absoluto, então ele pode ser intensificado com *very*.

80 O extremo em um grupo de três ou mais requer um superlativo.

Parte V

Escrevendo com Estilo

A 5ª Onda Por Rich Tennant

"Brian Foley, você sabe perfeitamente que quando eu disse que queria algo "natalino" pendurado em cima da porta eu estava falando de um objeto e não de uma pessoa!"

Nesta parte...

Completar os exercícios desta parte é o equivalente a criar as roupas em um desses reality shows no qual escolhe-se o melhor estilista. Se vencer este desafio, chegará ao topo. Os tópicos desta parte vão além da gramática, e quando você dominá-los, sua escrita terá tanto estilo quanto uma supermodelo.

O Capítulo 16 trata do paralelismo, o termo gramatical para a ordem e equilíbrio de uma oração — um dos queridinhos dos criadores de testes (no segmento fashion, paralelismo significa não usar galochas com um vestido de noite.). O Capítulo 17 permite que você pratique como acrescentar variedade às sentenças, para que não tenha que ficar repetindo seus modelitos... digo, estruturando todas suas frases do mesmo modo. Este Capítulo ainda mostra como organizar suas orações para que sejam claras e concisas. O Capítulo 18 cuida dos pequenos erros (palavras que normalmente geram confusão, por exemplo) que podem sabotar sua escrita.

Capítulo 16

Mantendo a Linha: Estruturas Paralelas

Neste Capítulo

- Garantindo que as partes da sentença estejam equilibradas
- Evitando mudanças de tempo, pessoa e voz
- Decifrando as regras para conjunções duplas (*either/or, not only/but also* e similares)

No mundo da gramática, paralelismo se refere à ordem e equilíbrio, à qualidade de uma sentença que flui com suavidade. Nenhuma sentença dotada dessa qualidade começa em uma direção (digamos, indo para a casa da vovó) e depois sai bruscamente do caminho (e vai para um salão de tatuagem a duzentos quilômetros de distância). Este capítulo fornece o mapa e algumas manobras para manter suas sentenças na linha.

A Geometria Invade o Inglês: Elementos Básicos do Paralelismo

Quando uma oração está equilibrada, paralela, tudo que executa a mesma função na oração tem a mesma identidade gramatical. Se você tem duas ideias, por exemplo, e uma está no infinitivo (*to ski*), a outra também estará no infinitivo (*to fracture*). Você não pode misturar *to ski* e *fracturing* como sujeitos (ou como partes de um trio, quarteto ou o que for de sujeitos). Verifique estas frases:

- **Não-paralela:** Roberta didn't enjoy paying full price for a lift ticket and that the cashier treated her rudely.
- **Paralela:** Roberta didn't enjoy paying full price for a lift ticket and being treated rudely by the cashier.

DICA

Ao verificar o paralelismo, não se preocupe com a terminologia. Simplesmente leia a oração em voz alta e escute: sentenças paralelas soam equilibradas, as não-paralelas soam truncadas.

Podem surgir questões para que você identifique os erros ou revise as sentenças em testes padronizados. Deixe que seu ouvido lhe guie, “ouça” sua voz interna ao ler a sentença (é claro que você não vai poder ler a sentença em voz alta, para não ser expulso da sala).

Mantenha seu equilíbrio enquanto verifica as seguintes frases. Decida se elas são ou não paralelas. Se forem, escreva “correta” na lacuna após cada oração. Caso contrário, corrija-as nas lacunas oferecidas. **Observação:** Ao checar suas respostas, a sua correção pode não ser igual à minha. Não tem problema, desde que os elementos de sua sentença combinem.

P. Speeding down Thunder Mountain, spraying snow across his rival’s face, and to get the best seat in the ski lodge were Robert’s goals for the afternoon.

R. **Speeding down Thunder Mountain, spraying snow across his rival’s face, and getting the best seat in the ski lodge were Robert’s goals for the afternoon.** A oração tem três assuntos. Os dois primeiros sujeitos são formas verbais terminadas em *–ing* (gerúndios, na terminologia gramatical oficial), mas o terceiro é um infinitivo (a forma *to* de um verbo). Combinação errada! Minha resposta sugerida transforma todos os três sujeitos em gerúndios. Aqui está outra possibilidade: **To speed down Thunder Mountain, to spray snow across his rival’s face, and to get the best seat in the ski lodge were Robert’s goals for the afternoon.** Agora, todos são infinitivos e a oração está paralela.

1. The ski pants that Robert favors are green, skintight, and made of stretch fabric.

2. When he eases into those pants and zipping up with force, Robert feels cool.

3. In this ski outfit, Robert can breathe only with great difficulty and loudly.

4. The sacrifice for the sake of fashion is worth the trouble and how he feels uncomfortable, Robert says.

5. Besides, sliding down the mountain and coasting to a full stop is easier in clothing that resembles a second skin.

6. Robert has often been known to object to secondhand clothing and how some equipment is used.

7. "With a good parka or wearing a warm face mask I'm ready for anything," he says.

8. He adds, "The face mask is useful on the slopes and doing double duty in bank robberies."

9. The ski pants can also be recycled, if they are ripless and without stains.

10. However, robbing a bank and to mug someone is more difficult in ski pants.

11. Robbers need speed and to be private, but they also need pockets.

12. Stashing stolen money and where to put an unwanted ski mask are important issues.

13. Robert, who is actually quite honest and not having the inclination to rob anyone, nevertheless thinks about crime and fashion.

14. He once wrote and had even edited a newsletter called Crimes of Fashion.

15. Skiing and to pursue a career in law enforcement are Robert's dreams.

16. Robert should have no trouble achieving his goals because he is smart and energetic and not without ambition.

17. When Robert applied to the Police Academy, he first asked his mother's permission and that she pay his tuition.

18. Old-fashioned in manners and up-to-date in clothing design — that's Robert!

19. The Alpine Patrol, founded in 1888 and increasing in importance every year, has recruited Robert.

20. Robert had a few questions for the recruiter about uniforms and whether he'd have to work with a St. Bernard dog.

Terminando como Começou: Evitando Mudanças Desnecessárias

Meu instrutor de direção (meu marido) me explicou pacientemente, pelo menos umas 1.000 vezes, que mudar a marcha no momento errado era ruim para (a) o motor e (b) os nervos dele. Fiz o meu melhor, embora o rangido que ecoava dentro do carro nem sempre fosse dos meus dentes.

As frases também devem manter a marcha, a não ser que o significado exija uma mudança. Cada oração tem um tempo (o tempo da ação ou do estado de ser), pessoa (quem está falando ou sobre quem se está falando) e voz (ativa ou passiva). Uma oração tem um problema de paralelismo quando uma destas qualidades muda desnecessariamente de, digamos, tempo presente para pretérito ou da primeira pessoa (a forma *I*) para a terceira (a forma *he* ou *they*). A sentença também não deve variar de singular para plural sem uma boa razão. Para ajuda com os tempos verbais, veja os Capítulos 1 e 10. As dicas para pronomes estão nos Capítulos 3 e 9.

Algumas mudanças são cruciais para o significado da oração. Se "*I hit you*" e então "*he hits me*", a mudança de uma pessoa para outra é parte do que estou falando. Este tipo de oração está correta. O que não é paralela é uma declaração como "*I hit him because you always want to be aggressive in tight situations*", onde o *you* toma o lugar de *I* ou *everyone*.

Testes padronizados normalmente pedem que você reconheça ou corrija mudanças indevidas em orações.

Vamos fazer um teste. Veja as seguintes frases. Se tudo estiver bem, escreva "correta" na lacuna após cada oração. Reescreva as frases não-paralelas para eliminar mudanças inadequadas.

P. Miranda read her introduction, and then the slides of our trip to Morocco were shown by me.

R. **Miranda read her introduction, and then I showed the slides of our trip to Morocco.** A oração original erroneamente alterou a voz ativa *(Miranda read)* para a passiva (*slides . . . were shown*). Veredito: câmbio arranhado, causado pela falta de paralelismo.

21. If anyone has studied biology, you know that a person must learn the names of hundreds, if not thousands, of organisms.

22. Who gave those names, and why?

23. The Amoeba Family provides a good example of the process, so its name will be explained.

24. You may not know that the first example of this single-celled organism would have the name Amy.

25. When you split them in half, the new organisms name themselves.

26. The right half of Amy was still called Amy by herself, but the left half now called herself Bea.

27. The next time Amy and Bea split, you have four new organisms.

28. No one could imagine a conference between four single-celled organisms unless they witnessed it.

29. Amy Right Half favored a name that people will notice.

30. Amy Left Half thought about the choice for so long that her swimming was neglected.

31. Bea Right Half opted for "Amy-Bea," because she wants to honor both her parents.

32. Everyone always pronounced "Amy-Bea" very fast, and soon "Amoeba" was their preferred spelling.

33. Single-celled organisms should have simple names that can be remembered by biology students.

34. Bea Left Half, by the way, will change her name to Amy-Bea when she reached the age of seventeen days.

35. You know what a teenager is like; they always have to assert their identities.

____

____

36. A person forms an identity when you have some experience.

____

____

37. For amoebas, these experiences include sitting under a microscope or having had a chance to swim in a large pond.

____

____

38. The wise amoeba meets as many other organisms as possible, and phone numbers are also given freely.

____

____

Seguindo as Regras para Conjunções Duplas: Either/Or, Not Only/But Also e Pares Similares

Algumas das palavras que unem ideias (conjunções, no dialeto da gramática) surgem aos pares, especificamente *either/or*, *neither/nor*, *not only/but also* e *both/and*, um trabalho em equipe. Sua função é certificar que os elementos unidos por estas palavras tenham a mesma identidade gramatical (dois substantivos, dois conjuntos sujeito/verbo, dois adjetivos, ou dois "qualquer coisa"). Se não forem, sua sentença sofre de falta de paralelismo. Veja os exemplos a seguir, nos quais os elementos ligados estão sublinhados e as conjunções aparecem em itálico.

- **Não-paralela:** Gertrude was *not only* <u>anxious</u> to achieve fame *but also* <u>she wanted</u> to make a lot of money. *Either* <u>by going to the moon</u> *or* <u>to swim across the Pacific Ocean</u> will make Gertrude famous.
- **Paralela:** Gertrude was *not only* <u>anxious to achieve fame</u> *but also* <u>eager to make a lot of money</u>. *Either* <u>going to the moon</u> *or* <u>by swimming the Pacific Ocean</u> will make Gertrude famous.

Os elementos conectados no exemplo paralelo são, ambos, adjetivos e infinitivos. No segundo exemplo paralelo, os elementos ligados são substantivos criados a partir da forma *–ing* do verbo — na terminologia gramatical, um gerúndio. Você não precisa saber os termos gramaticais.

Se você falar as seções sublinhadas em voz alta, seu ouvido dirá que elas combinam. Na oração não-paralela, o primeiro elemento é apenas uma descrição, porém o segundo contém um conjunto sujeito/verbo. Nada disso! Na segunda sentença não paralela, o primeiro elemento é um gerúndio e o segundo um infinitivo (*to* mais o verbo). Uma infração gramatical!

CAI NO TESTE

Ao ver um par de conjunções em um teste padronizado, cheque os elementos que estão sendo conectados. Paralelismo é muito importante nestes exames. Uma boa tática é sublinhar estes elementos, como eu fiz nos exemplos. Assim, você pode visualizar se eles combinam ou não. Fique atento para *not only... but also*. Esta construção é especialmente popular nos testes.

PRATIQUE

Paralela ou não? Observe as sentenças a seguir. Se forem paralelas, escreva "correta" nas lacunas. Caso contrário, reescreva corrigindo os erros.

P. The bird both swooping over my head and the surprise in the garbage pail startled me.

R. **Both the bird that swooped over my head and the surprise that I found in the garbage pail startled me.** Na oração original, *swooping over my head* e *surprise in the garbage pail* não combinam. O primeiro elemento tem uma forma verbal (*swooping*), e o segundo não. A versão corrigida combina *bird that swooped* com *surprise that I found*. Aliás, sua correção pode ser diferente da minha. Não tem problema, desde que o par de conjunção conecte dois elementos gramaticais iguais.

39. When she traveled to the biker convention, Lola intended to show off both her new Harley and to display her new tattoo.

40. Either Lulu would accompany Lola or stay home to work on a screenplay about bikers.

41. Neither Lulu plans ahead nor Lola.

42. Lola not only writes screenplays about bikers but about alien invasions also.

43. Lulu both is jealous of Lola's writing talent and the award for "best cycle" on Lola's trophy wall.

____

____

44. Lola scorns not only awards but also refuses to enter most contests.

____

____

45. Neither the cycling award nor the trophy for largest tattoo has significance for Lola.

____

____

46. Lulu, on the other hand, both wants the cycling award and the trophy.

____

____

47. Not only did Lulu bribe the judges, but also ran a full-page ad bragging about herself.

____

____

48. The judges were either unimpressed with Lulu's efforts or liked Lola better.

____

____

49. Neither the television crew's opinion nor that the audience preferred Lulu influenced the judges.

____

____

50. Not only did the judges ignore the fans' applause, but they also didn't read the tweets supporting Lulu.

____

____

Chamando Todos os Conquistadores: Prática Extra de Paralelismo

PRATIQUE

Procure por problemas com o paralelismo nesta carta para um político eleito enviada por um cidadão insatisfeito (veja a Figura 16-1). Você deve encontrar dez erros de paralelismo, várias mudanças e pares de conjunções. Corrija todos os erros que encontrar.

Dear Mr. Mayor:

I do not like complaining or to be a nuisance, but if a person is persecuted, they should be heard. As you know, the proposed new highway not only runs through my living room but also into my swimming pool. When I spoke to the Department of Highways, the clerk was rude, and that he took my complaint lightly. He said I should either be glad the road didn't touch the breakfast nook or the kitchen. I demand that the issue be taken seriously by you. I have written to you three times already, and you will say that you are "working on the problem." I am angry and in the mood to take legal action. Moving the highway or to cancel it entirely is the only solution. I expect you to cooperate and that you will fire the clerk.

Sincerely,

Joshua Hickman

Figura 16-1: Um cidadão decepcionado escreve uma carta com problemas no paralelismo.

Respostas para os Problemas de Paralelismo

Escrever sentenças paralelas não requer que os astros se alinhem, basta prática. Veja como se saiu nas questões deste capítulo, conferindo suas respostas aqui.

1 **The ski pants that Robert favors are green, skintight, and stretchy.** A oração original conecta dois adjetivos (*green* e *skin-tight*) com uma forma verbal (*made of stretch fabric*). Dois adjetivos + uma forma verbal = infração gramatical! A versão corrigida conta com três adjetivos (*green*, *skintight* e *stretchy*) para descrever as calças favoritas de Robert.

2 **When he eases into those pants and zips up with great difficulty, Robert feels cool.** A oração original não está paralela porque o *and* une dois verbos (*eases* e *zipping*) que não combinam. Na versão corrigida, *and* conecta *eases* e *zips*. Outra possibilidade de correção: **Easing into those pants and zipping up with great difficulty, Robert feels cool.** Agora *easing* está paralelo com *zipping*.

3 **In this ski outfit, Robert can breathe only with great difficulty and loudness.** A oração original combina *difficulty* (um substantivo) e *loudly* (uma descrição). Estes dois caminham para o divórcio. A correção combina dois substantivos (*difficulty* e *loudness*).

4 **The sacrifice for the sake of fashion is worth the trouble and discomfort, Robert says.** A sentença original une um substantivo, *trouble*, e uma cláusula (este é o termo gramatical para um conjunto com um par sujeito e verbo), *how he feels uncomfortable*. Não paralela! A correção combina dois substantivos, *trouble* e *disconfort*.

5 **Correta.** A oração conecta duas formas *–ing* (*sliding* e *coasting*). Veredito: correto.

6 **Robert has often been known to object to secondhand clothing and used equipment.** Você está correto com dois substantivos (*clothing* e *equipment*). Você não está correto com um substantivo (*clothing*) e uma cláusula (*how some equipment is used*), que era o que você tinha na oração original.

7 **"With a good parka or a warm face mask, I'm ready for anything," he says.** O *or* na oração original combina *with a good parka* e *wearing a warm face mask*. O segundo termo inclui uma forma verbal (*wearing*) e o primeiro não, então, você sabe que não há paralelismo. Na correção, *parka* e *face mask* estão ligados. Sendo ambos substantivos, o paralelismo funciona.

8 **He adds, "The face mask is useful on the slopes and does double duty in bank robberies."** A oração original não está paralela porque *is useful* e *doing* não combinam. A oração corrigida combina *is* e *does*, dois verbos, então está correta.

9 **The ski pants can also be recycled, if they are ripless and clean.** *Ripless* é um adjetivo, mas *without stains* é uma expressão. Bola fora! A versão corrigida tem dois adjetivos (*ripless* e *clean*).

10 **However, bank robbery and mugging are more difficult in ski pants.** Na correção, eu combino dois substantivos (*robbery* e *muggings*), mas você também pode usar dois infinitivos (*to rob a bank* e *to mug someone*). Apenas certifique-se de que os dois sujeitos tenham a mesma identidade gramatical.

11 **Robbers need speed and privacy, but they also need pockets.** A oração original sai das pistas paralelas porque *speed* é um substantivo e *to be private* é um infinitivo. A correção une dois substantivos, *speed* e *privacy*.

12 **How to stash stolen money and where to put an unwanted ski mask are important issues.** Na correção, os sujeitos são cláusulas; isto é, são ambos expressões contendo sujeitos e verbos (pense em uma cláusula como uma mini-sentença que pode, algumas vezes, porém não sempre, ficar sozinha). Duas orações = par adequado. A oração original sai dos trilhos, pois o primeiro sujeito (*stashing stole money*) é um gerúndio e o segundo está baseado em um infinitivo (*to put*).

13 **Robert, who is actually quite honest and not inclined to rob anyone, nevertheless thinks about crime and fashion.** A oração original conecta uma descrição básica e sem enfeites (*honest*) e uma forma *–ing* de um verbo (*not having the inclination to Rob anyone*). Não cola. A resposta combina duas descrições, *honest* e *inclined*.

14 **He once wrote and even edited a newsletter called Crimes of Fashion.** A resposta combina dois verbos no tempo pretérito, *wrote* e *edited*. O original combina um pretérito (*wrote*) e um pretérito perfeito (*had edited*) sem nenhuma razão válida para a mudança de tempo, então não está paralela.

15 **To ski and to pursue a career in law enforcement are Robert's dreams.** Combine dois infinitivos (*to ski* e *to pursue*) e você estará correto. Ou, combine *skiing* e *pursuing* para uma resposta correta alternativa.

16 **Robert should have no trouble achieving his goals because he is smart, energetic, and ambitious.** Três descrições são listadas na sentença original, mas duas são adjetivos (*smart*, *energetic*) e a outra é uma frase preposicional (*not without ambition*). Na versão corrigida, todos os três, adjetivos, combinam.

17 **When Robert applied to the Police Academy, he first asked that his mother give her permission and that she pay his tuition.** Na sentença original, Robert requer um substantivo (*permission*) e uma cláusula (*that his mother pay his tuition*). Um substantivo e uma cláusula — um conjunto sujeito/verbo — não são paralelos. Para consertar o erro, transforme o substantivo em uma cláusula (*that his mother give her permission*).

18 **Correta.** A sentença começa com duas descrições (*old-fashioned*, *up-to-date*), então, é paralela.

19 **Correta.** O sujeito da sentença (*Alpine Patrol*) é seguida por duas descrições criadas pelos verbos. Os verbos estão em tempos diferentes: *founded*, no pretérito e *increasing*, no presente. Entretanto, o significado justifica os dois tempos, então a sentença está correta.

20 **Robert had a few questions about wearing a uniform and working with a St. Bernard dog.** *Wearing* e *working* combinam, substituindo a falta

de paralelismo entre *about uniforms* (uma oração preposicional) e *whether he'd have to work with a St. Bernard dog* (um conjunto sujeito/verbo, também chamado de cláusula).

21 **If you've studied biology, you know that a person must learn the names of hundreds, if not thousands, of organisms.** A oração original passa de *anyone* (terceira pessoa) para *you* (segunda pessoa). A correção fica na segunda pessoa. Outra correção possível combina *anyone* com *he or she knows* — todas na terceira pessoa.

22 **Correta.** Duas perguntas. Nenhuma mudança, nenhum problema.

23 **The Amoeba Family provides a good example of the process, so I will explain its name.** A oração original passa desnecessariamente da voz ativa *(provides)* para a passiva (*will be explained*). A oração corrigida mantém a voz ativa. Verdade, ela contém uma mudança da terceira pessoa (falando sobre a família Amoeba) para a primeira, mas ela é justificada pelo significado.

24 **You may not know that the first example of this single-celled organism was named Amy.** A oração original muda inapropriadamente do tempo presente (*may not know*) para o condicional (*would have*). O tempo na correção faz mais sentido; a primeira parte está no presente e a segunda no pretérito, pois você pode não saber agora sobre algo que aconteceu anteriormente. A mudança está lá, mas é justificada pelo significado. A correção tem outra alteração, também justificada, de voz ativa (*may not know*) para passiva (*was named*). Pois a pessoa dando o nome é desconhecida, então a voz passiva deve ser utilizada.

25 **When they split in half, the new organisms name themselves.** A sentença não é paralela porque muda da segunda pessoa *you* para a terceira pessoa *organisms*. A forma *correta pe*rmanece na terceira pessoa (falando de alguém), com *they* e *organisms*.

26 **The right half of Amy still called herself Amy, but the left half now called herself Bea.** No original, o *by* adicional, na primeira metade, desequilibra a sentença. A correção elimina o problema tornando ativas ambas as partes da oração.

27 **The next time Amy and Bea split, they formed four new organisms.** Declarações paralelas devem se manter em uma pessoa, neste caso a terceira pessoa, falando sobre *Amy*, *Bea* e *they*.

28 **No one can imagine a conference between four single-celled organisms unless he or she witnesses it.** A questão aqui são pronomes singular/plural. A oração original começa com o singular *no one* e então muda erroneamente para *they*, um plural. A forma correta começa com singular *(no one* novamente) e fica no singular (*he or she*).

29 **Amy Right Half favored a name that people would notice.** O primeiro verbo no original está no pretérito, mas o segundo muda ilogicamente para o futuro. Errado! Na correção, o tempo pretérito *favored* combina com um condicional (*would notice*), mas esta mudança é lógica porque Amy está unindo uma condição à escolha do nome dela.

30 **Amy Left Half thought about the choice for so long that she neglected her swimming.** Por que mudar da voz ativa (*thought*) para a passiva (*was neglected*)? Duas ativas funcionam melhor.

31 **Bea Right Half opted for "Amy-Bea," because she wanted to honor both her parents.** A oração original tem uma mudança de tempo sem sentido, do pretérito (*opted*) para o presente (*wants*). A correção fica no tempo pretérito (*opted, wanted*).

32 **Everyone always pronounced "Amy-Bea" very fast, and soon "Amoeba" was the preferred spelling.** A oração original muda do singular (*should have*) para o plural (*their*). A resposta evita o problema removendo totalmente o segundo pronome.

33 **Single-celled organisms should have simple names that biology students can remember.** A mudança da voz ativa, no original (*should have*), para passiva (*can be remembered*) não é uma boa ideia. Os verbos corretos (*should have, can remember*) ficam ativos, caminhando pelo menos uma hora por dia.

34 **Bea Left Half, by the way, will change her name to Amy-Bea when she reaches the age of seventeen days.** O original contém uma mudança de tempo ilógica. O primeiro verbo está no futuro (*will change*) e o segundo, pretérito (*reached*), colocando a oração em algum tipo de dobra temporal e fora do reino das estruturas paralelas. Na correção, ambas as ações estão no futuro (*will change, when she reaches*).

35 **You know what teenagers are like; they always have to assert their identities.** A oração corrigida fica no plural (*teenagers, they*), mas a original muda impropriamente do singular (*a teenager*) para o plural (*they*).

36 **You form an identity when you have some experience.** O problema com a sentença original é a mudança da terceira (fala de uma pessoa indeterminada) para a segunda pessoa (*you*). Mude ambas para a segunda, como eu fiz, ou ambas para a terceira, e neste caso *a person* combina com *he or she has*.

37 **For amoebas, these experiences include sitting under a microscope or having a chance to swim in a large pond.** *Sitting* está paralelo à *having*, mas a sentença original combina *sitting* com *having* — uma mudança desnecessária de tempo.

38 **The wise amoeba meets as many other organisms as possible and gives phone numbers freely.** A sentença original muda da voz ativa (*meets*) com a passiva (*are given*). Não. Vá de dois verbos ativos para criar uma sentença paralela.

39 **When she traveled to the biker convention, Lola intended both to show off her new Harley and to display her new tattoo.** A conjunção dupla aqui é *both/and*. A correção combina dois infinitivos (*to show* e *to display*), em contraste com a original, que junta um substantivo (*Harley*) e um infinitivo (*to display*).

40 **Lulu would either accompany Lola or stay home to work on a screenplay about bikers.** Os elementos unidos por *either/or* na oração original não combinam. Um é conjunto sujeito/verbo (*Lulu would accompany*) e outro é apenas um verbo (*stay*). A nova versão conecta dois verbos (*accompany and stay*).

41 **Neither Lulu nor Lola plans ahead.** A oração corrigida combina dois substantivos (*Lulu*, *Lola*) com o par de conjunções *neither/nor*. A oração original falha no paralelismo porque conecta um conjunto sujeito/verbo (*Lulu plans*) com um substantivo (*Lola*).

42 **Lola writes screenplays not only about bikers but about alien invasions also.** A original não está paralela porque o primeiro elemento unido por *not only/but also* inclui um verbo (*writes*), mas o segundo não. A nova versão une duas frases preposicionais.

43 **Lulu is jealous of both Lola's writing talent and the award for "best cycle" on Lola's trophy wall.** Aqui você está trabalhando com *both/and*. Na oração original, *both* precede *is*, um verbo, mas nenhum verbo vem após *and*. Na correção, cada metade do par de conjunções precede um substantivo (*talent*, *award*).

44 **Lola not only scorns awards but also refuses to enter most contests.** O par de conjunções, *not only/but also*, une dois verbos na oração corrigida (*scorns*, *refuses*). A oração original une um substantivo *awards*, com um verbo, *scorns*. Não combinam!

45 **Correta.** O par *neither/nor* precede dois substantivos na oração (*award*, *trophy*). Veredito: paralela.

46 **Lulu, on the other hand, wants both the cycling award and the trophy.** Na oração original, *both* vem antes de um verbo (*wants*), mas *and* precede um substantivo (*trophy*). Nada feito! A nova versão faz melhor, combinando dois substantivos (*award*, *trophy*).

47 **Not only did Lulu bribe the judges, but she also ran a full-page ad bragging about herself.** As duas conjunções (*not only/but also*) ligam conjuntos de sujeito e verbo na versão corrigida (*did Lulu bribe*, *she ran*), mas na original estas conjunções conectam um sujeito e verbo a um verbo (*did Lulu bribe*, *ran)*. Veredito: de cinco à dez anos na penitenciária gramatical.

48 **Either the judges were unimpressed with Lulu's efforts or they liked Lola better.** O par *either/or* na oração corrigida liga duas frases completas (*the judges were unimpressed* e *they liked Lola better*). Na original, uma descrição (*unimpressed*) incorretamente vem após o *either*, mas um verbo (*likes*) segue *or*.

49 **Neither the television crew's opinion nor the audience's preference influenced the judges.** Após *neither*, tem um substantivo (*opinion*), mas, na sentença original, *nor* é seguido de um conjunto sujeito/verbo (*that the audience preferred Lulu*). Transforme o conjunto em um substantivo (*preference*) e terá uma paralela.

50 **Correta.** O par de conjunções, *not only/but also*, conecta duas sentenças completas. Viva o paralelismo!

Dear Mr. Mayor:

51 I do not like ~~complaining~~ **to complain** or to be a nuisance, but if a person is
52 persecuted, ~~they~~ **he or she** should be heard. As you know, the proposed new
highway ~~not only~~ runs **not only** through my living room but also into my swimming 53
pool. When I spoke to the Department of Highways, the clerk was rude, and
54 ~~that~~ **he took** my complaint lightly. He said I should ~~either~~ be glad the road didn't
55 touch **either** the breakfast nook or the kitchen. I demand that ~~the issue be taken~~
56 ~~seriously by you~~ **you take the issue seriously**. I have written to you three times
57 already, and you ~~will say~~ **said** that you are "working on the problem." I am angry
58 and ~~in the mood~~ **ready** to take legal action. ~~Moving the highway~~ **To move the** 59
highway or to cancel it entirely is the only solution. I expect you to cooperate and
60 ~~that you will~~ **to** fire the clerk.

Sincerely,

Joshua Hickman

51 Você pode substituir *complaining* por *to complain*, como eu fiz, ou pode alterar *to be* para *being*. Ambos os casos deixam a oração paralela.

52 *A person* é singular, mas *they* é plural. Eu mudo *they* para o singular *he or she*, mas se você quiser manter o *they*, você pode remover *a person* e inserir *people* no lugar.

53 Cada parte do par *not only/but also* deve preceder uma oração preposicional.

54 O *and* pode ligar *was* e *took*, dois verbos, mas não um verbo (*was*) e um conjunto sujeito/verbo (*he took*). Outra forma de corrigir esta oração é selecionar um adjetivo para substituir *he took my complaint lightly* — *dismissive*, *flippant*, *disrespectful*, ou uma palavra similar. Então, o verbo *was* precede dois adjetivos, *rude* e *dismissive*.

55 Após a correção, cada metade do par de conjunções *either/or* precede um substantivo. No original, o *either* vinha antes de um verbo (*be*), e *or* antes de um substantivo.

56 A oração original muda da voz ativa (*I demand*) para a passiva (*be taken . . . by you*). A versão corrigida não faz a mudança.

57 O original muda do tempo presente (*have written*) para o futuro (*will say*) por nenhuma boa razão. A correção está no tempo pretérito, mas este tempo é justificado pelo significado da oração.

58 *Angry* é um adjetivo, mas *in the mood* é uma expressão. *Ready*, um adjetivo, torna a oração paralela.

59 Ou dois infinitivos (minha correção) ou duas formas *–ing* (*Moving* e *canceling*) são aceitáveis aqui, mas não uma de cada.

60 Dois infinitivos (*to cooperate*, *to fire*) são permitidos, assim como dois conjuntos de sujeito/verbo (*that you will cooperate* e *that you will fire*), mas não uma de cada.

Capítulo 17

Apimentando e Aparando Suas Frases

Neste Capítulo

- Introduzindo sentenças de maneiras interessantes
- Subordinando sentenças curtas para combinar ideias
- Escrevendo de forma concisa

"As I write this, the rain beats down on my window. How glad I am not to be outside! Smiling, I type away, dry and cozy. Compare as sentenças anteriores com estas: "I am writing. The rain beats down on my window. I am glad that I am not outside. I am smiling. I type away. I am dry and cozy." Certo, admita. A primeira versão é melhor. Por que? Porque a variedade não é só o tempero da vida, mas da escrita, também. Neste capítulo, você pratica como acrescentar variedade em suas frases alterando a estrutura básica e concordando as ideias. Também aprende a usar a tesoura, cortando expressões repetitivas — um dos tópicos favoritos em testes padronizados.

Um Começo Poderoso: Elementos Introdutórios

A espinha dorsal da maioria das frases em inglês é o par sujeito e verbo: *Mary walks, Oliver opens*, e assim por diante. A maior parte das frases também tem algum tipo de conclusão, o que os gramáticos chamam de complemento ou objeto: *Mary walks the dog, Oliver opens the peanut butter jar.* Mesmo quando você inclui algumas descrições, este esqueleto básico é entediante quando é sempre a única estrutura utilizada. A forma mais fácil e eficiente de mudar este padrão básico é adicionar um elemento introdutório, que está em itálico nos exemplos seguintes:

> *Sticking her finger in the jar*, Agnes stirred the peanut butter. (A forma verbal introdutória descreve a ação de Agnes.)

Despite the new polish on her nails, Agnes was willing to eat without a fork. (A expressão introdutória traz informações sobre os hábitos alimentares de Agnes.)

When she was full, Agnes closed the jar. (A declaração introdutória tem um sujeito e um verbo, *she was*, e em termos gramaticais é uma oração. Novamente, você obtém mais informações sobre Agnes.)

Como sempre na gramática, você não precisa entulhar sua mente com definições. Simplesmente experimente alguns destes padrões, mas certifique-se de evitar um erro comum: o sujeito da parte principal da oração deve ser aquele que está executando a ação ou que está no estado de ser descrito pela forma verbal introdutória. Veja o Capítulo 14 para mais informações sobre este tipo de erro.

As habilidades praticadas nesta seção ajudam você nas questões envolvendo revisão de sentenças ou parágrafos no vestibular ou ENEM.

Deixe a chatice para trás. Combine as duas declarações de cada oração, fazendo de uma delas um elemento introdutório. **Observação:** diversas respostas são possíveis para cada exercício. Sua resposta pode ser diferente daquela apresentada como gabarito de resposta e ainda assim estar correta. Verifique se expressou as mesmas ideias das declarações originais e se a ação ou o estado de ser expresso pela forma verbal introdutória refere-se ao sujeito da parte principal da oração.

P. The boss wants the memo immediately. Jesse stops cleaning his teeth and starts typing.

____

____

R. **Realizing that the boss wants the memo immediately, Jesse stops cleaning his teeth and starts typing.** Esta é apenas uma de muitas possibilidades. Você também pode começar com uma declaração como **Now that Jesse knows that the boss wants the memo immediately, he stops cleaning his teeth and starts typing.**

1. Jesse is considering retirement. Jesse's mortgage holder thinks that Jesse should work at least 100 more years.

____

____

2. The bank wants Jesse to work hard. Jesse's debt is quite large.

____

____

3. Jesse wants to drink martinis on a tropical island. Jesse also wants to keep his house.

____

____

4. Jesse's entire plan is impractical. An especially unrealistic part lets Jesse drink martinis all day.

5. The bank manager speaks to Jesse in a loud voice. She points out that Jesse has $0.02 in his savings account.

6. The bank manager angers easily. Jesse brings out the worst in her.

7. Jesse considered robbing the bank. Jesse is an honest man.

8. The bank manager eventually decided to rob the bank. She drank martinis on a tropical island.

9. Jesse joined the FBI. He searched for the bank manager and arrested her.

10. Jesse received a $10 million reward. Jesse retired to the tropical island.

Fazendo com que Orações Curtas Trabalhem Juntas

Em gramática, o termo *subordinada* não se refere à pobre coitada que tem de fazer café para o chefe. Em vez disso, uma oração *subordinada* é a parte da oração que, embora ainda contenha um sujeito e um verbo, ocupa uma posição de menor importância em relação ao resto. Elas podem estar no início, no meio e no fim da frase. Veja alguns exemplos, onde as subordinadas aparecem em itálico:

> The box, *which Ellen was told never to open*, practically screamed, "Look inside!"

After she had pried up the lid, Ellen ran screaming down the hall.

Ellen is planning to repair *whatever was damaged.*

Como pode ver, a subordinação insere uma ideia dentro da outra, fazendo a escrita menos truncada, eliminando uma série de sentenças curtas.

Experimente juntar as ideias. Combine as ideias de cada item em uma única sentença, utilizando orações subordinadas.

P. Ellen's boss held a press conference. The boss issued a statement about "the incident."

____

____

R. **Ellen's boss held a press conference at which he issued a statement about "the incident."** Mais de uma resposta é possível aqui. Aqui está outra: **Ellen's boss, who held a press conference, issued a statement about "the incident."**

11. Joseph Shmo is a prize-winning reporter. He asked the boss a number of questions.

____

____

12. The boss asked Joe to sit down and be quiet. Joe refused. He was still looking for information about "the incident."

____

____

13. The CIA became interested in the case. The agency sent several agents to investigate.

____

____

14. Ellen didn't want to talk to the agents. Her boss said that her job was in jeopardy.

____

____

15. Ellen bought a bus ticket. She slipped out of the office.

____

____

16. The CIA may track her down. They will deal with her harshly.

____

____

17. Ellen is away. The boss is trying to manage the news media.

18. Ellen has offered her story to an independent film company. The film company is tentatively interested.

19. Ellen wrote about "the incident" on 100 pieces of paper. She put her manuscript in a box.

20. The box has been placed in a bank vault. The vault has a titanium door.

21. Ellen's closest friends know the location of the box. Those people are in danger.

22. The film will come out next summer. Then the whole world will know about "the incident."

Cortando e Recortando a Redundância

Você não odeia escutar a mesma coisa duas vezes? Eu odeio escutar a mesma coisa duas vezes. Você provavelmente odeia escutar . . . Certo, tenho certeza que você já entendeu o que quero dizer! Repetições são entediantes. Ao escrever, devemos evitá-las ao máximo, seja de que forma forem — e elas podem assumir diversas formas, incluindo adjetivos duplos (*calm and serene*), expressões desnecessárias (*six feet tall in height*), ou dizer a mesma coisa de duas maneiras diferentes (*in my opinion I think*).

Professores odeiam ter de avaliar trabalhos, então pegam pesado quando encontram redundância. Se você pretende fazer algum teste escrito de inglês, fique atento!

Reescreva as sentenças a seguir, eliminando palavras desnecessárias (se houver) para evitar a redundância.

P. Anxious and extremely tense, Susannah approached the starting line where the race would begin.

R. **Extremely tense, Susannah approached the starting line.** Escolhi *extremely tense*, mas você poderia ter cortado estas palavras e ficado com *anxious*. Não use *tense and anxious*, pois as duas palavras significam basicamente a mesma coisa. O outro corte (*where the race would begin*) é justificado porque a linha de chegada já indica o local onde a corrida começa.

23. Susannah's new and innovative idea for racing strategy was to cut away quickly from the crowd and separate herself.

24. I believe, in my view, that Susannah has a great chance of winning and finishing in first place.

25. The spikes that she installed and put on her tire rims should easily and without much effort cut her opponents' tires.

26. Bethany thinks that Susannah scattered tacks and little nails over the left side of the course, where her chief and most important rival rides.

27. There are two sides to every story, of course; Susannah and Bethany have different ideas about what is fair and unfair in a motorcycle race.

28. A little tack can alter the outcome of the race in an important and significant way.

29. Susannah says that in future days to come she will win legally or not at all.

30. Such honesty and integrity are commendable now in these current times.

Chamando Todos os Conquistadores: Prática Extra para Lapidar suas Sentenças

PRATIQUE

Na Figura 17-1, há um trecho de um conto que precisa de grande ajuda. Revise o texto como achar apropriado, prestando atenção na variação dos padrões das sentenças, palavras desnecessárias e excesso de cortes. **Observação:** há inúmeras maneiras de revisar o texto. Na seção de respostas, forneço algumas alterações possíveis. Sua revisão pode ser diferente. Na verdade, até melhor que a minha! Para avaliar sua resposta, observe a concisão e a variedade de seu texto.

Darla fainted. Darla was lying on the floor in a heap. Her legs were bent under her. She breathed in quick pants at a rapid rate. Henry came. He ran as fast as he could. He neared Darla and gasped. "My angel," he said. His heart was beating. His cardiologist would be worried about the fast rate. Henry did not care. Henry cared only about Darla. She was the love of his life. She was unconscious. He said, "Angel Pie, you don't have to pawn your engagement ring." He knelt next to her.

Figura 17-1: Trecho de um conto com horríveis estruturas de sentenças.

Respostas para os Problemas na Estrutura das Sentenças

Escrever bem requer o uso de sentenças de diferentes tamanhos e estruturas, mantendo a correção gramatical. Verifique as sentenças que você reescreveu com as sugeridas aqui.

1 **Despite the fact that Jesse is considering retirement, his mortgage holder thinks that Jesse should work at least 100 more years.** Minha resposta começa com uma frase preposicional. Também pode começar com *Although Jesse is . . .* ou *Contrary to Jesse's desire to . . .*

2 **Because Jesse's debt is quite large, the bank wants him to work hard.** No primeiro momento em que mostro a estrutura dessa oração para meus alunos, eles geralmente protestam dizendo que não é possível começar uma oração com *because*. Sim, posso, desde que tenha um pensamento completo na oração.

3 **In addition to his desire to drink martinis on a tropical island, Jesse also wants to keep his house.** Começo com uma cxpressão preposicional, mas a oração (*Even though Jesse wants to drink martinis on a tropical island*) também possa ser um bom início. Combinando muito bem com o resto da sentença (*Jesse also wants to keep his house*).

4 **Impractical in every way, the plan is especially unrealistic in letting Jesse drink martinis all day.** A introdução aqui é apenas outra forma de descrever *plan*, o sujeito da parte principal da oração.

5 **Speaking to Jesse in a loud voice, the bank manager points out that he has $0.02 in his savings account.** Aqui a fala da gerente do banco é expressa por uma forma verbal introdutória, e não por uma sentença separada.

6 **Angering easily, the bank manager admits that Jesse brings out the worst in her.** Eu inclui *admits* para que *the bank manager* seja o sujeito da oração. Um pendente (um erro que explico no Capítulo 14) seria criado deixando *Jesse* como sujeito e começando com *angering* ou uma expressão similar. Em tal oração, *Jesse* seria aquele que estaria *angering easily* — o que não é o significado que você quer transmitir. Outra correção possível: **Bringing out the worst in the bank manager, Jesse angered her easily.**

7 **Even though he is an honest man, Jesse considered robbing the bank.** A primeira parte da sentença é uma oração, pois ela tem sujeito e verbo, mas ela depende da declaração na segunda parte para ser um raciocínio completo.

8 **With martinis on a tropical island in her future, the bank manager eventually decided to rob the bank.** Aqui um belo conjunto de frases preposicionais cria uma abertura de impacto.

9 **Having joined the FBI, Jesse searched for the bank manager and arrested her.** Comecei com uma forma verbal, mas você também pode acrescentar uma oração (também chamada de cláusula, uma declaração contendo um sujeito e um verbo) como *After Jesse joined the FBI, he searched. . .*

10 **Receiving a $10 million reward, Jesse retired to the tropical island.** Aqui a informação sobre a recompensa vem conforme uma forma verbal introdutória.

11 **Joseph Shmo, a prize-winning reporter, asked the boss a number of questions.** O apositivo (um termo gramatical para um substantivo ou pronome "equivalente") traz mais informação sobre Joseph Schmo — especificamente, que ele é um repórter ganhador de prêmio.

12 **Although the boss asked Joe to sit down and be quiet, Joe refused, as he was still looking for information about "the incident."** Esta sentença conta com duas orações subordinadas (declarações contendo sujeito e verbo que trazem informações menos importantes em relação a ideia principal da sentença). Aqui, *Joe refused* é a parte mais importante. As orações começando com *Although* e as *he was* são subordinadas.

13 **The CIA, which was interested in the case, sent several agents to investigate.** O pronome *which* toma o lugar de CIA e introduz informações adicionais sobre aquela agência secreta.

14 **Ellen didn't want to talk to the agents because her boss said that her job was in jeopardy.** A nova oração, combinada, tem uma estrutura de causa e efeito introduzida pela palavra *because*.

15 **When she slipped out of the office, Ellen bought a bus ticket.** A palavra *when* liga a informação sobre a fuga ao motivo pelo qual Ellen escapou.

16 **If the CIA tracks her down, they will deal with her harshly.** Ignorar a CIA não é uma boa ideia. Nem escrever frases picotadas! *If* expressa uma possibilidade, assim como o verbo *may* no original.

17 **While Ellen is away, the boss is trying to manage the news media.** Uma expressão temporal funciona bem aqui, associando a ausência de Ellen à conferência de imprensa do chefe.

18 **Ellen has offered her story to an independent film company that is tentatively interested.** Quando você utiliza *that* para introduzir uma ideia, uma vírgula geralmente é necessária.

19 **After writing about the incident on 100 pieces of paper, Ellen put her manuscript in a box.** A declaração introdutória traz mais informação sobre o manuscrito de Ellen.

20 **The box has been placed in a bank vault that has a titanium door.** Parece o enredo de uma série de tv, não? Ao inserir ideias dentro de suas sentenças, não esqueça o *that* — uma conjunção muito útil.

21 **Ellen's closest friends, who know the location of the box, are in danger.** O *who* conecta a informação aos amigos com eficiência.

22 **When the film comes out next summer, the whole world will know about "the incident."** Uma expressão temporal implora por uma posição de subordinação, introduzida por *when*.

23 **Susannah's new idea for racing strategy was to cut away quickly from the crowd.** Você pode cortar *new* e deixar *innovative*, mas não use os dois.

Você pode, ainda, cortar *cut away quickly from the crowd* e deixar *separate herself*. Com esta opção, você pode querer mover *quickly* para o final da sentença, apenas para conservar a ideia de velocidade.

24 **Susannah has a great chance of winning.** Por que *I believe* ou *in my view*? Se você está dizendo que Susannah tem uma chance, o ouvinte ou leitor sabe que é a sua opinião. *Winning* e *finishing in first place* é a mesma coisa, escolha um dos dois.

25 **The spikes that she installed on her tire rims should easily cut her opponents' tires.** Mais duplos: *installed* e *put in*, assim como *easily* e *without much effort*. Escolha um de cada, não os dois.

26 **Bethany thinks that Susannah scattered tacks over the left side of the course, where her chief rival rides.** Imagino que um especialista em ferramentas poderia explicar melhor a diferença entre *tacks* e *little nails*, mas para o leitor comum, a distinção é irrelevante. O mesmo se aplica para *chief* e *most important*.

27 **Susannah and Bethany have different ideas about what is fair in a motorcycle race.** Toda a primeira parte da sentença é desnecessária. É claro que existem pontos de vista diferentes, e porque a sentença passa a tratar de detalhes, a sentença geral é um desperdício de palavras. Ainda, se os motoqueiros não chegam a um acordo sobre o que é justo, por definição, eles também não conseguem definir o que é injusto, então essa parte da declaração também pode ser cortada.

28 **A little tack can alter the outcome of the race in an important way.** Se preferir, tire *important* e mantenha *significant*. Não use os dois juntos.

29 **Susannah says that in the future she will win legally or not at all.** Existe futuro no passado? Ou em qualquer outro tempo? Uma vez que dissemos *future*, não precisamos acrescentar *days to come* (se preferir manter o days to come, corte *future*.)

30 **Such honesty is commendable in these current times.** A sentença original tem duas redundâncias — *honesty*, *integrity* e *now in these current times*. Escolhi uma de cada par, mas se tiver escolhido a outra palavra, não se preocupe. Perceba que a forma plural do verbo *are* muda para o singular *is* quando excluímos um dos sujeitos.

31 Darla fainted. **Lying on the floor in a heap, her legs bent under her, she breathed in**
32 **quick pants** ~~**at a rapid rate.**~~ ~~**Henry came. He**~~ **Henry** ran as fast as he could. "My 33
34 angel," he said **with a gasp as he neared Darla**. His heart was beating **so fast that** 35
his cardiologist would worry. ~~**Henry did not care**~~. Henry cared only about Darla,
36 the love of his life, now unconscious. **Kneeling next to her he said**, "Angel Pie, you 37
don't have to pawn your engagement ring."

31 Três sentenças — *Darla was lying on the floor in a heap*, *Her legs were bent under her*, e *She breathed in quick pants* — podem ser facilmente combinadas. As ideias nas primeiras duas sentenças são transformadas em elementos introdutórios, com a última das três sendo a ideia principal. Se você acrescentar um elemento introdutório com uma forma verbal, certifique-se de que o sujeito da seção principal da sentença é a pessoa que está agindo ou que está no estado de ser mencionado na introdução. Outra combinação possível: *After Darla fainted, she was lying on the floor in aheap. With her legs under her, she breathed in quick pants.*

32 A revisão remove a repetição; *rapid* e *quick* são a mesma coisa.

33 Duas sentenças combinam e mantêm Henry como sujeito.

34 Duas sentenças — *He neared Darla and gasped. "My angel," he said.* — foram combinadas. A nova versão é mais concisa e mais interessante.

35 Uma oração subordinada (*that his cardiologist would worry*) insere uma ideia de uma sentença dentro da outra.

36 A história original termina com diversas sentenças curtas e picotadas. A revisão combina todas elas em uma única sentença final.

37 As duas últimas sentenças do original se combinam com uma forma verbal introdutória, *kneeling*. Se você começar com *kneeling*, certifique-se de que *Henry* ou *he* é o sujeito da parte principal da sentença. Você pode ainda reescrever esta parte desta maneira: *"Angel Pie, you don't have to pawn your engagement ring," he said as he knelt next to her.*

Capítulo 18

Desviando das Armadilhas das Palavras Complicadas

Neste Capítulo

- Distinguindo palavras semelhantes
- Palavras que indicam medidas
- Eliminando palavras e expressões fora do padrão
- Descobrindo quando *sit/set* e quando *lay/lie down*

Considerando que pequenas coisas significam muito, como diz o ditado, este capítulo coloca sua escrita sob o microscópio. Os pequenos erros que podem arruinar você — como expressões fora do padrão, um verbo irregular errado ou uma palavra errada em um par de palavras semelhantes — estão em foco aqui. Olhe através das lentes e leve sua escrita ao nível mais elevado.

Distinguindo Palavras Quase-Gêmeas: Palavras Comumente Confundidas

Você conhece gêmeos que, apesar de serem muito parecidos, têm personalidades completamente diferentes? Então, você está pronto para compreender cada metade de um par similar pode funcionar de forma totalmente diferente, e coitado do escritor que escolher uma para fazer o trabalho da outra. Esta seção ajuda você a usar palavras análogas de forma adequada.

Affect normalmente expressa ação: Mallory's tantrum did not *affect* her mother's decision to leave the candy aisle.
Effect é utilizada com mais frequência como substantivo e significa "resultado": One *effect* of Mallory's sweet tooth was a truly impressive dental bill.

DICA

Tanto *affect* quanto *effect* podem ser utilizados de outros modos, embora com menor frequência. *Affect* como substantivo significa "o modo como alguém demonstra emoções". *Effect* como verbo significa "trazer uma mudança ao enfrentar a oposição". Neste capítulo, entretanto, discuto os usos mais comuns de cada uma delas.

Farther refere-se à distância: Mallory runs *farther* than anyone else when a candy bar is at stake.
Further diz respeito a quase tudo, menos distância (intensidade, grau, tempo e assim por diante): When Mallory thought *further* about the matter, she decided that artificial sweetener was never a good choice.

Like expressa similaridade, mas pode não estar ligada ao par sujeito/verbo: She jumps *like* Mike.
As também expressa similaridade, mas é a palavra que deve ser usada antes de um par sujeito/verbo: She jumps *as* Mike does, but she gets paid less for her leaps.
Such as introduz um exemplo: Mallory's cupboard is stocked with sweets *such as* pie filling, pudding mix, and chocolate.

Imply é "dar uma dica": Mallory never actually asked for a gumdrop, but she strongly *implied* that one would be welcome.
Infer é "perceber algo que ficou implícito": Hearing Mallory's "Ode on a Gumdrop," I *inferred* that the bag of candy would probably be empty after Mallory's visit.

Você pode diferenciar os pares e os trios? Circule a melhor palavra ou expressão em cada grupo entre parênteses.

P. Fueled by the caffeine in two double lattes, Jake drove (farther/further) than anyone else.

R. **Farther.** Se é com distâncias que você está lidando, *farther* é o que você quer.

1. The judge insisted on (farther/further) proof that the cop's speed gun was broken.

2. I gave the judge tons of proof, (like/as/such as) a photo of my car, a statement from my girlfriend about how I always drive slowly, and a perfect-attendance award I earned in second grade.

3. Waving my wallet vigorously, I (implied/inferred) that it was empty and paying the fine was out of the question.

4. (Like/As) judges often do, Judge Crater stubbornly refused to hear my side of the story.

5. "Don't go any (farther/further) with your testimony," he snarled.

6. (Like/As) a statue, I shut up and sat as still as a stone.

7. The judge, unfortunately, (implied/inferred) from my behavior that I was silently protesting his ruling.

8. The (affect/effect) of this decision was disastrous.

9. Nothing I said, when I started talking again, (affected/effected) the judge's ruling.

10. Financial setbacks (like/as/such as) speeding tickets completely wreck my budget.

11. I can't convince my romantic partner to spend (farther/further) time with me without reservations at an expensive restaurant.

12. High-priced food, in my experience, (affects/effects) the way a potential date reacts; if I plan a bowling evening, my date will (imply/infer) that I'm poor and dump me.

Contando e Medindo Gramaticalmente

Perdida nas brumas da história da língua inglesa está a razão pela qual palavras diferentes são utilizadas para descrever singulares e plurais quando você está contando ou medindo:

More than, **many** e **fewer** funcionam para plurais: *more than* 19 witnesses, *many* problems, *fewer* than 50 coffee cups. Estas palavras funcionam bem com coisas que você pode contar.
Less, **much** e **over** levam você ao território dos singulares: *less* interest in the sport, *much* unrest, *over* an hour. Estas palavras funcionam melhor com coisas que podem ser medidas, mas não contadas.

A palavra *over* é frequentemente mal utilizada no lugar de *more* ou *more than*.

Amount é apropriado quando o item que você está discutindo é singular: the *amount* of enthusiasm.
Number aplica-se aos plurais: the *number* of bowties.

Between é a palavra indicada para falar sobre duas pessoas ou coisas: I'm having trouble choosing *between* pistachio and chocolate chip.
Among é para grupos de três ou mais: *Among* the twelve candidates for mayor, Shirley stands out.

Tire seus sapatos (para o caso de você precisar contar até mais de dez) e tente estas frases. Circule a palavra correta em cada conjunto de parênteses.

P. Just (between/among) you and me, do you think he needs a dye job?

R. **between.** *You* mais *me* igual a dois, e *between* é a palavra para pares. *Among* entra em jogo para três ou mais, como em *among the five of us*.

13. The boss sent (more than/over) 300 memos describing when and how we can order paper for the copy machine.

14. We employees, all 4,546 of us, discussed the memo (between/among) ourselves, and despite (many/much) difference of opinion, we eventually agreed on one thing.

15. We decided that e-mail uses (fewer/less) paper and is easier to ignore.

16. The boss's (many/much) memos scold us for the (number/amount) of paper we waste.

17. Recently, the boss's secretary collected (more than/over) 5,000 sheets of paper from our desks, all of them memos sent to us by the boss.

18. Surely it takes (fewer/less) energy to shelve the issue altogether.

19. (More than/over) a year ago the boss caught "shredding fever."

20. The (number/amount) of important material he shredded is impossible to determine.

21. Personally, in a contest (between/among) him and his dog, the dog would win the award for "Best Boss."

22. The dog would fire (fewer/less) employees.

23. With the dog in charge, the (amount/number) of barking would also decrease.

24. (Among/between) the other candidates for a replacement boss that I would consider are all the inhabitants of New York City.

Banindo as Falsas Expressões

Expressões como: *should of, cannot help but, being that, try and, irregardless, can't hardly, not have no, alright, a lot têm algo em comum,* são todas problemáticas. No inglês correto, elas não existem. Se você estiver utilizando qualquer expressão inventada, é hora de removê-las da sua fala e escrita e substituí-las por palavras corretas, as quais você pode ver na Tabela 18-1.

Tabela 18-1 Corrigindo Palavras Inventadas

Errado	*Correto*
Should of	Should have, should've
Would of	Would have, would've
Could of	Could have, could've
Cannot help but	Cannot help [insira a forma –ing do verbo]: Cannot help wondering, por exemplo
Being that	Because
Try and	Try to
Alot	A lot
Alright	All right
Irregardless	Regardless
Can't hardly	Can hardly

Aqui está seu desafio: reescreva as seguintes frases, substituindo qualquer termo fora do padrão pelo inglês correto. Inseri algumas frases corretas na mistura, então, quando você encontrar uma, simplesmente escreva “correta” na lacuna.

P. I can’t help but think that your questions about the final exam are extremely annoying.

R. **I can’t help thinking that your questions about the final exam are extremely annoying.** As expressões *can’t help but* e *cannot help but* são duplas negativas. O inglês, que nem sempre é a língua mais lógica do universo, é lógico nessa questão: os dois negativos (*not* e *but*) cancelam um ao outro e expressam um significado positivo. Assim sendo, a oração original significa que você pode parar de pensar desta maneira se quiser.

25. Irregardless of the teacher’s views on having alot of technology in the classroom, Mark sends an instant message to his brother.

26. Kevin doesn’t answer immediately, being that he’s in the middle of the sandbox and feels that everything is alright.

27. “I’ll try and answer Mark after snack,” he thinks.

28. The teacher doesn’t want no distraction from the peanut butter cookies she has prepared, so she confiscates Kevin’s smartphone, with which Kevin tweets alot of information to his followers.

29. Kevin should of hidden his smartphone until nap time, but he thought it would be alright to use it openly.

30. Mark can’t hardly believe some of the stories Kevin tells about kindergarten.

31. Mark remembers his own days in finger-paint land, which he should of treasured.

____

____

32. Because the third-grade room is near the kindergarten, Mark could of walked out of the classroom and spoken directly to Kevin.

____

____

33. Kevin can't help thinking about his smartphone, which now resides on the teacher's desk.

____

____

34. Being that the day is almost over, Kevin asks the teacher to return the phone.

____

____

35. "Being in kindergarten is really annoying sometimes," Kevin thinks.

____

____

36. "I can't hardly wait until I'm in first grade," he remarks with alot of enthusiasm.

____

____

Uma Pausa para se Concentrar nos Verbos Traiçoeiros

Prepare-se para um pouco de prática com quatro verbos que causam muita dor de cabeça.

To **lie** significa "descansar ou reclinar o corpo" (sim, também significa que você não está falando a verdade, mas esta definição não é um problema). O tempo pretérito para *lie* é *lay*. A forma do verbo *lie* que concorda com *has*, *have* ou *had* e *lain*.
To **lay** significa "colocar alguma coisa" ou "pôr". O tempo pretérito de *lay* é *laid*. Para *lay*, a forma que concorda com *has*, *have* ou *had* é *laid*.

To **sit** significa "sentar". O tempo pretérito e a forma conjugada são ambos *sat*.
To **set** significa "colocar, pôr alguma coisa em algum lugar". O tempo pretérito e a forma conjugada são ambos *set*.

Para diferenciar estes dois pares de verbos, pense em *lie* e *sit* como ações que a pessoa faz em si mesma: I *lie* down, I *sit* in the chair. *Lay* e *set*, por outro lado, são ações que a pessoa faz a alguma outra coisa: I *lay* the check on the desk, I *set* the vase down on the piano.

Não largue sua caneta até ter tentado responder as seguintes frases. Circule a forma correta do verbo entre parênteses.

P. Yesterday Alice was so tired that she (lie/lay/lied/laid, lain) down for a nap even though her favorite soap opera was on television.

R. **lay.** O significado nesta oração é "descansar ou reclinar", então o verbo que você quer é *to lie* e o tempo pretérito de *to lie* é *lay*.

37. The main character in Alice's favorite show (lies/lays) in bed, comatose.

38. In the world of soaps, the rule is that the doctor must (sit/set) by the bed every day with a look of concern and love on his or her face.

39. In yesterday's episode, the doctor (sit/sat/set) a bouquet of flowers on the nightstand.

40. When the nurse told the doctor to go home and (lie/lay) down, the doctor replied that she would "(sit/set) down for a while."

41. Last week the doctor (lay/laid) a wreath on a mysterious tomb.

42. The viewers think the wreath that (lies/lays) there is a sign that the tomb contains the body of the doctor's long lost lover.

43. During sweeps week, the long lost lover will show up and (sit/set) next to the doctor in the cafeteria.

44. The final show will reveal that the long lost lover has (lain/laid) in a bed, comatose too.

45. While the doctor (sits/sets) there gobbling tuna salad, the lover will explain what happened to the evil twin.

Chamando Todos os Conquistadores: Prática Extra com Verbos Traiçoeiros

Na Figura 18-1, confira um obituário que (nunca, presumo) foi publicado em um jornal local. Sempre que encontrar uma palavra empregada de forma errada, corrija o problema. Você deve encontrar dez erros.

Lloyd Demos Dies at 81: Specialized in Ancient Egypt

Lloyd Demos died yesterday as he was pursuing farther study in ancient Egyptian culture. Demos, who effected the lives of many residents of our town, had alot of varied interests. Demos should of been famous, but he was very shy. He knew 12 languages, including ancient Egyptian. Being that he spent much time studying Egyptian grammar, his writing was always alright. Demos had just set down to supper when the Grim Reaper appeared at his door. Irregardless, Demos insisted on finishing his mashed potatoes, though he was heard to say, "I would like to lay down for a while." Demos, who wrote over 50 books, will be fondly remembered.

Figura 18-1: Falso obituário repleto de erros.

Respostas para os Problemas com Palavras Traiçoeiras

Usar essas palavrinhas traiçoeiras da forma correta, exige muito esforço. Use as respostas a seguir para conferir seu trabalho nos exercícios práticos.

1 **further.** Nesta oração, você quer uma palavra que indique um grau maior, então *further* preenche a lacuna.

2 **such as.** A palavra deve introduzir uma lista de exemplos, então *such as* é a melhor opção.

3 **implied.** O autor da sentença está dando uma dica de que suas finanças não vão bem, e *to imply* é o mesmo que "dar dica".

4 **As.** Antes de um par sujeito/verbo, *as* é a opção apropriada.

5 **further.** O verbo *go* faz você pensar em distância (e *farther* é a palavra que você utiliza para distância), mas testemunho não é uma estrada que possa ser medida. Ao invés disso, o juiz está se referindo ao tempo, e *further* é o apropriado.

6 **Like.** O orador parece uma estátua, e *like* expressa semelhança. Já que nenhum verbo vem na sequência, *like* é melhor do que *as*.

7 **inferred.** Captando as dicas sutis, o juiz *inferred* que o orador estava chateado com sua multa por velocidade.

8 **effect.** A oração pede um substantivo com o significando de "resultado". Bingo! *Effect* vence.

9 **affected.** Aqui você está procurando um verbo que seja o mesmo que *influence*. *Affect* é este verbo.

10 **such as.** As multas são apresentadas como exemplos de destruidores de orçamentos, e *such* introduz exemplos.

11 **further.** Uma vez que você esteja falando sobre tempo, *farther* não é uma opção, pois *farther* refere-se à distância.

12 **affects, infer.** Substitua o verbo *influences* e a oração fará sentido. *Affect* é um verbo que significa "influência". Na segunda parte da oração, o parceiro irá "inferir, perceber", ou *infer* a pobreza.

13 **more than.** *Memos*, um plural, pede por *more than*.

14 **among, much.** Já que mais de dois empregados estão falando, *among* é aquela que você quer. *Between* funciona para pares, não multidões. No segundo parênteses, *much* é a opção porque *difference* é singular.

15 **less.** A palavra *paper* é singular, então *less* é apropriado.

16 **many, amount.** *Many* funciona para plurais, e *memos* é uma palavra plural. No segundo parênteses, o singular *paper* está em questão. *Number* funciona com plurais, mas *amount* é para expressões singulares.

17 **more than.** Quando você está falando sobre *sheets*, está na terra do plural. Utilize *more than*.

18 **less.** Pode ser necessário *fewer* empregados para resolver a questão, mas precisa-se *less energy*, pois *energy* é singular.

19 **over.** Um ano pede *over*, um termo para singulares.

20 **amount.** A palavra *material* é singular, mesmo que o termo refira-se a uma tonelada de coisas, como em *the material in my file cabinet that I don't want to work on*. Singulares exigem *amount*.

21 **between.** Comparando dois candidatos em potencial ao prêmio de liderança, *between* é o melhor.

22 **fewer.** *Employees* é um plural, então *fewer* resolve a questão.

23 **amount.** Aqui você está falando sobre *barking*, então *amount* é necessário para o termo singular.

24 **among.** Se você está olhando para *all the inhabitants of New York City*, você está falando sobre mais de duas pessoas. Por isso, *among*.

25 **Regardless of the teacher's views on having alot of technology in the classroom, Mark sendsan instant message to his brother.** *Irregardless* é o Monstro do Lago Ness da língua inglesa; ele não existe. Substitua por *regardless*. *A lot* é sempre escrito com duas palavras.

26 **Kevin doesn't answer immediately, because he is in the middle of the sandbox and feels that everything is all right.** Outra expressão inexistente é *being that*. Utilize *because* ou *as*. Para expressar que está tudo bem, opte por all right. A versão com uma única palavra (*alright*) está errada.

27 **"I'll try to answer Mark after snack," he thinks.** A expressão *try and* diz que o orador irá fazer duas coisas: *try* e *answer*. Mas o real significado desta oração é "try to answer".

28 **The teacher doesn't want any distraction from the peanut butter cookies she has prepared, so she confiscates Kevin's smartphone, with which Kevin tweets a lot of information to his followers.** Duplas negativas são proibidas. Altere *doesn't want no* para *doesn't want any*. A expressão com duas palavras *a lot* é aceitável. A palavra única, *alot*, é proibida.

29 **Kevin should have hidden his smartphone until nap time, but he thought it would be all right to use it openly.** A expressão *should of* soa como *should've*, mas *should've* é a contração de *should have*, não *should of*. A outra correção elimina a palavra *alright* que é comum, mas está sempre incorreta. Use: *all right*.

30 **Mark can hardly believe some of the stories Kevin tells about kindergarten.** *Can't hardly* é dupla negativa, que inverte o significado desejado da oração. Fique com *can hardly*, que significa que Mark acha que Kevin está exagerando.

31 **Mark remembers his own days in finger-paint land, which he should've treasured.** A contração *should've* é a forma curta de *should have*.

32 **Because the third-grade room is near the kindergarten, Mark could have walked out of the classroom and spoken directly to Kevin.** Tanto *could have* ou *could've* estão corretos, mas passe longe de *could of*.

33 **Correta**. A expressão *can't help* está correta quando precede a forma *–ing* do verbo. Simplesmente não a coloque com *but*, pois daí você terá uma dupla negativa.

34 **Because the day is almost over, Kevin asks the teacher to return his phone**. Delete *being that* sempre que o encontrar; use *because* no lugar.

35 **Correta.** Nesta oração, *being* está correto porque não está sendo usando como substituto de *because*, mas sim como gerúndio — um nome pomposo para uma forma verbal com *–ing* funcionando como um substantivo.

36 **"I can hardly wait until I'm in first grade," he remarks.** *Can't hardly*, uma dupla negativa, inverte seu significado. *Can hardly* diz que esperar é uma tarefa árdua. Lembre-se que *a lot* é sempre escrito com duas palavras separadas.

37 **lies.** O personagem, com adequada maquiagem branca, descansa na cama, então *lies* está correto.

38 **sit.** A doutora não está colocando algo na cama, mas em vez disso, está se sentando nela. Fique com *sit*.

39 **set.** Colocar algo em algum lugar pede o verbo *set*.

40 **lie, sit.** Ambos os pontos pedem por movimentos pessoais, não a colocação de outra coisa. *To lie* e *to sit* referem-se a colocar algo na cama, no sofá ou na cadeira.

41 **laid.** Já que a doutora colocou a coroa de flores, o verbo de escolha é *to lay*, e o tempo pretérito de *to lay* é *laid*.

42 **lies.** Esta é um pouco complicada. A doutora *lays* a coroa de flores, mas a coroa de flores *lies* (repousa) ali.

43 **sit.** O amante puxará uma cadeira e se sentará, não irá colocar um objeto em outro lugar.

44 **lain.** O amante foi colocado em uma cama, então o verbo deve ser uma forma de *lie*. A forma conjugada de lie é *lain*.

45 **sits.** A doutora não está colocando alguma coisa, está simplesmente sentada na cadeira comendo. O verbo é *to sit*, e a forma que concorda com *doctor* é *sits*.

Lloyd Demos Dies at 81: Specialized in Ancient Egypt

Lloyd Demos died yesterday as he was pursuing ~~farther~~ **further** study in ancient 46
Egyptian culture. Demos, who ~~effected~~ **affected** the lives of many residents of our 47
48 town, had ~~alot~~ **a lot** of varied interests. Demos ~~should of~~ **should have** been famous,
but he was very shy. He knew 12 languages, including ancient Egyptian. ~~Being that~~
50 **Because** he spent much time studying Egyptian grammar, his writing was always
51 ~~alright~~ **all right**. Demos had just ~~set~~ **sat** down to supper when the Grim Reaper 52
53 appeared at his door. ~~Irregardless~~ **Regardless**, Demos insisted on finishing his
mashed potatoes, though he was heard to say, "I would like to ~~lay~~ **lie** down for a 54
55 while." Demos, who wrote ~~over~~ **more than** 50 books, will be fondly remembered.

46 *Farther* refere-se à distância; *further* é para tempo, intensidade ou duração.

47 *Effected* pode ser um verbo, mas como tal ele significa "ser o único agente de mudança". Nesta oração, "influenciado" provavelmente é o significado, então *affected* é o correto.

48 *A lot* sempre é escrito como duas palavras.

49 *Should of* não é inglês correto. Use *should have* ou *should´ve*.

50 *Being that* não é inglês correto. Use *because*.

51 *All right* sempre são duas palavras, nunca uma.

52 *Sat* é o tempo pretérito de *sit*, que é o verbo que significa atirar-se em uma cadeira. *Set* é para colocar alguma coisa em algum outro lugar.

53 *Irregardless* não existe, mas *regardless* expressa a mesma ideia.

54 *Lie* é descansar ou reclinar-se; *lay* (no tempo presente) é colocar alguma coisa em algum lugar. *Demos* quer descansar, então *lie* é apropriado.

55 *Fifty books* é plural, então *more than* entra em jogo. *Over* é para termos singulares.

Parte VI

A Parte dos Dez

A 5ª Onda Por Rich Tennant

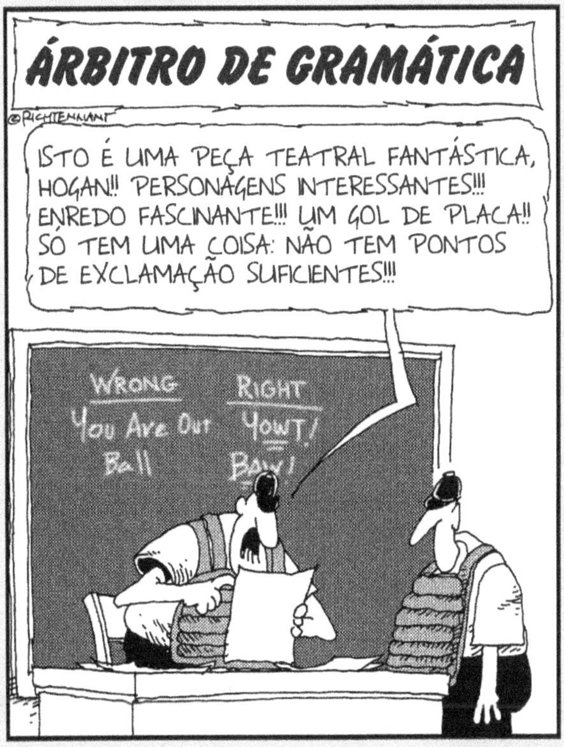

Nesta parte...

Hora da confissão: este livro pode ser perigoso. Por que? Porque você começa a prestar atenção no inglês correto e acaba tentado corrigir até o que não precisa, colocando *whom* em lugares em que não deve ou escrevendo sentenças que soam artificiais. Não tenha medo: nesta parte mostro os excessos que você não deve cometer. Também alerto sobre os dez erros mais feios que devem ser evitados a todo custo. Não há exercícios aqui — apenas as melhores dicas para melhorar suas habilidades para falar e escrever. Siga em frente!

Capítulo 19

Dez Correções Exageradas

Neste Capítulo

- Resistindo à tentação de complicar suas sentenças
- Colocando um fim nas mudanças desnecessárias

Os professores de inglês reconhecem um determinado tom de voz que entra em cena no minuto em que as pessoas descobrem que estão falando com um especialista em gramática. De repente, os olhos ficam vidrados, o queixo se ergue e a porção gramática e cheia de estilo do cérebro entra em modo acelerado. *Me* se torna *I* por nenhuma razão. Os tempos verbais se misturam e *had* se torna subitamente tão comum quanto tuítes de celebridades. Infelizmente, o que eu chamo de "supercorreção" é um erro tão ruim quanto qualquer erro que ela tente corrigir. Veja como identificar e evitar estas armadilhas de gramática e estilo.

Substituir "Whom" por "Who"

Verdade, algumas pessoas sem instrução nunca usam a palavra *whom*, mesmo quando é necessária em uma oração. Mas colocar *whom* em toda situação também não é uma boa ideia. As frases que exigem *whom* são, na verdade, bastante raras. De fato, você precisa do *whom* apenas quando a oração pede por um objeto de algum tipo (veja o Capítulo 9 para mais informações sobre *who* e *whom*).

Os objetos recebem a ação do verbo, como em *Whom did you call?* Nesta oração, *whom* recebe a ação do verbo *did call* (*you*, caso você esteja se perguntando, é o sujeito). O problema com *whom* é que quando ele aparece, normalmente é em uma oração contendo outros raciocínios, então você tem de organizar essa teia. Um erro comum: *Whom shall I say is calling?* soa bem, certo? Mas está errado. Desenrolando a frase vemos a razão: "I shall say whom is calling". "Whom is calling"? Não. "Who is calling".

Usar "Had" sem Necessidade

Como um verbo auxiliar, *had* é muito bom (aparece nos melhores clubes, faz serviço comunitário sem ordem judicial e assim por diante). Mas não deve ser utilizado com exagero. *Had* coloca uma ação no passado antes de outra ação acontecer, como nesta oração: "Archie had already shaved when the aerosol can exploded". Na linha do tempo, o *shaving* precede o *exploding*, e ambos precedem o momento atual. Bingo! A parte *shaving* da oração recebe o *had*. A correção exagerada acontece quando as pessoas usam *had had* por todo lugar, sem rima ou motivo: "Archie had already shaved when the aerosol can had exploded".

Usar "Have" em Excesso

Outro verbo auxiliar, *have*, aparece onde não deve, e suspeito que seja porque ele faz a oração parecer mais complicada e, por isso, de algum modo, mais sofisticada. Como o cabelo azul e roxo que vi ontem no ônibus, um *have* usado sem necessidade se sobressai, mas não de modo positivo. O erro do *have* que mais escuto é *Nice to have met you*. Sério? O *have* coloca o encontro no passado, antes de outra ação presente. Então *nice to have met you* insinua algum tipo de prazo, como em *nice to have met you before our wedding* ou *nice to have met you before it was time for me to clip your toenails*. A melhor expressão é *nice to meet you* (agora, no presente, enquanto falamos).

DICA

Às vezes, quando estamos enviando mensagens ou tuitando, cortamos palavras desnecessárias, até o uso correto do *have* pode ser demais. "Gone home" diz ao leitor: "I have gone home", presumindo que o leitor sabe que você está escrevendo sobre si mesmo.

Mandar o "I" Fazer o Papel do "Me"

Me soa infantil, não? Ele reaviva memórias de "Me Tarzan!" e frases similares. Mas o *I* não é o pronome pessoal para qualquer oração. O *I* é um pronome sujeito, então deve fazer o papel de sujeito ou aparecer depois de um verbo de ligação — e mais nenhum outro lugar. Um erro que surge frequentemente é *I* como objeto de uma preposição: "between you and I" ou "except you and I". Falta grave! As frases corretas são: "between you and me" e "except you and me".

Falar ou Escrever no Modo Passivo

O governo, na minha humilde opinião, é o culpado desta supercorreção em particular. Os formulários oficiais tendem a colocar verbos passivos em todos os lugares, talvez porque a voz passiva permita ao escritor omitir o sujeito — o agente e, portanto, o responsável pela ação. Eles devem se sentir bem melhor escrevendo "the taxes were tripled yesterday" em vez de "I tripled your taxes yesterday; now please vote for me". Mas a voz passiva soa artificial. A não ser que você precise dela (talvez porque você realmente não saiba quem praticou a ação ou porque o sujeito não é o ponto principal da oração), opte pela voz ativa. Há um bônus quando temos um número limitado de palavras (quando enviamos mensagens ou tuítes, por exemplo): frases na voz ativa tendem a ser mais curtas. "Fred needs help" tem menos caracteres que "help is needed by Fred".

Complicar Demais as Estruturas das Orações

Ei, eu posso lidar com complicações. Vivo em Nova Iorque, onde comprar um apartamento envolve uma pilha de duas ou três polegadas de formulários oficiais, cada um devendo ser assinado três vezes. Mas as frases complicadas (que invadem as pilhas de formulários que eu mencionei) não deixam a sua escrita mais madura. Elas apenas deixam sua escrita mais esquisita. Fique longe de frases como "It was this treaty that ended the war" e substitua por "This treaty ended the war". Fuja de "That which He discovered yesterday is the invention which will make his fortune" *e prefira* "The invention he discovered yesterday will make his fortune". Como já deve ter imaginado, complicações desnecessárias consomem mais espaço do que a escrita direta e clara, então evitar este tipo de erro é um bônus ao escrever mensagens ou tuítes.

Começar Todas as Sentenças com Descrições

Descrições são boas, principalmente quando você está marcando um encontro às cegas com alguém que nunca conheceu. Pense na oração "Howie is pleasantly plump", na qual *pleasantly plump* diz algo importante sobre *Howie*. Descrições contendo formas verbais também são boas, pois elas lhe dão ainda mais informações: "Howie, howling at the moon as he does every evening, is happy to double date". A descrição *howling at the moon as he does every evening* certamente abre seus olhos, pois traz muita informação sobre *Howie*. Descrições no início da oração são especialmente boas, pois variam os padrões comuns de frases: "Running with his friend Wolfie, Howie often stays out all night". A descrição *running with his friend Wolfie* diz algo sobre Howie que você provavelmente deseja saber.

Mas — e este é um grande "mas" — não exagere no uso da descrição introdutória, ou simplesmente criará um novo e entediante padrão de oração. Além disso, certifique-se de que a descrição introdutória se aplica ao sujeito — a primeira pessoa mencionada na oração. Caso contrário, terá uma expressão "pendurada", um enorme erro.

Tornar-se Alérgico à "They" e "Their"

Para alguns escritores, os pronomes *they* e *their* parecem ser radioativos. Já que muitos cometem o erro de concordar o plural *their* com algo singular (digamos, *a person* ou *everybody*), os supercorretos fazem o oposto. Mesmo quando o plural está justificado, estes escritores colocam um *he or she* ou frases similares. Má ideia! Os plurais (*the guys, three grapefuits, both, several, a few* e assim por diante) concordam com outros plurais (*they* e *their*). Então, não escreva "The kids blew off his or her homework and blamed the dog". Em vez disso, mantenha os plurais unidos: "The kids blew off their homework and blamed the dog".

Ser Formal em Situações Informais

Compare essas mensagens:

> MENSAGEM Nº 1: *I am free during period E. I should do my calculus homework, but I am willing to defer it to my evening leisure hours. Shall we meet at the coffee shop?*
> MENSAGEM Nº 2: *I'm free E. Will blow off calc HW if you will. Coffee shop?*

Qual mensagem você gostaria de ver em seu telefone? A segunda, é claro! Ela é mais atraente em situações entre amigos. São aceitáveis até mesmo para os especialistas em gramática mais rabugentos (como eu, por exemplo). O nível de formalidade em seu modo de falar e escrever em inglês não é constante. Ele deve se adequar conforme a situação (para uma discussão mais abrangente deste tópico, veja o Capítulo 12). Ser menos formal do que o necessário não é uma boa ideia, mas ser mais formal, também pode ser um problema.

Não Saber Quando Parar

Sou uma professora de redação, e tanto quanto qualquer outra pessoa do meio, sou acusada (e culpada) de pedir mais, mais e mais, e já mencionei que quero ver mais detalhes? Então, quando algum pobre aluno me entrega um texto sobre uma maçã, estou lá com minha caneta vermelha (a cor da vingança dos professores), escrevendo "De que cor é a maça? Quantas sementes ela tem?" No mundo real, entretanto, não estou particularmente interessada em ler 15 frases sobre uma maçã quando tudo que quero saber é quem a jogou em minha cabeça enquanto eu entregava as notas dos trabalhos. A cura para a falta de explicação não é o excesso de explicações. O melhor caminho é fornecer detalhes interessantes e relevantes, nada mais. E caso os seus leitores andem por aí se perguntando quantas sementes tinha aquela maçã, isso é problema deles.

Capítulo 20

Dez Erros para se Evitar a Todo Custo

Neste Capítulo

- Erros que arruínam a sua escrita
- Dependendo demais dos computadores

O que você esqueceu? Seu almoço? O paraquedas? Faço estas perguntas para mostrar que alguns erros são piores que outros. Se o avião está caindo, pessoalmente estou disposto a esquecer o creme de amendoim e a geleia, mas não aquele pequeno dispositivo que salva vidas.

Sua escrita também pode despencar, especialmente se errar de algumas maneiras específicas. Dez maneiras, na verdade, que explico aqui. Todo mundo comete erros, mas este capítulo mostra a você como evitar os grandões.

Escrever Frases Incompletas

A não ser, é claro, que esteja tentando criar um estilo. Paro para anunciar que a oração anterior está incompleta. Esta minha tentativa de ironia também é uma maneira de apontar que algumas vezes quebrar uma regra é algo bom. Sim, você leu certo. Eu, especialista em gramática, acredito que cortar alguns elementos necessários de suas sentenças não apenas é aceitável, mas às vezes até aconselhável.

Pense sobre a comunicação eletrônica — mensagens, mensagens instantâneas, tuítes e outros. Dependendo do dispositivo e do formato, pode haver um número limitado de caracteres (o número de caracteres é a soma de todas as letras, números, símbolos e espaços no seu texto). Ou você pode simplesmente estar com o dedão cansado de digitar naquele teclado minúsculo. Nestas situações, um sujeito ou um verbo podem ser omitidos, desde que o leitor possa entender o significado (para mais informação sobre a interação entre gramática e a mídia eletrônica, veja o Capítulo 12).

Até mesmo em situações mais tradicionais (palavras que você geralmente vê escritas em papel), uma declaração incompleta, ocasional, brotando dentro de uma floresta de sentenças completas, chamam a atenção do leitor para um ponto importante. Cuidado, no entanto, para não escrever uma floresta inteira de sentenças incompletas. Assim, você não está criando um estilo, está empregando um inglês pobre e colocando em dúvida se você sabe criar uma sentença completa (o que passa uma má impressão para quem lê).

Conclusão: sem uma boa razão para escrever uma sentença incompleta, certifique-se de que todas elas tenham um par sujeito/verbo, uma pontuação final e um pensamento completo (para mais informações sobre sentenças incompletas, veja o Capítulo 4).

Escrever Sentenças Contínuas

Uma oração contínua é, na verdade, duas ou mais frases unidas sem uma "cola" oficial — uma palavra como *and* ou um ponto e vírgula. A pior forma de construir frases contínuas é a que os gramáticos chamam de junção *por vírgula*, na qual uma vírgula tenta (e falha) em anexar uma oração completa à outra. Seja especialmente cuidadoso com as palavras que lembram junções permitidas (*consequently*, *however*, *therefore*, *nevertheless* e assim por diante). Utilize-as pelo significado, mas não pela ligação (o Capítulo 4 explica as sentenças contínuas mais detalhadamente).

Uma observação sobre a mídia eletrônica: recebo muitas mensagens de texto e tuítes sem pontuação alguma, e algumas delas me deixam confusa. Onde um pensamento acaba e outro começa? Sou totalmente a favor de adaptar a gramática para os minúsculos teclados e mensagens enviadas na pressa (veja o tópico anterior, assim como o Capítulo 12), mas o nanosegundo necessário para inserir um ponto final que esclareça o significado do texto não é perda de tempo.

Esquecer de Escrever o "I" em Maiúscula

Eu sei, eu sei. Criar uma letra maiúscula nos smartphones ou algo que tenha aqueles minúsculos teclados é uma dor de cabeça danada. Mas você corre o risco de perder o leitor se quebrar essa regra básica: o pronome pessoal *I* é sempre em letra maiúscula. Ponto final!

Mais uma coisa: se você colocar um círculo ou um coração em cima de um *i* manuscrito e em minúscula, vai ficar uma gracinha apenas para aqueles que já acham que você é uma gracinha (sua avó, por exemplo). No mundo acadêmico ou profissional, porém, é improvável que você cause uma boa impressão em quem lê se inventar formas novas para as letras. Use um pingo!

Ser Mesquinho com as Aspas

Esteja você escrevendo para a escola, trabalho ou razões pessoais, a honestidade exige que dê crédito às suas fontes. Tomar as palavras de alguém, colocá-las em seu próprio texto e omitir as aspas de citação é tão desonesto quanto roubar um banco. Na escola, tais práticas merecem uma nota "0"; no trabalho ou na vida pública, você pode ser processado. A solução é simples. Se não é seu, dê crédito à fonte, como fiz neste exemplo, no qual citei um autor inexistente: *As Martin Sherman writes, "Plagiarism is a fatal wound to the body of knowledge."*

Não esqueça de mencionar fontes eletrônicas, mesmo que o autor não tenha sido identificado. Alguém escreveu o texto da página da internet. Se foi você, tudo bem. Não há necessidade de citação ou crédito, embora você devesse explicar que o autor é você mesmo. Se não é o autor, será preciso inserir as aspas duplas e explicar onde o material aparece, como neste exemplo (fictício): *According to the Toe-Fungus Society Web page, "The good health of the nation's pinky toes is everyone's responsibility."*

Utilizar Pronomes Incorretamente

Os pronomes — substitutos de substantivos como *he*, *they*, *all*, *other*, *neither* e similares — são regidos por mais regras do que os cidadãos de uma tirania fanática. Mesmo que não conheça cada detalhe, nunca negligencie as básicas: os pronomes sempre devem substituir apenas substantivos e outros pronomes, e a palavra a que o pronome se refere deve ser claramente identificável. Não utilize um pronome objeto no lugar de um pronome sujeito. Pronomes singulares devem substituir substantivos singulares, e pronomes plurais concordam com plurais (verifique os Capítulos 3 e 9 para os detalhes sobre este tópico).

Colocar Palavras Novas no Contexto Errado

Novas palavras invadem o vocabulário gradativamente. Primeiro, elas começam a parecer familiares quando aparecem em algo que você está lendo. Mais tarde, você as reconhece como velhas amigas. Ainda mais tarde, sente-se confortável em utilizá-las em suas próprias frases. Não pule nenhum desses passos! Todo professor, eu inclusive, recebeu trabalhos de alguém que memorizou as "100 palavras que mais provavelmente aparecerão em testes padronizados", e que está determinado a conseguir usar o maior número de vezes essas palavras. O problema é que as sutilezas do significado de uma palavra são difíceis de captar a partir de uma lista ou alguns poucos encontros.

O uso prematuro do vocabulário pode ser *realmente* embaraçoso. Você pode se ver, como fez um dos meus alunos, escrevendo sobre "New York City's government *suppository* of documents". **Dica:** *suppository* é uma maneira de colocar remédio no corpo sem uma agulha ou uma colher. O que ele provavelmente queria dizer era *depository* — um local de armazenamento.

Deixar a Gíria Invadir seu Discurso

Não que a gíria seja uma furada. Na verdade, as gírias podem ser iradas — a verdadeira sacada. Mas se você não for safo, pode perder o bonde.

O parágrafo anterior contém uma mistura de gírias de diversas épocas. Você pode reconhecer algumas expressões e ignorar outras. Aí é que está o problema. As gírias mudam rápido, tão rápido que ninguém consegue acompanhar. Se o seu leitor compreender que "irado", no parágrafo acima, é uma gíria para "bom", tudo bem. Mas o mesmo leitor pode não compreender o que você quis dizer com "safo" ou "sacada". O mesmo acontece em inglês. Conclusão: um escritor que utiliza gírias se arrisca a criar confusão. Além do mais, as gírias soam informais; se quiser impressionar seu chefe ou um professor, este não é o melhor vocabulário para empregar.

Esquecer a Revisão

Mesmo que você tenha terminado o documento ou projeto apenas dez minutos antes de ter que enviá-lo pelo correio, aproveite o tempo para revisar seu trabalho. Voê poe ddescobrir qe algumas letres estaõ fora, de lgar cem mensionar. a pontuacão, (tradução: você pode descobrir que algumas letras estão fora do lugar, sem mencionar a pontuação).

Sim. Você também deve revisar e-mails, textos, tuítes e mensagens instantâneas antes de apertar o enviar. Por que? Porque o uso de mídia eletrônica não lhe dá um passe livre para a gramática. Na verdade, é justamente pelo fato destes meios tenderem a ser concisos, os erros se sobressaem ainda mais, como se estivessem grifados de caneta fluorescente. Para mais informações sobre atalhos gramaticais que podem ser usados em mídia eletrônica, veja o Capítulo 12.

Dependendo do Computador para Verificar a Gramática e Digitação

Você não pode depender deles, mas as verificações por computador são populares, de qualquer forma, e deve se lembrar de dar uma olhada nelas enquanto digita. (Estou falando das linhas vermelhas e verdes que aparecem na tela para alertá-lo de um possível erro.) Tenho que admitir que algumas vezes elas realmente ajudam, mas não são 100% precisas. Primeiro de tudo, plenty of eras slip through. (Viu o que quero dizer? A última oração deveria ser *plenty of errors.*) Segundo, o computador algumas vezes identifica como erro uma oração que na verdade está correta. Eu vejo um monte de linhas onduladas o tempo todo, e você já deve ter notado que sou prefeita. Er . . . perfeita.

Ser Repetitivo ou Cortar Palavras Essenciais

Para concluir, no final deste capítulo, gostaria de dizer e declarar que dizer a mesma coisa mais de uma vez, repetidamente, é uma verdadeira chatice, irritante, muito cansativo. Não — não — repita ideias, pois a repetição não é uma forma divertida ou prazerosa de passar o tempo. A repetição vai levar seu leitor para longe rápido e ligeiro, para não dizer num instante. Devo reiterar meu ponto de vista? Uma vez é o bastante.

No outro extremo, temos a escrita concisa demais — tão recortada que o leitor tem que decifrar o que você quis dizer. Se você digitar “fired” e apertar o botão enviar, o destinatário pode pensar: (1) Perdi meu emprego! (2) Você perdeu seu emprego! ou (3) Alguém de quem estavam falando antes perdeu o emprego! Cada uma dessas situações é diferente, e acrescentar um palavra ou duas para o bem da clareza é fundamental.

Apêndice

Identificando Mancadas Gramaticais

Quão afiados são seus olhos? Este apêndice é o equivalente gramatical à tabela do oftalmologista. Se você puder enxergá-la com visão 20/20, você perceberá 30 erros em cada um dos quatro exercícios. Claro, após você avistar os erros, sua missão é corrigi-los. Os erros podem envolver estruturas defeituosas ou escolha equivocada de palavras, além de erros na pontuação, no uso de maiúsculas e tudo mais tratado neste livro.

Identificar e corrigir erros prepara você para os testes de proficiência padronizados. Os últimos dois exercícios neste capítulo vão um pouco mais além, reproduzindo até mesmo o formato mais comum. Se você está se preparando para uma destas torturas — digo, testes — estes exercícios vão lhe ajudar. Mesmo que não esteja se preparando para o TOEFL, ENEM, vestibular ou outros desafios semelhantes, você poderá aprimorar sua gramática e seu estilo de escrever fazendo os exercícios sete e oito.

Exercício Um

Dê uma olhada neste catálogo de universidade (uma universidade que só existe na minha mente) na Figura A-1. Esta descrição de curso tem muitos erros — 30, pelas minhas contas. Sua conta pode ser um pouquinho diferente dependendo de como você agrupa suas respostas. Não se importe com os números — sua missão é encontrar e destruir os erros.

6901 World Domination (3 credits): Professor Peck, Mr. Lapham, Ms. Austin. One two-hour lecture period per week is required. Three periods of fieldwork per week is also required.

This course on world domination and dictatorship involve both lecture and that they put into practice what students will learn. A student will report to their faculty advisors once a month. Everyone must keep a journal of revolutions started, governments overthrown, and peasants' oppressed. Readings include Karl and Groucho Marx's masterful essay, "Laughing All The Way to The Throne", and Chairman Mayo's autobiography, *Hold the Bacon.* This is sure to interest students who's career plans are to be an emperor; tsar; dictator, or reality-show winner. By the time the course concludes, students have gathered all necessary information about what it takes to rule the world. We will be discussing topics like propaganda, media manipulation, and telegenic coronation clothes (including crown-jewel selection). Working in the field, spy networks will be set up, this will count as a quarter of the grade. The students's task is to outmaneuver everyone in the course by becoming the first to conquer a hostile country that is required for graduation. Exams also emphasizes real practical skills, and theoretical ideas. Students only write two papers.

Admission to this course and it's sequel (Universal Domination) are by permission of the Department of Politically Science Irregardless of age or class rank, applicants should be as motivated than the average freshman and should try and visit the departmental office for an interview.

Figura A-1: Uma descrição de curso assustadora que precisa de algum trabalho de mais de uma maneira.

Exercício Dois

Uma carta de uma editora fictícia, na Figura A-2, está repleta de erros. Experimente corrigir todos os 30.

Higgen Publishing Company

459 elm Avenue

Bronxton, VT 05599

October 31, 2010

Mr. Chester Slonton

33 Warwickville Road

Alaistair, CA 90990

Dear Mr. Slonton:

Thank you for sending us your novel, "The Lily Droops at Dawn." To read over 1,000 pages about a love affair between plants is a very unique experience. In your talented hands, both of the plants becomes characters that are well-rounded and of great interest to the reader. Before Mr. Higgen, whom you know is our founder, commits to publishing this masterpiece, I must ask for some real minor changes.

Most of the editors, including Mr. Higgen, was confused about the names. You are absolutely right in stating that each of the lovers are in the lily family, scientifically they have similar characteristics. Calling the lovers Lila and Lyle would not of been a problem if the characters were distinguished from one another in personality or habits or appearance. Unfortunately, your main characters resembles each other in petal color and height. True, one of the lilies is said to be smartest, but the reader doesnt know which.

A second problem are the love scenes. You mention in your cover letter that you can make them more lengthier. Mr. Higgen feels, and I agree, that you write vivid; nevertheless, we think you could cut them alot without losing the reader's attention. After all, once a person has read one flower proposal, he or she has essentially read them all.

Finally, the ending needs work. When the lily droops, the book ended. Are you comfortable with a tiny change. Market research shows that books with happy endings appeal to the readers, whoever he or she may be. These volumes sell good. Instead of drooping, perhaps the lily could spread it's petals and welcome the dawn. Or become a rose.

Higgen Publishing would like this novel for their fall list. I hope that you are open to the changes I had outlined in this letter. I cannot help but mention that Higgen Publishing is probably the only publisher with experience in plant romance volumes I look forward to having talked with you about the editing process.

Sincerely,

Cynthia Higgen

Figura A-2: Uma carta de uma editora com muitos erros, então você sabe que deve ser falsa.

Exercício Três

Experimente editar o artigo de jornal na Figura A-3. Você deve encontrar 30 erros, incluindo alguns no material citado. (Se você está citando alguém que cometeu um erro gramatical, você pode, geralmente, deixar o erro na citação para transmitir o estilo ou personalidade de alguém. Para o propósito deste exercício, entretanto, corrija todos os erros.)

Hold the Tights: a Former Television Star Plays Shakespeare

Silver, the actor that played a talking horse on the Emmy-winning series *Mr. Said* is now starring in the Royal Theater production of "Hamlet." The handsome blond recently agreed to discuss his approach to acting. It were never about talking, in Silvers' view. As he had munched oats and sipped delicately from a water pail, the colt explained that he learned to talk at the age of one. Him talking was not fulfilling enough, only acting met his need for recognition.

"I started by reciting monologues for whomever would listen," he said. Then one day I got a call from a Hollywood agent offering me the part of Mr. Said." Tossing his mane in the air, Silver continued, "I plays that role for nine seasons. You get typecast. Nobody want to take a chance on your dramatic ability if they can find someone else for the role." He added, "Sitting by the phone one day, it rang, and my agent told me that I had a audition." That audition resulted in him getting the part. Silver is the only horse that have ever played Hamlet, as far as he knows.

The actor has all ready began rehearsals. His costume includes a traditionally velvet coat but no tights. "Between you and I," he whispered, "the tights snag on my fur." Director Ed Walketers asked Silver to consider shaving, and he also tried several types of material for the tights. Even Silver's wife got involved in this key costuming decision. "No one tried harder than her to find tights I could wear," Silver said. Nothing was suitable for this extremely unique situation.

Silver is equally as involved with the role itself. "I relate to Hamlet's problems," he explained. "Us horses often find it hard to take action and being decisive." The role is also exhausting; Silver lays down for a quickly nap every day before having gone onstage as Hamlet.

Figura A-3: Um artigo de jornal com uma abundância de erros.

Exercício Quatro

Você não odeia manuais de computadores? Este na Figura A-4 é ainda pior que toda aquela baboseira tecnológica, pois contém 30 erros. Corrija-os!

Installing You're New Widget Wheel

To install the widget wheel, a computer should first be turned off, then follow these simple steps.

Important: If you have an A4019 or a newest model, please discard this manual. You must have sent for manual number 218B, or, in the case of a computer that previously has a widget, for manual number 330B. Being that your computer is not covered in this manual, discard it. Faulty directions have been responsible for explosions and that software crashed.

1. Unpack the widget wheel which looks like a sharks tooth.
2. Unpack the two disk poles. Grasp the disk pole that is more circular. Lining up the teeth with the teeth on the widget. *Note:* Teeth should be brushed alot with a WidgetBrush. see the enclosed order form for more information.
3. After the teeth are tight clenched, a person should insert the widget disk into slot C. However, if the widget disk has a blue strip, in which case it should be inserted into slot D. Don't mix up the slots as the computer will catch fire. Neither of these slots are open when the computer is standing upright. Sit the computer on its side before beginning this step.
4. Turn on the computer. If the screen is blank call the service specialist at 914-555-5039. If the screen blinks rapid from red to green (or from blue to yellow in model 2W4T), run further from the screen. This means the widget was installed improper, the computer is altogether unusable.
5. You are almost ready to enjoy your new widget!! Place a hand on the mouse that is not wearing any rings, including wedding rings. Depending upon the model number, either press firmly or softly. Some widgets can work good no matter what the pressure.

Figura A-4: O maior causador de dores de cabeça do mundo: um manual de computador mal escrito.

Exercício Cinco

Um memorando para o chefe deve ser impecável. O que aparece na Figura A-5 sobre um projeto de construção fictício, está longe de ser o ideal. Melhore as chances deste empregado receber uma promoção — ou, pelo menos, não ser demitido — corrigindo os 30 erros.

"Memorandum"

To: Eliot Simpson

From: Nina Winter

Date: september 23, 2020

Re: Bid for Hacker' Wallpaper Factory

This morning Jenna Pamek and myself met with Oscar Hacker, President of Hacker Wallpaper. We presented our bid to renovate his wallpaper factory, that has been located on the corner of 71st Street and Alexander Avenue. The two of us, who Mr. Hacker will have praised for our work on the paste factory, set down to try and go over the financial aspects of the project. Although mathematics were hard for me when I took it in college, I explained the numbers real well. When I had left, I was convinced that Mr. Hacker would give the job to this fine company of ours'.

No matter what Jenna will have said, everyone were satisfied with their gift basket. It is totally a lie and not true at all that one of the gift baskets were filled with money. Mr. Hacker objects to me bribing him. Jenna was just upset; because she had to listen to Mr. Hacker explain that a square had four sides, and the "square" in our design has five. "You should of studied geometry"! Mr. Hacker exclaimed.

Jenna, whom everyone thinks is close friends with Mrs. Hacker, was very wrong when she said that I stapled her hair to the table. Pulling out the staple, the table was damaged and that it will need repairs. Either Mr. Hacker or his assistants is willing to testify that I never touched the stapler. Mr. Hacker awarded the contract to our competitor because our bid was too high and for no other reason.

Figura A-5: Um memorando de um empregado para seu supervisor. Tanto o memorando quanto o empregado têm muitos problemas!

Exercício Seis

Aqui está um conjunto de slides para uma apresentação de PowerPoint especialmente ruim. Faça algumas alterações (30, para ser mais exata) na Figura A-6 para que essa apresentação se enquadre nas regras gramaticais.

Slide #1

Marketing potential for Pierced-Elbow Rings

The target buyer is:

- 21–92 years old
- has two piercings already in other body parts
- Concerned about their appearance and what they look like

Slide #2

Specifications of Pierced-Elbow Rings

- they dont pinch the elbow's skin
- Manufacturing cost are minimal.
- Karen Oleson the designer specifies allergy free metal.
- Some of the rings is made of plastic.

Slide #3

Themes And Holiday Promotions include the following

- greased rings for Labor day in honor of the "elbow grease" a person uses when you are working
- back to school rings that looks like rings in binders
- Telephone rings with alot of ring tones (purchasing separately)
- engagement rings decorated with wedding bells laying over clasped hands

Slide #4

Marketing challenges will have been

- Long sleeved shirts cover the rings.
- When catching on cloth, antiseptic that kills germs must be applied.
- You only have two elbows, and we can't hardly sell more than two rings per person.

Figura A-6: Slides de apresentação com muitos erros.

Exercício Sete

Se você é um estudante do ensino médio, mais cedo ou mais tarde vai se deparar com textos em inglês, para avaliar suas habilidades gramaticais. Se seus dias de estudante já são passado, mas você ainda pretende fazer testes de proficiência, como o TOEFL, ou de admissão em cursos de pós-graduação ainda vai precisar afiar suas habilidades de revisão com este exercício, que se parece com os que você encontra nestes testes padronizados (talvez, com uma pitada a mais de humor).

Orientações: Depois do texto deste aluno, há seis questões. Escolha a melhor resposta.

[1] Being a teenager, a large part of my life takes place at school. [2] I love most of the academic experience. [3] But one aspect of school is frowned upon by me: tests. [4] Every year the school board, college admissions offices, and my personal teachers give more and more tests. [5] Sometimes I spend more time explaining what I know than I do having relaxed in the cafeteria.

[6] Last year the arts curriculum included a unit on technology. [7] Acquiring knowledge and relaxing with friends should be the primary reason for school. [8] I createda great movie script, cast the roles, and built the sets. [9] I only filmed one scene. [10] Why? [11] I was spending the days filling in little bubbles with a pencil. [12] When I offered my movie as an alternative to boring exams, the school board said no.

[13] Students should be able to skip their tests if they have another way to show how much they have learned. [14] The student will be happier, and the alternative assessment will be more valuable (Hollywood pays a lot) and exams create stress.

181. Qual das seguintes sentenças é a melhor correção para a Sentença 1?

(A) Nenhuma alteração.

(B) Being a teenager, most of my life happens at school.

(C) Being a teenager, I spend a large part of my life at school.

(D) Because of being a teenager, a large part of my life begins at school.

(E) A large portion of every teenager's life takes place at school.

182. Como as Sentenças 2 e 3 podem ser combinadas de modo mais eficaz?

(A) Nenhuma alteração.

(B) I love most of the academic experience, but tests are frowned upon by me.

(C) I love most of the academic experience; one aspect, tests, is really frowned upon by me.

(D) Accept for tests, I love most of the academic experience.

(E) I love most of the academic experience, but I frown upon tests.

183. Como a Sentença 5 deve ser corrigida?

(A) Nenhuma alteração.

(B) Sometimes I spend more time explaining what I know, than I do having relaxed in the cafeteria.

(C) Sometimes I spend more time explaining what I know than relaxing in the cafeteria.

(D) Sometimes I spend more time having explained what I know than I do having relaxed in the cafeteria.

(E) Sometimes I spend more time explaining what I know than I relax in the cafeteria.

184. A Sentença 7 deveria:

(A) Permanecer onde está.

(B) Ser colocada entre as Sentenças 3 e 4.

(C) Ser excluída.

(D) Ser colocada no final do segundo parágrafo.

(E) Ser colocada no final do terceiro parágrafo.

185. Qual das seguintes sentenças é a melhor correção para a Sentença 9?

(A) Nenhuma alteração.

(B) I filmed only one scene.

(C) Only I filmed one scene.

(D) I did film only one scene.

(E) I had only filmed one scene.

186. Para melhorar este texto, o que deveria ser feito com o terceiro parágrafo (Sentenças 13 e 14)?

(A) Nenhuma alteração.

(B) Excluir a Sentença 14.

(C) Inverter a ordem, para que a Sentença 13 fique depois da Sentença 14.

(D) Adicionar mais um exemplo de um teste inútil.

(E) Declarar que este texto representa a opinião do autor.

Exercício Oito

Se você planeja fazer um teste em breve — ou mesmo que não planeje —, você pode aprimorar suas habilidades de escrita com este exercício, elaborado no mesmo formato normalmente usado em testes padronizados. Leia o texto e responda as questões a seguir. Observação: Este texto é um pouco bobo em termos de assunto, mas as questões são muito sérias, assim como as do ENEM, TOEFL e outros.

Orientações: Depois do texto deste aluno, há seis questões. Escolha a melhor resposta.

[1] A wise man once said that, "You may as well be yourself because being someone else requires too much makeup." [2] Being yourself isn't as easy as you may think. [3] First, you have to figure out who you are. [4] And who you are is defined in many ways. [5] Your family gives you one definition. [6] The society in which you live in this current time also gives you a definition. [7] Really important are the choices you make because your experiences affect who you are.

[8] Once, when I was beginning a new school, I walked into the cafeteria of that school where I would be studying. [9] People were all over, and no one knew or cared who I was. [10] No one, except for the kid who threw his mashed potatoes at me, even saw me. [11] After I retaliated by slipping a slice of pizza into his backpack, I sat down to think. [12] Who would I be in my new school — a nerd, a jock, an activist? [13] I decided to devote all my energy to student government and nominated myself for office the very next day. [14] I gave free pizza to everyone who promised voting for me. [15] Society gave me a chance to prove myself by giving me a new school, even though I had burned down the old one. [16] My choices have led me to my true self. [17] Today I can proudly say that I am a successful politician and the owner of 2,592 pizzerias.

187. Qual das seguintes sentenças, se houver, é a melhor correção para as Sentenças 1 e 2?

(A) Nenhuma alteração.

(B) Omitir "that" da Sentença 1.

(C) Colocar a Sentença 2 antes da Sentença 1.

(D) Excluir a Sentença 2.

(E) Adicionar "irregardless" na Sentença 2.

188. No contexto do texto, qual sentença, se houver, seria um bom acréscimo ao primeiro parágrafo?

(A) Nenhuma alteração.

(B) Self-definition is a lifelong task.

(C) No one really understands his or her own identity.

(D) Identity is a private matter.

(E) Your identity is set at birth.

189. Qual a melhor correção, se houver, para a Sentença 6?

(A) Nenhuma alteração.

(B) Your society in this current time also gives you a definition.

(C) The society, in which you live in this current time, also gives you a definition.

(D) The society in which you live also defines you.

(E) Society, in this current time, also defines you. Sometimes I spend more time explaining what I know, than I do having relaxed in the cafeteria.

190. Para melhorar a Sentença 8, o que o autor deveria fazer?

(A) Nenhuma alteração.

(B) Terminar a sentença depois de "cafeteria".

(C) Excluir as palavras entre as vírgulas.

(D) Trocar "was beginning" por "had begun".

(E) Trocar "would be studying" para "will study".

191. Qual a melhor correção, se houver, na Sentença 14?

(A) Nenhuma alteração.

(B) I gave free pizza to everyone who promised they would vote for me.

(C) I gave free pizza to whoever promised their votes to me.

(D) I gave free pizza to everyone who promised to vote for me.

(E) Giving free pizza, everyone promised to vote for me.

192. Que alteração, se houver, você faria neste texto?

(A) Nenhuma alteração.

(B) Mencionar políticos e pizza no primeiro parágrafo.

(C) Inserir mais exemplos de escolhas no primeiro parágrafo.

(D) Excluir o primeiro parágrafo.

(E) Colocar as Sentenças 16 e 17 em um parágrafo de conclusão, que expanda as ideias que elas contêm.

Respostas para o Exercício Um

Na figura seguinte, os erros da descrição de curso original estão em negrito e riscados, com uma possível correção após cada erro, bem como uma adição ocasional de uma palavra ou pontuação faltante. Todas as correções estão em negrito e sublinhadas. Verifique a explicação correspondente numerada que segue a descrição de curso revisada.

6901 World Domination (3 credits): Professor Peck, Mr. Lapham, Ms. Austin. One two-hour lecture period
per week is required. Three periods of fieldwork per week ~~is~~ **are** also required. 1

2 This course on world domination and dictatorship ~~involve~~ **involves** both lecture and ~~that they put into~~
3 ~~practice~~ **practical application of** what students ~~will~~ **learn**. 4
5 ~~A student~~ **Students** will report to their faculty advisors once a month. Everyone must keep a journal of
revolutions started, governments overthrown, and peasants~~'~~ oppressed. Readings include Karl and 6
7 Groucho Marx's masterful essay, "Laughing All ~~T~~the Way to ~~T~~the Throne~~"~~,", and Chairman Mayo's 8
9 autobiography, *Hold the Bacon*. This **reading list** is sure to interest students ~~who's~~ **whose** career plans 10
11 are to be an emperor~~;~~, tsar~~;~~, dictator~~;~~, or reality-show winner. By the time the course concludes, students
12 **will have** gathered all necessary information about what it takes to rule the world. We will be discussing
13 topics ~~like~~ **such as** propaganda, media manipulation, and telegenic coronation clothes (including
crown-jewel selection). Working in the field, ~~spy networks will be set up~~ **students will set up spy** 14
15 **networks**~~,~~**;** ~~this~~ **fieldwork** will count as a quarter of the grade. The ~~students's~~ **students'** task 17
16 **that is required for graduation** is to outmaneuver everyone **else** in the course by becoming the first to 18
19 conquer a hostile country ~~that is required for graduation~~. Exams also ~~emphasizes~~ **emphasize** ~~real~~ **really** 20
22 practical skills~~,~~ and theoretical ideas. Students ~~only~~ write **only** two papers. 21 23

24 25 Admission to this course and ~~it's~~ its sequel (Universal Domination) ~~are~~ **is** by permission of the Department of
26 ~~Politically~~ **Political** Science. ~~Irregardless~~ **Regardless** of age or class rank, applicants should be as 28
27 motivated ~~than~~ **as** the average freshman and should try ~~and~~ **to** visit the departmental office for an 30
interview. 29

1 O sujeito é *three periods*, um plural, então o verbo (*are*) deve estar também no plural.

2 O sujeito *course* é singular, então o verbo (*involves*) também deve ser singular.

3 Para manter a oração paralela, o substantivo *lecture* deve concordar com outro substantivo, não um par sujeito/verbo.

4 *Pratical application* é simultânea ao aprendizado, então o tempo futuro não é o que você quer. Vá com o presente (*learn*).

5 O parágrafo refere-se aos *students* (plural), então a mudança em determinado ponto para o singular é inapropriada. Adicionalmente, *a student* nunca deve concordar com *their*, pois singulares e plurais não concordam.

6 A oração original inclui o possessivo *peasants'* por nenhum motivo válido. A forma possessiva deve estar concordada com um substantivo, porém aqui ela precede uma forma verbal (*oppressed*).

7 Em títulos, artigos (como o *the* neste título) não devem ter inicial maiúscula.

8 Quando uma vírgula vem após um material citado, a vírgula é colocada próxima à aspa de fechamento.

9 Na oração original, o pronome *this* é vago. Insira a expressão de esclarecimento, *reading list*.

10 A contração *who's* significa "who is", mas a oração pede o possessivo *whose*.

11 Os itens de uma série são separados por ponto e vírgula apenas quando um ou mais item contiver uma vírgula. Nesta série, nenhum item tem vírgula, então ponto e vírgula não são necessários.

12 Um prazo futuro (*by the time the course concludes*) pede o tempo futuro perfeito (*will have gathered*).

13 *Like* exclui os itens listados e refere-se a itens que sejam similares. Nesta oração, os itens listados são exemplos e devem estar precedidos por *such as*.

14 A oração original contém um pendente, *working in the field*. Um elemento introdutório contendo uma forma verbal deve se referir ao sujeito, e *spy networks* não está *working in the field*. Reescreva a oração de modo que sejam os *students* que estejam *working in the field*.

15 Duas frases completas não podem ser unidas por vírgula. Substitua por um ponto e vírgula ou faça duas frases.

16 O pronome *this* é muito vago sozinho. Substitua por um substantivo (*fieldwork*) para esclarecer o significado.

17 Para criar uma forma possessiva para um plural terminado na letra *s*, simplesmente adicione um apóstrofo, não um *s* adicional.

18 Os estudantes estão *in the course*, então devem ser comparados com *everyone else*.

19 No original, a descrição mal colocada parece dizer que *a country* é uma exigência para a graduação, não *task*. As descrições devem estar próximas à palavra que elas descrevem.

20 O sujeito plural, *exams*, exige um verbo plural, *emphasize*.

21 A descrição *pratical* deve ser intensificada por um advérbio (*really*), não por um adjetivo (*real*).

22 Se você une duas frases completas com a palavra *and*, uma vírgula precede *and*. Se você une duas qualquer coisa (nesta oração, dois substantivos — *skills* e *ideas*), nenhuma vírgula precede o *and*.

23 A palavra descritiva, *only*, deve preceder a palavra sendo comparada — neste caso, *only two* em comparação à *three* ou *four*, ou seja lá o que o professor designe.

24 Pronomes possessivos não têm apóstrofos.

25 *Admission* é singular e recebe um verbo singular, *is*.

26 O adjetivo *Political* descreve o substantivo *Science*. *Politically* é um advérbio e pode descrever apenas verbos (*speaking politically*) ou outras descrições (*politically inexperienced*).

27 Uma declaração deve terminar com ponto, que está faltando no original.

28 *Irregardless* não é inglês padrão. Substitua por *regardless*.

29 *As e than não devem estar na mesma comparação.* Uma comparação *as* é para itens iguais e uma comparação *than* para itens desiguais.

30 *Try and* implica duas ações, mas a oração refere-se a uma que deve ser tentada. A expressão apropriada é *try to*.

Respostas para o Exercício Dois

Na figura seguinte, os erros da carta original estão em negrito e riscados, com uma correção possível para cada um, bem como uma ocasional adição de uma palavra ou pontuação ausente. Todas as correções estão em negrito e sublinhadas. Verifique a explicação numerada correspondente após a carta revisada.

Higgen Publishing Company

31 459 ~~elm~~ **Elm** Avenue

Bronxton, VT 05599

October 31, 2010

Mr. Chester Slonton

33 Warwickville Road

Alaistair, CA 90990

Dear Mr. Slonton:

Thank you for sending us your novel, ~~"The Lily Droops at Dawn."~~ ***The Lily Droops at Dawn.*** To read 32
33 ~~over~~ **more than** 1,000 pages about a love affair between plants is a ~~very~~ unique experience. In your 34
talented hands, both of the plants ~~becomes~~ **become** characters that are well-rounded and ~~of great~~ 35
36 ~~interest~~ **interesting** to the reader. Before Mr. Higgen, ~~whom~~ **who** you know is our founder, commits to 37
38 publishing this masterpiece, I must ask for some ~~real~~ **really** minor changes.

39 Most of the editors, including Mr. Higgen, ~~was~~ **were** confused about the names. You are absolutely right
40 in stating that each of the lovers ~~are~~ **is** in the lily family~~,~~**;** scientifically they have similar characteristics. 41
42 Calling the lovers Lila and Lyle would not ~~of~~ **have** been a problem if the characters were distinguished
from one another in personality or habits or appearance. Unfortunately, your main characters ~~resembles~~
43 **resemble** each other in petal color and height. True, one of the lilies is said to be ~~smartest~~ **smarter**, but the 44
45 reader doesn**'**t know which.

46 A second problem ~~are~~ **is** the love scenes. You mention in your cover letter that you can make them ~~more~~ 47
48 lengthier. Mr. Higgen feels, and I agree, that you write ~~vivid~~ **vividly**; nevertheless, we think you could cut
49 them ~~alot~~ **a lot** without losing the reader's attention. After all, once a person has read one flower proposal,
he or she has essentially read them all.

Finally, the ending needs work. When the lily droops, the book ~~ended~~ **ends**. Are you comfortable with a 50
51 tiny change~~,~~**?** Market research shows that books with happy endings appeal to the readers, whoever
52 ~~he or she~~ **they** may be. These volumes sell ~~good~~ **well**. Instead of drooping, perhaps the lily could spread 53
54 it~~'~~s petals and welcome the ~~dawn. Or~~ **dawn or** become a rose. 55

56 Higgen Publishing would like this novel for ~~their~~ **its** fall list. I hope that you are open to the changes I
57 ~~had~~ outlined in this letter. I cannot help ~~but mention~~ **mentioning** that Higgen Publishing is probably the 58
59 only publisher with experience in plant romance volumes**.** I look forward to ~~having talked~~ **talking** with you 60
about the editing process.

Sincerely,

Cynthia Higgen

31 Nomes próprios recebem iniciais maiúsculas.

32 O título de um trabalho completo (neste caso, um romance) é escrito em itálico ou sublinhado, não entre aspas duplas.

33 *Over* precede uma palavra singular e *more than* precede um plural.

34 *Unique* é um absoluto, então não existe graduação (*very unique*, *a little unique* e assim por diante).

35 *Both* é plural e deve concordar com um verbo plural, *become*.

36 A oração original não está paralela porque ela concorda a descrição simples *well rounded* com a frase *of great interest*. A correção muda a frase para uma descrição simples, *interesting*.

37 O pronome *who* é necessário para agir como sujeito para o verbo *is*.

38 *Real* é um adjetivo e apropriado para descrições de pessoas, lugares, coisas ou ideias. O advérbio *really* intensifica a descrição *minor*.

39 *Most of the editors* é um sujeito plural e exige um verbo plural, *were*.

40 *Each of the lovers* é um sujeito singular e exige um verbo singular, *is*.

41 Uma vírgula não pode unir duas frases completas. Utilize um ponto e vírgula no lugar.

42 *Would of* não existe no inglês padrão. A expressão apropriada é *would have*, aqui alterada para a forma negativa *would not have*.

43 O sujeito plural *characters* precisa do verbo plural *resemble*.

44 *Smartest* é para o extremo de grupos de três ou mais. Sendo que apenas dois lírios são comparados, *smarter* é correto.

45 A contração *doesn't* contém um apóstrofo.

46 O sujeito singular *problem* recebe o verbo singular *is*.

47 Comparações duplas não são corretas. Utilize *lengthier* ou *more lengthy*.

48 O verbo *write* pode ser descrito pelo advérbio *vividly*, porém não pelo adjetivo *vivid*.

49 A expressão *a lot* é sempre escrita em duas palavras.

50 O verbo de tempo presente *ends* funciona melhor com o resto da oração, que contém o verbo de tempo presente *droops*.

51 Esta oração, uma pergunta, pede um ponto de interrogação em vez de um ponto final.

52 O pronome plural *they* refere-se à *readers*.

53 *Good* é um adjetivo, mas a oração pede pelo advérbio *well* para descrever o verbo *sell*.

54 Um pronome possessivo, como em *its*, nunca inclui um apóstrofo.

55 A expressão *or become a rose* é um fragmento e não pode funcionar como uma oração separada.

56 Uma empresa é singular, então o pronome que concorda é *its*.

57 O verbo auxiliar *had* é utilizado apenas para colocar uma ação no passado antes de outra ação no passado.

58 *Cannot help but mention* é uma dupla negativa.

59 Toda oração precisa de pontuação final. Esta declaração pede um ponto.

60 *Having talked* insinua um prazo e esta oração não aceita este significado.

Respostas para o Exercício Três

Na figura seguinte, os erros do artigo original estão em negrito e riscados, com uma correção possível para cada um, bem como uma ocasional adição de uma palavra ou pontuação ausente. Todas as correções estão em negrito e sublinhadas. Verifique a explicação numerada correspondente após o artigo revisado.

61 Hold the Tights: ~~a~~ **A** Former Television Star Plays Shakespeare

Silver, the actor that played a talking horse on the Emmy-winning series *Mr. Said*, is now starring in the 62
63 Royal Theater production of ~~"Hamlet."~~ ***Hamlet.*** The handsome blond recently agreed to discuss his
64 approach to acting. It ~~were~~ **was** never about talking, in ~~Silvers'~~ **Silver's** view. As he ~~had~~ munched oats 65
and sipped delicately from a water pail, the colt explained that he learned to talk at the age of one. ~~Him~~ 66
67 **His** talking was not fulfilling enough~~,~~**;** only acting met his need for recognition. 68

69 "I started by reciting monologues for ~~whomever~~ **whoever** would listen," he said. ¶Then one day I got a 70
call from a Hollywood agent offering me the part of Mr. Said." Tossing his mane in the air, Silver continued,
71 "I ~~plays~~ **played** that role for nine seasons. You get typecast. Nobody ~~want~~ **wants** to take a chance on your 72
73 dramatic ability if ~~they~~ **he or she** can find someone else for the role." He added, "Sitting by the phone one
74 day, ~~it rang~~ **I heard the phone ring,** and my agent told me that I had ~~a~~ **an** audition." That audition resulted 75
76 in ~~him~~ **his** getting the part. Silver is the only horse that ~~have~~ **has** ever played Hamlet, as far as he knows. 77

78 The actor has ~~all ready~~ **already** ~~began~~ **begun** rehearsals. His costume includes a ~~traditionally~~ **traditional** 80
79 velvet coat but no tights. "Between you and ~~I~~ **me**," he whispered, "the tights snag on my fur." Director Ed 81
82 Walketers asked Silver to consider shaving, and ~~he~~ **Silver** also tried several types of material for the
tights. Even Silver's wife got involved in this key costuming decision. "No one tried harder than ~~her~~ **she** to 83
find tights I could wear," Silver said. Nothing was suitable for this ~~extremely~~ **unique** situation. 84

85 Silver is equally ~~as~~ involved with the role itself. "I relate to Hamlet's problems," he explained. "~~Us~~ **We** 86
87 horses often find it hard to take action and ~~being~~ **to be** decisive." The role is also exhausting; Silver
88 ~~lays~~ **lies** down for a ~~quickly~~ **quick** nap every day before ~~having gone~~ **going** onstage as Hamlet. 90
89

61 A primeira palavra de um título e do subtítulo deve estar sempre com inicial maiúscula.

62 *Silver* identifica o cavalo sendo discutido. A oração original tinha uma vírgula no início da longa expressão descritiva (*the actor who played a talking horse on the Emmy-winning series* Mr. Said), mas nenhuma no final. A segunda vírgula é necessária porque a informação fornecida não é essencial para o significado da oração. Ela deve estar destacada do restante da oração por um par de vírgulas.

63 O título de um trabalho completo (neste caso, uma peça) deve estar em itálico ou sublinhado.

64 O singular *it* concorda com o verbo singular *was*.

65 Um possessivo singular é formado pela adição de um apóstrofo e a letra *s*.

66 O verbo auxiliar *had* coloca uma ação do passado antes de outra ação no passado, mas nesta oração, as ações acontecem ao mesmo tempo. Remova o *had*.

67 O pronome possessivo *his* deve preceder a forma *–ing* de um verbo que está sendo utilizado como substantivo (nesta oração, *talking*).

68 Duas frases completas não devem estar unidas por uma vírgula. Utilize um ponto e vírgula no lugar.

69 O pronome sujeito *whoever* é necessário como sujeito do verbo *would listen*. A preposição *for* pode ter confundido você, pois normalmente é um objeto que acompanha uma preposição. Entretanto, nesta oração, a expressão inteira (*whoever would listen*) é o objeto da preposição, não apenas o pronome.

70 Aspas duplas devem estar no início e no fim da citação.

71 O verbo no tempo pretérito concorda com o significado da oração.

72 O pronome *nobody* é singular e exige um verbo singular, *wants*.

73 Apenas pronomes singulares (nesta oração, *he or she*) podem se referir ao pronome singular *nobody*.

74 Na oração original, *it* (o telefone) está sentado ao telefone — ilógico! Reescreva de modo que seja o orador que esteja sentado ao telefone. Outra correção possível: adicione um par sujeito/verbo no início da oração, de modo que ela leia *When I was sitting by the phone*.

75 O artigo *an* precede sons de vogais, como o *au* em *audition*.

76 O pronome possessivo *his* deve preceder a forma *–ing* de um verbo que esteja sendo utilizado como um substantivo (nesta oração, *getting*).

77 Sendo que *only one horse* é o significado do pronome *that*, o verbo que faz par com *that* é singular. *Has* é singular e *have* é plural.

78 A palavra única *already* significa "antes deste momento", o significado necessário na oração.

79 *Begun* é a forma conjugada de *to begin* e aqui está concordando com *has*.

80 O adjetivo *traditional* descreve o substantivo *coat*.

81 *Between* é uma preposição e por isso recebe um objeto. O pronome *me* é um objeto.

82 Dois masculinos aparecem na oração (*Silver* e *Ed*), então o pronome *he* não é claro. Substitua por um substantivo.

83 A palavra ausente no original é *did*, como em *than she did*. *Her* é inapropriado como sujeito do verbo implícito *did*.

84 *Unique* é um absoluto e não pode ser comparado, então *extremely* deve ser apagado.

85 A comparação *equally* não deve estar seguida por *as*.

86 *We* é o pronome sujeito necessário aqui. *Us* é para pronomes objetos.

87 Para manter a oração paralela, *to be* deve concordar com *to take action*. Outra alternativa é alterar *to take action* para *acting*.

88 *To lay* é "colocar alguma outra coisa em algum lugar". *To lie* é "descansar ou reclinar-se", o significado aqui.

89 O substantivo *nap* deve ser descrito por um adjetivo (*quick*), não um advérbio (*quickly*).

90 A sentença está no presente, e duas ações são mencionadas — *lies* e *having gone*. Vê a falta de concordância? Mude *having gone* para *going* e você permanece no presente, o melhor tempo para ações habituais.

Respostas para o Exercício Quatro

Na figura seguinte, os erros do manual original estão em negrito e riscados, com uma correção possível para cada um, bem como uma ocasional adição de uma palavra ou pontuação ausente. Todas as correções estão em negrito e sublinhadas. Verifique a explicação numerada correspondente após o manual revisado.

91 Installing **~~You're~~** **Your** New Widget Wheel

92 To install the widget wheel, **~~a computer should first be turned off~~** **first turn the computer off, and** then 93
follow these simple steps.

94 *Important:* If you have an A4019 or a **~~newest~~** **newer** model, please discard this manual. You must **~~have sent~~**
95 **send** for manual number 218B, or, in the case of a computer that previously **~~has~~** **had** a widget, for manual 96
97 number 330B. **~~Being that~~** **Because** your computer is not covered in this manual, discard **~~it~~** **the manual**. 98
Faulty directions have been responsible for explosions and **~~that software crashed~~** **software crashes**. 99

100 1. Unpack the widget wheel**,** which looks like a shark**'**s tooth. 101

102 2. Unpack the two disk poles. Grasp the disk pole that is more **nearly** circular. **~~Lining~~** **Line** up the teeth with 103
104 the teeth on the widget. *Note:* Teeth should be brushed **~~alot~~** **a lot** with a WidgetBrush. **~~s~~See** the 105
enclosed order form for more information.

106 3. After the teeth are **~~tight~~** **tightly** clenched, **~~a person should~~** insert the widget disk into slot C. However, if 107
the widget disk has a blue strip, **~~in which case it should be inserted into slot D~~** **insert the widget into** 108
slot D. Don't mix up the slots as the computer will catch fire. Neither of these slots **~~are~~** **is** open when 109
110 the computer is standing upright. **~~Sit~~** **Set** the computer on its side before beginning this step.

111 4. Turn on the computer. If the screen is blank**,** call the service specialist at 914-555-5039. If the screen
112 blinks **~~rapid~~** **rapidly** from red to green (or from blue to yellow in model 2W4T), run **~~further~~** **farther** from 113
114 the screen. **~~This~~** **Blinking** means the widget was installed **~~improper~~** **improperly**~~,~~**;** the computer is 115
altogether unusable. 116

117 5. You are almost ready to enjoy your new widget~~.~~**!** Place a hand **that is not wearing any rings, including** 118
wedding rings, on the mouse **~~that is not wearing any rings, including wedding rings~~**. Depending upon
119 the model number, **~~either~~** press **either** firmly or softly. Some widgets can work **~~good~~** **well** no matter 120
what the pressure.

91 A contração *you're* significa "you are". Nesta oração, você quer o pronome possessivo *your*.

92 Uma forma verbal introdutória (*To install the widget wheel*) deve se referir ao sujeito, mas o sujeito na oração original é *a computer*. Reescreva a oração de modo que o sujeito seja a pessoa que está instalando — o oculto *you*.

93 O advérbio *then* não é capaz de unir duas frases completas sozinho. Apague a vírgula e insira *and*.

94 A comparação *–est* destaca um extremo de um grupo de três ou mais. Nesta oração, você está falando sobre a comparação de apenas duas coisas — modelo A4019 e o grupo de tudo que é *newer* (o grupo conta como uma coisa, pois os itens do grupo não estão sendo discutidos individualmente).

95 O verbo *send* está no tempo presente e dirige-se ao que o instalador precisa fazer agora, não ao que o instalador deve ter feito anteriormente. O tempo presente perfeito (*have sent*) insinua uma conexão com o passado.

96 A palavra *previously* lhe dá a dica do fato de que você está falando sobre o tempo pretérito, então *had* funciona melhor que *has*.

97 A expressão *being that* não é padrão; utilize *because* no lugar.

98 O pronome *it* deve ter um significado claro, mas a oração original fornece duas alternativas possíveis, *computer* e *manual*. A correção esclarece o significado de *it*.

99 Dois termos conectados por *and* precisam de identidade gramatical similar para manter a oração paralela. A oração original combina um substantivo (*explosion*) com uma cláusula (*that software crashed*). A correção combina dois substantivos, *explosions* e *crashes*.

100 Uma descrição começando com *which* normalmente é destacada da palavra que descreve, por uma vírgula.

101 O dente pertence ao tubarão, então você precisa do possessivo *shark's*.

102 *Circular* é um absoluto. Pode ser aproximado, mas não comparado. O disco pode ser *circular* ou *more nearly circular*.

103 A oração original é um fragmento; não tem um raciocínio completo. A correção tem um sujeito (o *you* compreendido), um verbo (*line*) e um raciocínio completo.

104 *A expressão a lot* é sempre escrita em duas palavras.

105 Uma oração sempre começa com inicial maiúscula.

106 *Tightly* é um advérbio, necessário para descrever o verbo *clenched*.

107 *A person* é uma expressão nova nesta parte, que está sendo direcionada para *you* diretamente ou por implicação. Para manter a consistência, mude *a person* para *you*.

108 O original é um fragmento, não uma oração completa. A versão reescrita tem um pensamento completo.

109 O pronome *neither* é singular e recebe o verbo singular *is*.

110 *Sit* é o que o sujeito faz dobrando os seus joelhos e caindo na cadeira. *Set* significa que você está colocando alguma outra coisa em alguma posição.

111 Uma expressão introdutória com um verbo, geralmente, é destacada por uma vírgula realçando a ideia principal da oração. Insira uma vírgula após *blank*.

112 O advérbio *rapidly* é necessário para descrever a ação *blink*.

113 *Farther* é para distância, e *further* para tempo ou intensidade. Aqui você precisa da palavra para distância.

114 O pronome *this* é muito vago. Vá com o termo específico, *blinking*.

115 O advérbio *improperly* é necessário para descrever a ação *installed*.

116 *Uma vírgula não é forte o bastante para ligar duas sentenças completas. Remova a vírgula e insira um ponto e vírgula.*

117 Não duplique as pontuações finais. Uma por oração é suficiente.

118 A descrição está no lugar errado na oração original. Coloque-a após *hands*, a palavra que está sendo descrita.

119 O duo *either/or* deve conectar palavras ou expressões com a mesma identidade gramatical. Na oração original, um par de verbos descritivos está ligado a uma descrição. Mova *either* para que as duas descrições fiquem conectadas.

120 O advérbio *well* é necessário para descrever o verbo *can work*.

Respostas para o Exercício Cinco

Na figura seguinte, os erros do manual original estão em negrito e riscados, com uma correção possível para cada um, bem como uma ocasional adição de uma palavra ou pontuação ausente. Todas as correções estão em negrito e sublinhadas. Verifique a explicação numerada correspondente após o memorando revisado.

121 **"**Memorandum**"**

To: Eliot Simpson

From: Nina Winter

122 Date: ~~september~~ **September** 23, 2020

123 Re: Bid for ~~Hacker'~~ **Hacker's** Wallpaper Factory

124 This morning Jenna Pamek and ~~myself~~ **I** met with Oscar Hacker, President of
Hacker Wallpaper. We presented our bid to renovate his wallpaper factory, ~~that~~
125 **which** ~~has been~~ **is** located on the corner of 71st Street and Alexander Avenue. 126
127 The two of us, ~~who~~ **whom** Mr. Hacker ~~will have~~ praised for our work on the 128
129 paste factory, ~~set~~ **sat** down to try ~~and~~ **to** go over the financial aspects of the 130
131 project. Although mathematics ~~were~~ **was** hard for me when I took it in college, I
132 explained the numbers ~~real~~ **really** well. When I ~~had~~ left, I was convinced that Mr. 133
Hacker would give the job to this fine company of **ours**~~!~~. 134

135 No matter what Jenna ~~will have~~ said, everyone ~~were~~ **was** satisfied with ~~their~~ 136
137 **his or her** gift basket. ~~It is totally a lie and not true at all~~ **It is untrue** that one of 138
139 the gift baskets ~~were~~ **was** filled with money. Mr. Hacker objects to ~~me~~ **my** bribing 140
141 him. Jenna was just upset~~;~~ because she had to listen to Mr. Hacker explain that a
142 square ~~had~~ **has** four sides, and the "square" in our design has five. "You should
143 ~~of~~ **have** studied geometry~~"!~~ **!"** Mr. Hacker exclaimed. 144

145 Jenna, ~~whom~~ **who** everyone thinks is close friends with Mrs. Hacker, was ~~very~~ 146
wrong when she said that I stapled ~~her~~ **Mrs. Hacker's [or Jenna's]** hair to the 147
table. Pulling out the staple, ~~the table was damaged~~ **I damaged the table** 148
149 ~~and that~~ **, and** it will need repairs. Either Mr. Hacker or his assistants ~~is~~ **are** 150
willing to testify that I never touched the stapler. Mr. Hacker awarded the
contract to our competitor because our bid was too high and for no other reason.

121 Um título centralizado não deve ser colocado entre aspas duplas.

122 Os nomes dos meses devem iniciar com maiúsculas.

123 Um apóstrofo aparece no final de uma palavra apenas quando a palavra for plural terminada com a letra *s* ou um nome no singular (como o meu, Woods).

124 O pronome *myself* é usado apenas para dar ênfase ou explicar a ação que recai sobre o próprio sujeito.

125 Depois de uma vírgula, o pronome *which* normalmente introduz uma descrição contendo um par sujeito/verbo (em outras palavras, uma cláusula ou oração). O pronome *that* geralmente começa uma descrição que não é iniciada por vírgula.

126 O verbo no presente perfeito, *has been*, liga uma ação no passado a uma ação no presente. Nesta sentença, não há lapso de tempo indicado, então o presente simples é o melhor.

127 *Who* é para sujeitos e *whom* para objetos. Nesta sentença, *Mr. Hacker* é o sujeito; *whom* é o objeto.

128 O verbo no futuro perfeito (*will have praised*) sugere um prazo, mas a sentença não traz qualquer prazo. A ação está no passado, o qual deve ser expresso pelo verbo no pretérito, *praised*.

129 *To set* é colocar algo em algum lugar. Aqui você precisa de *sat*, que é o pretérito do verbo *to sit* (sentar).

130 *Try and* expressa duas ações separadas, mas o significado da sentença é *try to* — uma ação.

131 O sujeito (*mathematics*) é singular e requer um verbo no singular (*was*).

132 A descrição (*well*) é intensificada por *really*, um advérbio, não pelo adjetivo real.

133 Duas ações — *leaving* e *being convinced* — são simultâneas, então *had* não é apropriado aqui. O verbo auxiliar *had* coloca uma ação no passado antes de outra também no passado.

134 Nenhum pronome possessivo (como *ours*) precisa de apóstrofo.

135 A ação está no passado, então *said*, um verbo no pretérito, é o que você precisa.

136 O pronome *everyone* é singular, então deve concordar com o verbo no singular, neste caso, *was*.

137 O pronome *their* é plural e, portanto, não concorda com o pronome singular *everyone*. Opte por *his or her* — a única opção que inclui a todos.

138 A sentença original é repetitiva. Eu mostro uma correção possível, a sua pode ser diferente.

139 O sujeito da sentença é *one*, não *baskets*, então o verbo deve estar no singular.

140 *Mr. Hacker* não contestou a *me* (na verdade, ele gosta muito de mim). Ele se opôs ao *bribe*. O pronome possessivo *my* coloca a ênfase em *bribe*, e não na pessoa.

141 Um ponto e vírgula une duas sentenças completas, mas não é apropriado entre uma sentença completa e uma ideia subordinada. Então, não é preciso qualquer pontuação aqui.

142 Um fato imutável (que um quadrado tem quatro lados) é sempre expresso no presente.

143 A expressão *should of* não existe em inglês padrão. Use *should have* ou a contração *should´ve*.

144 Já que a citação é uma exclamação, o ponto de exclamação deve ficar dentro das aspas.

145 Coloque seu dedo em cima de *everyone thinks* e você verá que *who* é necessário como sujeito de *is*.

146 A palavra *wrong* é um absoluto; ou você está certo ou errado. O intensificador, *very*, não é apropriado em uma situação absoluta.

147 Duas mulheres são mencionadas na sentença, então o significado de *her* não está claro. Adicione o nome (de qualquer uma delas) para esclarecer.

148 Uma forma verbal introdutória (*Pulling*) deve se referir a uma ação executada pelo sujeito. A mesa não pode puxar.

149 O *that* não é necessário aqui. Na versão corrigida, o *and* é seguido por uma sentença completa (*it will need...*), então a vírgula deve preceder o and.

150 Com uma sentença contendo *either/or*, o sujeito que está mais próximo ao verbo é que manda. Portanto, o sujeito plural *assistants* requer o verbo plural *are*.

Respostas para o Exercício Seis

Apresentação de slides, projetadas na parede, destacam qualquer errinho. Verifique essas respostas e suas explicações para que sua próxima apresentação seja perfeita.

Slide #1

151 Marketing ~~potential~~ **Potential** for Pierced-Elbow Rings

152 The target buyer is~~:~~

- 21–92 years old
- 153 ~~**has two piercings**~~ already **pierced twice** in other body parts
- 154 ~~**Concerned**~~ **concerned** about ~~**their**~~ **his or her** appearance 155
156 ~~**and what they look like**~~

Slide #2

Specifications of Pierced-Elbow Rings

- 157 ~~**they**~~ **They** ~~**dont**~~ **don't** pinch the elbow's skin. 158 159
- 160 Manufacturing cost ~~**are**~~ **is** minimal.
- 161 Karen Oleson, the designer, specifies ~~**allergy free**~~ **allergy-free** metal. 162
- 163 Some of the rings ~~**is**~~ **are** made of plastic.

Slide #3

164 Themes ~~**And**~~ **and** Holiday Promotions include the following: 165

- 166 greased rings for ~~**Labor day**~~ **Labor Day** in honor of the "elbow grease" a person uses when ~~**you are**~~ **he or she is** working 167
- 168 ~~**back to school**~~ **back-to-school** rings that ~~**looks**~~ **look** like rings in binders 169
- 170 ~~**Telephone**~~ **telephone** rings with ~~**alot**~~ **a lot** of ring tones 171
172 (~~**purchasing**~~ **purchased** separately)
- engagement rings decorated with wedding bells ~~**laying**~~ **lying** over clasped hands 173

Slide #4

Marketing challenges will ~~**have been**~~ **be** 174

- 175 ~~**Long sleeved**~~ **Long-sleeved** shirts cover the rings.
- 176 When **the rings catch** ~~**catching**~~ on cloth, **you must apply** antiseptic ~~**that kills germs must be applied**~~. 177
178
- 179 You ~~**only**~~ have **only** two elbows, and we ~~**can't**~~ **can** hardly sell more than two rings per person. 180

151 Palavras importantes no título devem estar em maiúscula, a menos que esteja adotando o estilo científico, onde apenas a primeira palavra do título é escrita em letra maiúscula.

152 Uma introdução em uma lista não usa dois pontos ou qualquer outra pontuação se a expressão introdutória não for um pensamento completo. Se você concluir uma expressão introdutória com *is*, você não tem uma ideia completa. Não é necessária qualquer pontuação aqui.

153 Os itens de uma lista devem ser paralelos. Já que o primeiro e o terceiro item completam o pensamento começado pela introdução, o segundo item deve fazer o mesmo.

154 Quando temos uma lista, pense em "equilíbrio". Ou todos os itens estão em maiúscula ou nenhum. Aqui, a letra minúscula faz mais sentido porque cada item se une à introdução para formar uma sentença completa.

155 Os itens falam de *The target buyer*, um singular. Portanto, *their* (um plural) não é uma concordância possível. Opte por *his or her*, outro singular.

156 Não fique se repetindo! Uma vez que já disse *appearance*, a expressão *what they look like* é desnecessária (e também não é um paralelo — outra vedação).

157 Cada item da lista é uma sentença completa, então a primeira palavra (*They*) deve estar em maiúscula.

158 A contração *don´t* precisa de um apóstrofo para substituir as letras excluídas do original (*do not*).

159 Adicione um ponto final no final dessa sentença, por que todas as sentenças precisam de um sinal de encerramento.

160 O sujeito, *cost*, é singular, então o verbo também deve estar no singular. *Is* é o verbo no singular.

161 Uma vez que você sabe o nome (*Karen Oleson*), a informação adicional (*the designer*) deve estar entre vírgulas.

162 Duas palavras, *allergy* e *free*, combinam para formar uma descrição de metal. O hífen cria uma única descrição.

163 O pronome sujeito, *some*, pode ser tanto singular quanto plural. Já que é seguido por *of the rings*, *some* é plural e requer um verbo no plural.

164 Palavras sem importância (*and*, por exemplo) não devem estar em maiúscula em títulos.

165 Gramáticos veem uma introdução que termina com *the following* como uma declaração completa, mesmo sendo seguida de uma lista. Portanto, dois pontos é apropriado aqui.

166 O feriado, *Labor Day*, precisa de duas letras maiúsculas.

167 A expressão *a person* é singular e deve concordar com *he or she*, que também é singular, e *is*, um verbo no singular.

168 Três palavras (*back*, *to*, e *school*) estão ligadas por hifens para criar uma única descrição de *rings*.

169 O pronome *that* se refere à *rings*. Já que *that* representa uma palavra plural, requer um verbo no plural (*look*).

170 Todos os itens de uma lista devem combinar, e este é o único com letra maiúscula. Escrever *telephone* em letra minúscula é melhor que usar maiúsculas nos outros três, pois os itens não são sentenças completas.

171 *A lot* é sempre escrito com duas palavras.

172 Os *ringtones* podem ser *purchased*, não *purchasing*.

173 Quando algo está pousado ou apoiado, o verbo que você quer é *lie*. *To lay* é "colocar algo em algum lugar". Aqui, *lying*, uma forma do verbo *to lie*, se encaixa no significado.

174 O futuro perfeito (*will have been*) sugere um prazo — o que não é o sentido aqui. O futuro simples funciona melhor.

175 Coloque um hífen entre *long* e *sleeved* para criar uma descrição para *shirts*.

176 A sentença original começa com um sujeito oculto, mas o sujeito oculto deve ser o mesmo declarado na sentença. Mas *antiseptic* não está *catching on cloth*, *rings* estão.

177 Sempre que puder escolher entre a voz ativa e a passiva, escolha a ativa (*you must apply*).

178 Um *antiseptic* mata os germes, por definição, então *that kills germs* é redundância.

179 Palavras descritivas devem estar próximas das palavras que descrevem. No original, *only* parece descrever *have*. O significado lógico, porém, é *only two elbows* — não três ou quatro!

180 Duplas negativas são legais, e *can´t hardly* é uma delas. Mude o *can´t* para *can* e está tudo certo.

Respostas para o Exercício Sete

Se este fosse um teste padronizado real, agora você estaria dormindo e uma máquina gigante estaria escaneando suas respostas e aplicando sua nota. Infelizmente, aqui, você mesmo vai ter que corrigir suas respostas. O lado bom é que você recebe todas as explicações para reforçar alguns pontos importantes.

181 **C.** A sentença original contém uma descrição ligada à palavra errada. A forma verbal introdutória (*Being a teenager*) deve descrever o sujeito, mas no original está se referindo à *a large part of my life*. A alternativa (C) corrige o problema mudando o sujeito. Você assinalou (E)? Gramaticalmente, a resposta está correta, mas já que o restante do parágrafo está na primeira pessoa (a forma *I*), a primeira sentença também deve estar.

182 **E.** A substituição da voz ativa (*I love*) para a passiva (*is frowned upon*) não se justifica. As alternativas (D) e (E) mantém a voz ativa, mas (D) usa uma palavra de modo errado. *Accept* é "aceitar". A palavra que exclui algo é *except*. Portanto, a alternativa (E) é a melhor.

183 **C.** A sentença original não é paralela porque *explaining* está fazendo par com *having relaxed*. A alternativa (C) corrige o problema de paralelismo e mantém o tempo correto — o presente — pois o autor está discutindo uma situação atual, em progresso.

184 **E.** A Sentença 7 é uma declaração geral que explica por que os testes são chatos e socializar é divertido. Você pode usar isso no primeiro parágrafo (o que não é uma alternativa na lista de respostas) ou no terceiro parágrafo, que é o que diz a alternativa (E), pois a introdução e a conclusão discutem as mesmas ideias.

185 **B.** A descrição *only* deve preceder a comparação. Aqui o autor está falando sobre *one scene*, não *many scenes* ou o filme inteiro, então *only* deve aparecer antes de *one*. As trocas de tempo nas alternativas (D) e (E) não são justificadas pelo sentido da sentença.

186 **A.** Surpreso? O último parágrafo do texto é uma conclusão, explicando o ponto de vista do autor. Você não precisa identificar o texto como uma opinião — a alternativa (E), pois o leitor já sabe. Por que outro motivo o autor escreveria estas declarações? Também não há necessidade de outros exemplos ou uma ordem diferente. A conclusão pode ser expandida pelo acréscimo de uma declaração, reforçando a ideia do texto (Sentença 7, por exemplo), mas as alternativas não contêm essa opção.

Respostas para o Exercício Oito

Por último, mas não menos importante, aqui estão as respostas para este adorável texto sobre as virtudes de ser você mesmo. Leia as respostas e explicações para ver se encontrou todos os erros — de gramática. Vou deixar para sua imaginação o que mais o autor está fazendo de errado. Comprar votos é apenas o começo!

187 **B.** Quando introduzimos uma citação com um dicendi, uma identificação de quem disse ou escreveu a frase (*A wise man once said*), o dicendi é seguido de uma vírgula e a primeira palavra da citação deve estar em maiúscula. Uma citação começada por *that* não tem vírgula e letra maiúscula, a menos que a

primeira palavra seja um nome próprio. Neste caso, excluir o *that* resolve os dois problemas, da vírgula e da letra maiúscula.

188 **A.** O primeiro parágrafo é curto, mas consegue introduzir as ideias do texto. As outras quatro alternativas estão fora do tema.

189 **D.** Se você vive em uma sociedade, o tempo é atual, então não há necessidade de *in this current time*. Repetições são entediantes. Prefira uma versão mais curta sempre que possível. A alternativa (E) não permite que a sociedade influencie outros tempos da história.

190 **B.** Quando você chega na palavra "cafeteria", já sabe que o autor está matriculado (e presumivelmente *studying*) naquela escola. Por que acrescentar palavras desnecessárias?

191 **D.** Não se pode prometer *voting*, apenas *to vote* ou *a vote*. Portanto, a sentença original não funciona. Nem o par *everyone* e *their* ou *they*, pois *everyone* é singular e os outros pronomes são plurais. Bingo! As alternativas (B) e (C) vão pelos ares. A alternativa (E) não está correta, pois a forma verbal introdutória (*Giving*) deve descrever o sujeito, e *everyone* não está distribuindo pizza. A alternativa (D) é a resposta que procura.

192 **E.** Artigos e textos devem ser focados, então adicionar exemplos aleatórios ao parágrafo não funciona. Assim como não funciona excluir o primeiro parágrafo, que tem uma finalidade: preparar o palco para a piada do segundo parágrafo. O que está faltando é uma real conclusão. O mais próximo que este texto tem de uma conclusão é as duas últimas sentenças. Crie um parágrafo separado para elas e expanda as ideias para criar um final mais forte.

Índice